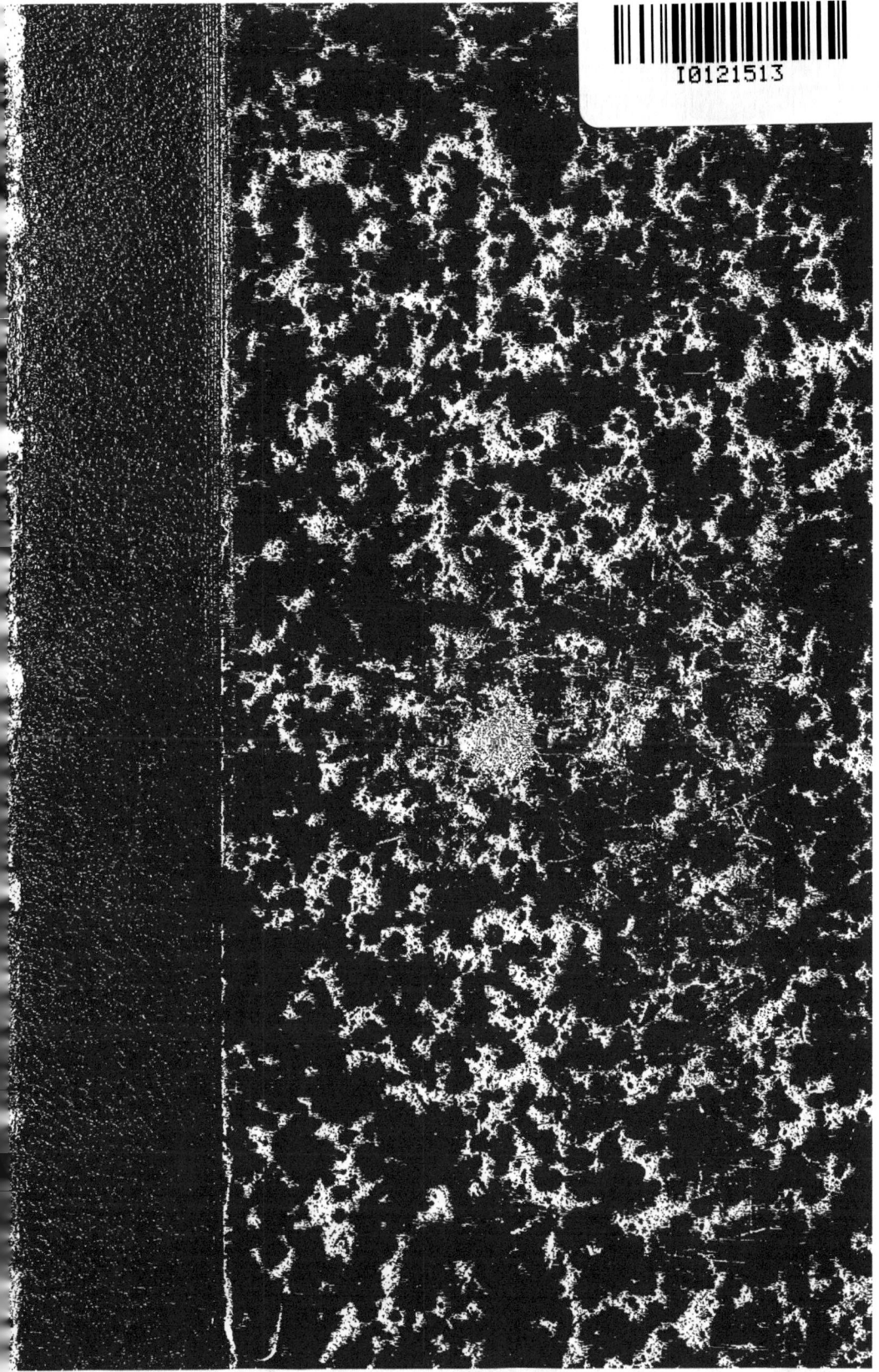

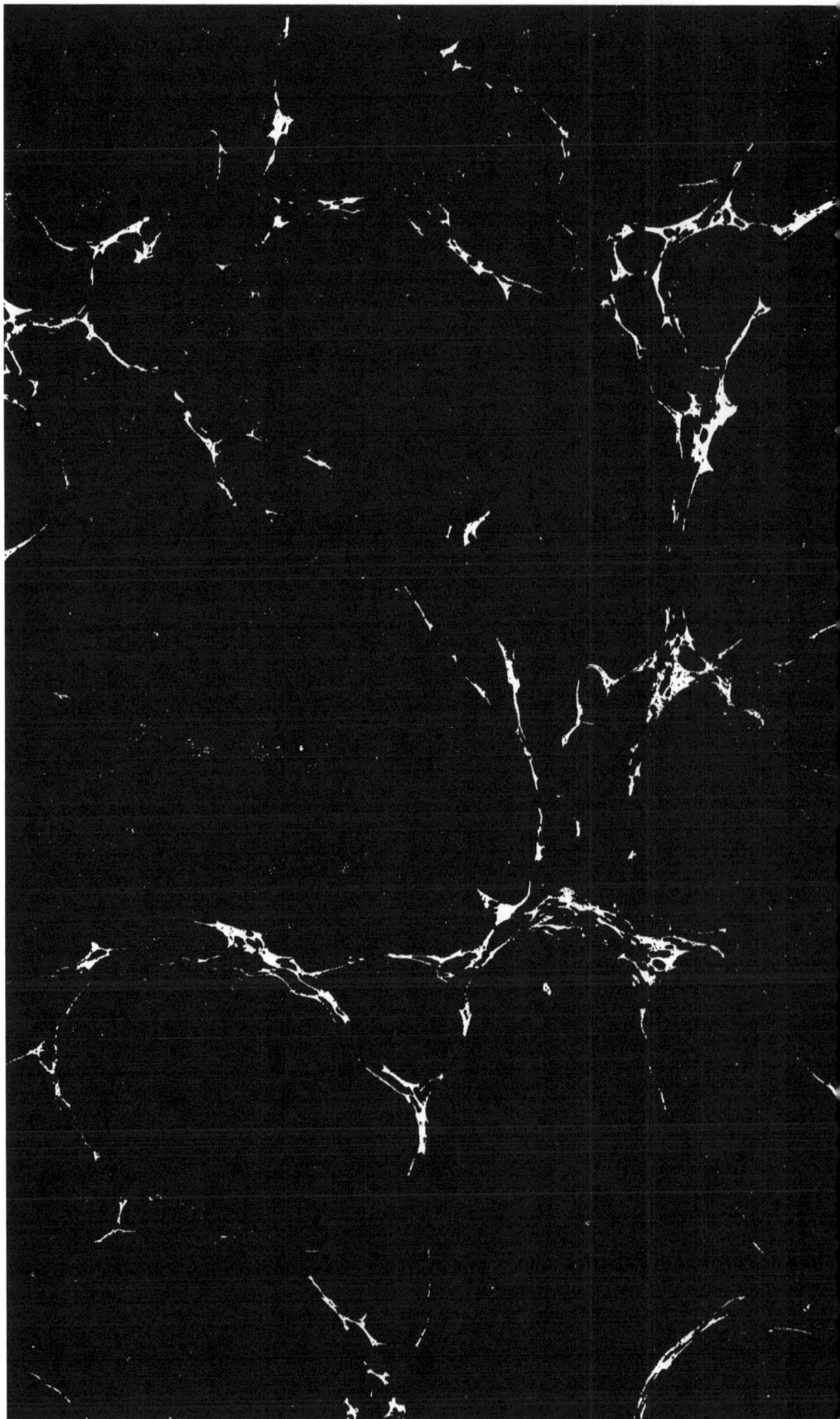

LIBRAIRIE DE GARNIER FRÈRES

6, RUE DES SAINTS-PÈRES, ET PALAIS-ROYAL, 215

Nouvelle souscription : 60 livraisons à 25 cent.

50 GRAVURES COLORIÉES POUR LA PREMIÈRE FOIS ET AVEC LE PLUS GRAND SOIN

CENT PROVERBES

ILLUSTRÉS

Par GRANDVILLE

TEXTE PAR

TROIS TÊTES DANS UN BONNET

NOUVELLE ÉDITION, REVUE ET AUGMENTÉE POUR LE TEXTE

PAR M. QUITARD

Auteur du *Dictionnaire des Proverbes*, etc.

Le crayon spirituel de Grandville s'est exercé avec sa malice ordinaire dans les *Cent Proverbes*, qui forment, comme les autres ouvrages de l'auteur, une galerie curieuse et tout à fait récréative. En publiant cette nouvelle édition, nous avons ajouté au texte, où le sens des proverbes avait été un peu négligé, des explications piquantes et instructives par M. Quitard, celui de nos auteurs contemporains qui s'est occupé avec le plus de succès de la langue proverbiale, et qui a le mieux étudié ce qu'on a appelé *la sagesse des nations*. Par ce moyen, nous avons rendu le livre plus logique, tout en lui donnant un intérêt plus vif et plus spécial.

CONDITIONS DE LA SOUSCRIPTION :

Nous avons augmenté cette nouvelle édition des *Cent Proverbes* d'un texte explicatif qui donne un sens plus précis aux charmantes gravures à part de GRANDVILLE.

De plus, ces 50 sujets à part seront, pour la première fois, élégamment rehaussés de couleurs au pinceau.

Cette nouvelle édition sera publiée en 60 livraisons à 25 centimes. Chaque livraison contiendra une feuille de 8 pages illustrées de vignettes dans le texte et une gravure coloriée avec soin — ou 2 feuilles de texte de 8 pages chacune. — Il paraîtra une ou plusieurs livraisons par semaine. — Les premières sont en vente.

L'ouvrage complet formera un magnifique volume grand in-8° jésus, imprimé par J. Claye, sur papier vélin des Vosges, illustré, outre les 50 gravures coloriées, d'un grand nombre de vignettes dans le texte, dues également au crayon inépuisable de GRANDVILLE.

OUVRAGES COMPLETS EN SOUSCRIPTION PERMANENTE
Illustrations de GRANDVILLE

70 livraisons à 25 centimes

Les Métamorphoses du jour, par J.-J. GRANDVILLE. 70 gravures coloriées, accompagnées d'un texte, par MM. ALBÉRIC SECOND, TAXILE DELORD, et précédées d'une Notice sur GRANDVILLE, par M. CHARLES BLANC. Nouvelle édition, augmentée d'un magnifique frontispice colorié, etc., et complétée pour le texte, par M. JULES JANIN. L'ouvrage complet, 1 magnifique volume grand in-8° jésus. . . . . 18 fr.

100 livraisons à 25 centimes

Les Fleurs animées, par J.-J. GRANDVILLE, texte par ALPHONSE KARR, TAXILE DELORD et le Cᵗᵉ FŒLIX. Nouvelle édition avec planches très-soigneusement retouchées pour la gravure et le coloris, par M. MAUBERT, peintre d'histoire naturelle, attaché au Jardin des Plantes. LES FLEURS ANIMÉES forment 2 vol. grand in-8° jésus, illustrés de 50 gravures coloriées et de nombreuses vignettes sur bois intercalées dans le texte. L'ouvrage complet. . . . . 25 fr.

52 livraisons à 25 centimes

Fables de La Fontaine, illustrées de 240 gravures, un sujet pour chaque fable, d'après les dessins de J.-J. GRANDVILLE. LES FABLES DE LA FONTAINE forment un volume grand in-8° jésus, papier vélin des Vosges. Nouvelle édition augmentée d'un grand nombre de culs-de-lampe, faux-titres ornés, etc., par Grandville; magnifiquement imprimée par J. Claye.

60 livraisons à 25 centimes

Les petites Misères de la vie humaine, illustrées par GRANDVILLE de nombreuses vignettes dans le texte, et de 50 grands bois tirés à part. Texte par OLD-NICK. L'ouvrage complet formera un magnifique volume grand in-8° jésus, papier vélin des Vosges, imprimé par J. Claye. Chaque livraison, enveloppée dans une jolie couverture, contiendra une feuille de 8 pages d'impression, ornées de vignettes dans le texte, et une magnifique gravure tirée à part; ou deux feuilles d'impression chacune avec vignettes dans le texte. Cette nouvelle édition sera en outre enrichie d'un beau portrait de Grandville, gravé sur acier.

52 livraisons à 25 centimes.

Les Mille et une Nuits, contes arabes, traduits par GALLAND, illustrés par les meilleurs artistes français, revus et corrigés sur l'édition princeps de 1704, augmentés d'une dissertation sur les *Mille et une Nuits*, par M. le baron SILVESTRE DE SACY, de l'Académie des inscriptions et belles-lettres.

Cette nouvelle édition des *Mille et une Nuits* formera un magnifique volume de onze cent vingt pages grand-in 8°, imprimé avec luxe sur papier jésus vélin, glacé et satiné, illustré de 675 gravures dessinées et gravées sur bois par les meilleurs artistes, et 16 vignettes et un frontispice tirés séparément sur papier teinté chine.

52 livraisons à 25 centimes.

Contes de Boccace. Traduction de SABATIER DE CASTRES. Édition illustrée par MM. H. BARON, T. JOHANNOT, H. ÉMY, CÉLESTIN NANTEUIL, GRANDVILLE, CH. PINOT, CARL GIRARDET, PAUQUET, etc., de 32 grandes gravures tirées à part et d'un grand nombre de dessins intercalés dans le texte, gravés par les principaux artistes. Les *Contes de Boccace*, imprimés en caractères neufs, sur magnifique papier vélin, forment un beau volume grand in-8 jésus.

GRANDVILLE

CENT PROVERBES

PARIS. — J. CLAYE, IMPRIMEUR, 7, RUE SAINT-BENOIT. — [887]

Frontispice.

GRANDVILLE

CENT PROVERBES

TEXTE PAR

TROIS TÊTES DANS UN BONNET

NOUVELLE ÉDITION REVUE ET AUGMENTÉE POUR LE TEXTE

PAR M. QUITARD

Auteur du *Dictionnaire des Proverbes*, etc., etc.

PARIS

GARNIER FRÈRES, LIBRAIRES-ÉDITEURS

6, RUE DES SAINTS-PÈRES, ET PALAIS-ROYAL, 215

——▷✸◁——

LES

PROVERBES VENGÉS

igurez - vous, mesdames, un château des environs de Paris; devant ce château, une vaste pelouse unie comme le velours et ornée de toutes les fleurs, bordures et plantes rares que votre imagination et vos serres chaudes vous fourniront. Les oiseaux chantent à demi-voix, les feuilles des arbres frémissent à peine; on respire l'odeur des violettes, des jonquilles, des calicanthus, des jasmins, des tubéreuses, des jacinthes, des roses

1

et de beaucoup d'autres fleurs que je citerais, si je ne craignais de faire pousser les fleurs d'automne en même temps que celles du printemps.

Là-bas, autour de ce tulipier, vous apercevez sur des bancs de gazon une assemblée de vingt à trente personnes : plusieurs femmes sont jeunes et jolies, plusieurs hommes sont empressés et galants. Les femmes ont toutes de ces toilettes de campagne, soi-disant négligées, qu'inspirent la nature et les journaux de modes ; les hommes sont nonchalamment couchés sur l'herbe à leurs pieds.

Cependant, malgré la beauté de la journée, malgré les agréments du lieu, toute cette intéressante réunion s'ennuie, mesdames, oh! mais s'ennuie à un tel point que la conversation vient de s'éteindre brusquement, et sans que personne songe à la ranimer. Et notez bien que cet ennui-là dure depuis plusieurs jours, et qu'on n'est encore qu'au commencement d'avril, et qu'il est deux heures de l'après-midi, et que la cloche du dîner, cette cloche douce et vénérée, ne sonnera guère que dans quatre heures.

Alors, un homme déjà sur le retour, poudré à frimas, habit vert-pomme, bottes à revers, figure ouverte et réjouie, se lève et tousse... On l'appelle « chevalier ». (Le chevalier ne se trouve plus qu'à la campagne.)

Après avoir considéré tout le monde attentivement et s'être frotté le front d'un air de satisfaction :

— Si nous jouions des proverbes? s'écrie-t-il.

— Des proverbes! Y pensez-vous, chevalier? dirent toutes les dames à la fois; mais il y a un siècle qu'on ne joue plus de proverbes. — Sommes-nous donc à Saint-Malo ou à Carpentras? Autant vaudrait nous affubler du

chignon, des paniers et des falbalas. — Ah! ah! jouer
des proverbes! voilà qui est plaisant, ajouta avec un rire
forcé un grand jeune homme à moustaches blondes. Je
me souviens, mesdames, d'avoir figuré une seule fois
en ma vie dans un proverbe; c'était au collége, le mot
était *asinus asinum fricat*... J'étais un si bon écolier que
tout le monde disait que je devais me charger des deux
rôles.

On s'égaya ainsi pendant quelques instants aux dépens
du pauvre chevalier, qui, sans ajouter un seul mot, alla
reprendre sa place sur la pelouse en cachant un sourire
malicieux sous un air d'indifférence. Cependant, pour
chasser l'ennui, on eut recours à divers expédients.

Le jeune homme à moustaches blondes tira de sa
poche un volume de poésies intitulé CRISES NERVEUSES, et
se mit à déclamer les passages les plus saisissants. Au
bout de deux pages, plusieurs dames prirent leurs flacons;
par précaution sanitaire, la lecture fut interrompue.

Une autre personne déploya un journal, et proposa de
lire la suite d'un roman en trois cent soixante-cinq feuilletons, qui avait commencé le premier janvier et devait
finir à la Saint-Sylvestre. L'auteur n'en était encore qu'aux
gelées blanches; on résolut de l'attendre aux chaleurs.

On essaya aussi de la musique : on entonna des
chœurs, des nocturnes, des mélodies sur la mort, les
tombeaux, le suicide, les fluxions de poitrine, etc. Alors
quelqu'un demanda le *De profundis;* on applaudit, et les
voix se turent.

Enfin, quand on eut épuisé toutes les distractions et
tous les passe-temps possibles, il arriva... Mais comment
vous dire, mesdames, ce qui arriva? Comment vous
peindre toutes ces jolies têtes s'inclinant à demi sur ces

blanches épaules; ces paupières se fermant à la fois comme des belles de nuit; les hommes bâillant de leur côté et cédant à ce sommeil frais et doux que le *far niente* répand dans l'après-dînée sur le front des heureux habitants de Naples? Au bout de quelques instants, vous n'eussiez plus vu dans toute la réunion un seul œil ouvert; toutes les poitrines murmuraient à l'unisson; c'était le palais de la Belle au bois dormant.

Mais à peine l'assemblée fut-elle assoupie que la pelouse s'agita, les arbres tremblèrent, et l'on entendit dans toute l'étendue du parc un bruit pareil à celui qui se fit dans le jardin du duc, au moment où le brave don Quichotte de la Manche et son fidèle Sancho se disposèrent à monter sur le dos de Chevillard.

Des tambours, des fifres, des clairons, des instruments guerriers, mêlés au son du tonnerre et à des décharges d'artillerie, firent d'abord un vacarme effroyable; puis une nuit épaisse couvrit la pelouse, et, après quelques minutes d'une obscurité profonde, tout le parc parut illuminé. On vit alors sortir de toutes les allées des personnages bizarrement accoutrés; les uns ailés, les autres diaphanes; celui-ci haut comme un géant, celui-là rabougri comme un nain. Quand cette fantastique multitude fut rassemblée devant le château, on entendit ces paroles sortir des rangs : — Vengeons-nous, vengeons-nous! Guerre aux téméraires qui ont osé nous mépriser, nous, les seuls dieux; nous, les seuls enchanteurs de ce monde; nous, qui avons inventé et mis en circulation toutes les légendes, diableries, scènes, fabliaux, histoires, nouvelles, traditions, comédies, que messieurs les poëtes et romanciers de tous les âges n'ont fait que nous emprunter pour les varier suivant leur fantaisie !

Un coup de sifflet vint couper court à cette improvi-
sation remarquable; la nuit régna de nouveau, et bientôt

... Nous, qui avons inventé toutes les légendes, diableries... (P. 4.)

un personnage d'une haute taille, vêtu d'habits couleur
de feu jusqu'à la ceinture, et couleur de fumée depuis la
ceinture jusqu'aux pieds, se mit à parcourir la pelouse,
une torche à la main, en ayant l'air de faire des préparatifs :

— Vous voyez en moi, dit-il, le plus vieux et le plus
célèbre artificier de la terre; car, sans le secours de ma
tête et de mes pieds, je défie tous les Ruggieri du monde
de lancer en l'air la moindre fusée volante...

En disant cela, il frappa du pied, et l'on vit commencer un feu d'artifice si éblouissant, si nouveau, si
hardi, que l'on comprit bien que l'enfer en personne y
avait mis la main. Après une succession de feux de toute

espèce, et dont le moindre eût fait pâlir de jalousie tous les bouquets de notre pyrotechnie officielle, on vit s'élever en l'air un palais tout de flammes, au milieu duquel était assis sur un trône phosphorescent le personnage éminemment combustible qui s'était annoncé, avec raison, comme le premier artificier du monde. Sur sa tête, on lisait cette phrase écrite en majuscules flamboyantes sur un fond noir :

IL N'Y A PAS DE FEU SANS FUMÉE.

On voulait porter en triomphe le proverbe de l'artifice; mais le palais de flammes s'éteignit aussitôt, et il en résulta une fumée si noire et si épaisse, que les spectateurs, tout endormis qu'ils étaient, furent obligés de se frotter les yeux en proclamant la vérité du proverbe.

Leurs yeux se rouvrirent pour contempler un spectacle d'un tout autre genre. La pelouse parut illuminée d'innombrables bougies et ornée de roses du Bengale, de buissons vert-pomme, de cascades bleues, de piédestaux, de vases, de statues; chacun reconnut l'île des Ballets.

On vit sortir de dessous terre de charmants petits Amours, hauts de trois pieds tout au plus, ayant les cheveux couleur d'azur, portant des colliers formés de cailloux transparents, une urne sous le bras, des couronnes de cresson sur la tête. Ils allèrent tous se jeter les uns après les autres, la tête la première, dans un réservoir entouré de fleurs, placé sur le devant de la scène. Quand le dernier Amour eut fait le saut périlleux, il s'éleva du fond du réservoir une nymphe d'une haute stature, couronnée de roseaux, aux mouvements sinueux, qui se mit à exécuter plusieurs pas charmants en forme de méandres.

On demanda l'auteur, et on apprit que ce ballet avait été composé par un vieux proverbe connu sous le nom de :

LES PETITS RUISSEAUX FONT LES GRANDES RIVIÈRES.

Mais voici que tout à coup s'élève de terre une ville d'Orient avec ses fontaines odoriférantes, ses dômes, ses minarets, ses tours en pierres dorées; c'est Bagdad du temps du célèbre Haroun-al-Raschid. Un pauvre jeune

... C'est ce bon Abou-Hassan, le Dormeur Éveillé... (P. 8.)

homme s'avance et déplore la perte de ses biens; on apprend par son récit qu'il est devenu le plus pauvre particulier de Bagdad : mais un moment après il est l'homme

le plus riche et le plus puissant de la ville, car le voilà
assis sur le trône du calife lui-même; il est vêtu de bro-
card, d'or et de perles, entouré d'eunuques noirs, d'émirs
et de dames de la plus grande beauté, qui attendent un
de ses regards. Chacun le reconnaît; c'est ce bon Abou-
Hassan, le Dormeur Éveillé; on applaudit. — C'est moi,
dit à demi-voix un vieillard en habit de brahmane, caché
dans l'ombre, qui suis le véritable auteur de cette vive et
brillante comédie; moi, qui ne suis pourtant qu'un pauvre
vieux proverbe qu'on appelle :

LA FORTUNE VIENT EN DORMANT.

Au même instant, une divinité descend sur un nuage;
c'est la Vérité. Elle ouvre un livre d'or, qui n'est autre
que le livre des proverbes, et elle trace au premier feuillet
cette phrase au milieu de tant d'autres du même genre
que Rabelais, Cervantes, La Fontaine, Molière, Boileau,
Sterne, Lesage, n'ont pas dédaigné d'inscrire de leur
propre main dans ce registre immortel.

Je renonce, mesdames, à vous décrire toutes les scènes
drolatiques, mythiques, allégoriques, comiques, satiriques on même pastorales, que représentèrent successivement les étranges magiciens qui s'étaient tout à coup
emparés du parc et du château. Mais je vous laisse à
deviner quel fut l'étonnement des personnes que nous
avons vues dans le milieu du jour réunies sur la pelouse
et accablées d'un si mortel ennui, lorsqu'à leur réveil
elles se trouvèrent transportées, comme par enchantement, dans le château, et se virent revêtues d'habits de
théâtre, poudrées, fardées, prêtes enfin à figurer dans
toute espèce de comédies.

On entendit aussitôt sonner une cloche, mais qui,
cette fois, n'avait rien de diabolique; — c'était la cloche

... Et se virent revêtues d'habits de théâtre... (P. S.)

du dîner. On passa dans la salle à manger; une porte à
deux battants s'ouvrit, et on aperçut une galerie où se
trouvait un théâtre qui avait dû être improvisé en moins
de quelques heures. Le rideau se leva, et on vit s'avancer, en costume de Bacchus, le chevalier, qui dit, après
s'être incliné profondément : — Le proverbe, mesdames,
que nous allons avoir l'honneur de représenter devant
vous ce soir, a pour titre...

— Comment! nous allons représenter un proverbe!...
Est-il vrai?... Se peut-il?... On applaudit de tous les
côtés; on cria *vivat* aux proverbes qui s'étaient si bien

vengés par eux-mêmes en se faisant commenter, conter, orner et mettre en scène par leurs détracteurs. — Mais enfin, le titre du proverbe que nous allons jouer?...

— Le titre du proverbe, mesdames, dit le chevalier en avalant un verre de vin de Champagne, est :

LES PROVERBES VENGÉS

OU IL NE FAUT PAS DIRE :

Fontaine, je ne boirai pas de ton eau.

Quand le diable devient vieux il se fait ermite.

QUAND LE DIABLE DEVIENT VIEUX

IL SE FAIT ERMITE

On voit dans les légendes que plusieurs diables, fatigués de leur méchanceté, y ont renoncé en vieillissant pour
embrasser l'état monastique. Par exemple, le diable Puck
(vieux nom gothique qui veut dire Satan) est entré au
service des dominicains de Schwerin, dans le Mecklem-
bourg, ainsi que l'atteste le livre intitulé : *Veridica ratio
de Dæmonio Puck;* le diable Bronzet s'est fait moine dans
l'abbaye de Montmajor, près d'Arles, et le diable que les
Espagnols appellent *Duende* a porté aussi le capuchon [1].

---

1. On lit dans la *Dama Duende,* comédie de Calderon de la Barca : « C'était
un diable si petit et il portait un capuchon si petit, qu'à ces signes je crois

C'est probablement à cette démonologie que se rattache le proverbe. Peut-être aussi fait-il allusion à l'histoire de Robert le Diable, duc de Normandie. Robert le Diable, ainsi nommé à cause de sa conduite pleine de désordre et d'irréligion, se convertit vers la fin de ses jours, et, laissant la couronne à son fils Richard sans Peur, se retira dans un désert pour y faire pénitence, comme on le voit dans le livre intitulé : *Vie du terrible Robert le Diable, lequel après fut surnommé l'Omme-Dieu*; in-4° gothique, Lyon, Mareschal, 1496.

Le proverbe s'adresse aux hommes qui viennent à résipiscence après une jeunesse dissipée; mais la malignité l'applique particulièrement aux femmes que la vieillesse fait *tourner du côté des litanies*, et qui trouvent dans une dévotion feinte ou réelle le refuge d'une galanterie repentante ou répudiée.

On dit de ces pénitentes retardataires qu'*elles offrent à Dieu les restes du démon*, pensée originale que j'ai prise pour fondement de l'épigramme suivante :

La vieille Arsinoé, fuyant les railleries
Des amants échappés à ses galanteries,
Dévote par dépit, dans un mystique lieu
Fait des restes du diable un sacrifice à Dieu.

que c'était le diable capucin; » d'après Cobaruvias, le nom de *Duende* a été formé par contraction de *dueno de casa*, maître de la maison.

ÉLÈVE LE CORBEAU

IL TE CRÈVERA LES YEUX

Vers la fin du xvi siècle, il y avait dans le comté de Dumfries, en Écosse, un honnête fermier nommé Robert Effing, qui était bien le meilleur et le plus vaillant jeune homme de la contrée.

Robert n'avait ni frère ni sœur; mais Dieu, qui ne voulait pas lui faire une solitude amère, lui avait donné une cousine, charmante fille aux yeux noirs, qui gazouillait autour de la maison comme une fauvette. Quand Lucy accourait au-devant de lui et jetait autour de son cou ses beaux bras nus, avec ce naïf sourire que l'innocence fait éclore sur les lèvres des enfants, Robert se sentait le cœur joyeux et n'aurait pas donné sa ferme pour un royaume.

Un jour que Robert passait dans un vallon, il vit un rouge-gorge sautiller de branche en branche dans une haie de sureaux. C'était bien le plus joli oiseau qu'il eût jamais aperçu; il avait le plumage pourpre, et son bec brillait comme de l'ivoire. Tout à coup, et tandis que le rouge-gorge chantait ses plus mélodieuses chansons, un épervier fondit sur lui du haut des nues. Déjà l'épervier, rasant les buissons de ses serres recourbées, allait ravir le rouge-gorge, lorsque Robert Effing saisit sa carabine et tira sur le bandit ailé. L'épervier tomba, et le rouge-gorge s'enfonça sous l'asile fleuri des sureaux.

Robert Effing achevait de recharger sa carabine, quand une voix, douce comme le soupir d'une flûte, murmura ces mots dans l'air :

— Merci, Robert; tu m'as sauvé la vie; je m'en souviendrai.

Le fermier tourna la tête autour de lui, et ne vit que le petit oiseau qui, de son bec, lustrait ses plumes tout au haut d'une branche.

— Est-ce que je rêve? se dit-il.

Mais Lucy vint surprendre Robert en l'embrassant, et Robert ne pensa plus au rouge-gorge.

Or, on vivait en ce temps-là au milieu de rapines et de troubles perpétuels. Toutes sortes de gens sans aveu parcouraient le pays, ne se faisant faute d'attaquer les fermes isolées, de détrousser les voyageurs, de piller les châteaux.

La ferme de Robert Effing, étant une des plus considérables du comté, tentait la cupidité des maraudeurs qui battaient la campagne. Un soir, on s'aperçut que plusieurs d'entre eux furetaient autour de la ferme; on se tint sur ses gardes, et durant une semaine il n'en fut plus ques-

tion. Mais, par une nuit sombre, tout à coup on fut
réveillé par des cris, des aboiements furieux et des coups
de fusil. La bande pillarde venait d'attaquer la ferme.
Robert sauta sur ses armes, chacun l'imita, et les cultivateurs, voyant leur jeune maître s'élancer dans la cour
dont la porte venait d'être forcée, se précipitèrent à sa
suite.

Robert était généralement aimé; ses ouvriers se batti-
rent comme de vieux soldats, et bientôt les bandits,
surpris de cette résistance inattendue, prirent la fuite de
tous côtés. Plusieurs restèrent sur le terrain, et le reste,
vivement poursuivi, se dispersa dans la forêt voisine.
Parmi ceux qui tombèrent au pouvoir de Robert, blessés
ou saisis dans le désordre de la retraite, se trouvait un
jeune adolescent à moitié nu. Robert, ému à la vue de cet
enfant dont les yeux noirs brillaient sous un front pâli par
la terreur, défendit qu'on lui fît aucun mal. Les brigands
étaient vaincus; les instincts généreux de Robert reve-
naient avec la confiance et la sécurité. Il interrogea le
prisonnier.

— Je m'appelle Snag; les gens que vous avez repous-
sés m'ont enlevé, il y a déjà longtemps, à ma famille
qui habite un comté d'Angleterre; depuis lors, je les ai
suivis.

— Veux-tu rester avec nous?

— Volontiers.

— Touche là; oublie le passé, deviens honnête, et tu
n'auras pas à te plaindre de moi.

Robert fit donner des habits à Snag, le présenta à
Lucy, qui ne put retenir un mouvement d'effroi en voyant
sa figure olivâtre et l'éclair rapide de ses yeux sauvages,
et malgré les observations des vieux fermiers il l'installa

dans l'intérieur des bâtiments. Puis, quand tout fut rentré dans l'ordre, Robert se retira dans sa chambre.

Le lendemain, Snag se mêla aux travailleurs; c'était le plus leste et le plus adroit des garçons de la ferme; nul ne le distançait à la course, aucun ne savait mieux dompter un cheval, diriger la balle d'un mousquet, franchir un torrent à la nage, grimper à la cime d'un arbre. Robert ne tarda pas à le prendre en affection; son adresse le charmait, son intelligence l'étonnait. Bientôt ce fut à Snag qu'il confia le soin de panser son cheval favori, de soigner ses chiens de chasse, d'entretenir ses armes; Snag l'accompagnait quand il allait battre les collines à la poursuite des coqs de bruyère, pêcher le saumon dans la rivière, attendre les canards à l'affût sur le bord des étangs. Snag ne craignait ni le vent, ni la pluie, ni la neige; les rayons du soleil d'été glissaient sur son front bronzé, et les brouillards de décembre ne l'empêchaient pas d'exposer sa poitrine aux brises froides qui viennent de l'Océan.

Malgré l'amitié croissante de Robert pour Snag, Lucy n'avait aucune sympathie pour le jeune captif. Elle ne pouvait s'empêcher de baisser les yeux quand elle rencontrait les siens, ardents comme une flamme sous leurs épais sourcils. Souvent le regard hardi du bohémien faisait monter à ses joues les couleurs empourprées de la fleur du grenadier. Quand elle le rencontrait, Lucy s'écartait de son chemin.

— Vous n'aimez pas mon pauvre Snag, lui disait parfois Robert.

— Ce n'est pas mon cousin, répondait en souriant l'aimable fille à qui l'amour enseignait la coquetterie.

— Vous qui êtes si bonne pour tous, pourquoi êtes-vous dédaigneuse pour lui seul?

— Oh! Robert, ne m'en veuillez pas! s'écriait alors Lucy. J'ai froid au cœur quand le regard de Snag s'arrête sur moi; son sourire est amer comme une raillerie, et lorsque dans mes promenades j'entends sa voix, je tressaille comme au cri de l'orfraie.

Cependant, tandis que Snag gagnait de plus en plus la confiance de son maître, des vols étaient chaque jour commis à la ferme. Tantôt un mouton disparaissait, tantôt un bœuf ne rentrait pas à l'étable; les lavandières cherchaient vainement les plus belles pièces de toile étendues le soir sur l'herbe des prairies. Mille murmures circulaient parmi les gens de la ferme à l'heure du repas, les vieux pâtres se parlaient bas à l'oreille en regardant Snag; mais Snag demeurait dédaigneux et muet, et nul n'osait dire ses soupçons à Robert Effing.

Parfois Snag s'éloignait aux premières clartés du jour, et ne rentrait qu'après le soleil couchant. Il était alors tout trempé de sueur, et semblait avoir fourni une longue carrière dans les halliers et les marécages, tant ses habits étaient souillés de fange et ses jambes déchirées par les ronces.

Lorsque Robert lui demandait d'où il venait, Snag répondait en riant qu'il avait suivi la piste d'un troupeau de daims.

— Que Dieu vous garde de ce gibier maudit! reprit un jour un vieux chasseur qui avait appris à Robert à tirer ses premiers coups de fusil.

A quelque temps de là, Robert pensa que nulle part il ne trouverait cœur plus tendre et beauté plus virginale que le cœur et la beauté de Lucy. Il le dit à sa cousine un

3

soir qu'ils se promenaient ensemble sous les saules, au bord d'un ruisseau. Lucy rougit et mit sa main dans la main de Robert.

— Tu seras ma femme dans trois jours, dit le jeune homme, et il se pencha sur le front de Lucy.

Au moment où ses lèvres touchaient le front d'ivoire de la belle enfant, elle tressaillit, et du doigt lui montra Snag qui se glissait entre les saules, souple et agile comme un chat tigre.

— Toujours lui! dit-elle.

Le matin du jour des noces, un berger raconta aux gens de la ferme que, tout en parcourant les bruyères, il avait vu passer des hommes à visages sinistres.

— Veillons, frères, dit le vieux chasseur.
Après les danses et les festins les convives se sépa-

rèrent; quelque temps on vit briller les torches dans les
ténèbres de la campagne où sifflait le vent d'automne;
puis les clartés s'éteignirent, et Robert, prenant la main
de Lucy rougissante, la conduisit vers sa chambre nup-
tiale, toute parée de bouquets.

La ferme dormait; et le silence profond étendait ses
doux mystères des bois aux collines. Robert roula son bras
autour de la taille de Lucy, et sa main détachait déjà les
fleurs d'oranger, lorsque vingt coups de fusil éclatèrent
dans l'ombre; trente bandits escaladèrent les murs avec
des cris sauvages, et Snag, à leur tête, une hache à la
main, bondit dans la cour.

Robert voulut s'élancer, mais une balle le frappa à la
poitrine; il poussa un cri et ouvrit les yeux...

Le soleil inondait la chambre de ses purs rayons;
mille chants joyeux retentissaient entre les branches des
tilleuls fleuris; Robert était sur son lit. Il passa la main
sur son front, et les événements de la nuit lui revinrent à
la mémoire.

— J'ai rêvé! dit-il.

— Oui, c'est un rêve, répondit la voix douce comme
e soupir d'une flûte.

Robert tressaillit. Sur le rebord de la fenêtre un joli
rouge-gorge sautillait.

— Tu m'as sauvé la vie, reprit la voix, un jour que
j'allais être pris par un oiseau de proie; je t'avais promis
de m'en souvenir. Cet enfant que tu as recueilli sous ton
toit est un bohémien; sa chevelure semblable à l'aile du
corbeau est moins noire que son âme. J'ai prié ma sœur,
la fée Mab, de verser le sommeil sur tes paupières, et,
dans un songe, je t'ai fait voir la vérité. Lève-toi donc et
hâte-toi de renvoyer Snag.

— Mais qui donc es-tu? demanda Robert Effing.

— Je suis le lutin Elphy. Chaque année, pendant trois jours, je suis obligé, par la loi qui gouverne les esprits, de prendre la forme d'une créature vivante. J'étais perdu sans ton secours généreux. Ma captivité finit ce matin. Adieu, Robert Effing, adieu; souviens-toi de cet adage écossais :

ÉLÈVE LE CORBEAU, IL TE CRÈVERA LES YEUX.

En achevant ces mots, le rouge-gorge ouvrit ses ailes et disparut dans un tourbillon de flammes roses et bleues.

Robert se leva. Snag était dans la cour; se croyant seul, il glissait dans sa poche une tasse d'argent.

— Elphy a raison, dit le jeune homme, et, prenant sa carabine, il descendit. Une heure après, Snag quittait la ferme en compagnie du vieux chasseur qui avait ordre de l'embarquer à bord du premier navire en charge sur la côte.

— O. Lucy! ma colombe, dit Robert à sa cousine, le corbeau n'est plus sous notre toit. Le ciel bénira notre union.

Folle est la brebis qui au loup se confesse.

FOLLE EST LA BREBIS

QUI AU LOUP SE CONFESSE

Une femme est justement taxée de folie lorsqu'elle prend pour confident intime un homme qui ne peut chercher, dans les confidences qu'elle lui fait, que des moyens de la tromper et de la perdre.

On dit aussi : *folle est la poule qui au renard se confesse*, et ce proverbe me paraît préférable au premier ; car l'idée d'artifice, d'hypocrisie et de séduction, — également indiquée dans l'un et dans l'autre, convient moins au

caractère du loup qu'à celui du renard; d'ailleurs le rôle
de confesseur est attribué beaucoup plus naturellement à
ce dernier animal auquel la tradition proverbiale a toujours fait jouer divers rôles semblables, par exemple, celui
de prédicateur : témoin le dicton *le renard prêche aux
poules,* très-usité en parlant d'un imposteur qui endoctrine
des personnes simples et ignorantes dont il veut faire ses
dupes.

Je ne citerai pas ici d'autres faits analogues que présente le *roman du renard;* mais je rappellerai en quelques
mots ceux qui se trouvent dans la *Procession du renard,*
farce jouée à Paris lors des démêlés de Philippe le Bel
avec le pape Boniface VIII. L'acteur principal se montrait
sur la scène revêtu d'une peau de renard avec un surplis
par-dessus, chantait l'épître, paraissait ensuite sous le
costume papal, la thiare en tête, et finissait par courir,
ainsi costumé, après les poules qu'il étranglait.

J'ajouterai que la substitution du renard et de la poule au loup et à la brebis n'apporte pas le moindre changement dans la signification du proverbe, que les mères feront bien d'expliquer à leurs filles, pour les tenir en garde contre les séducteurs, sous quelque déguisement qu'ils se présentent.

Hélas! c'est parce qu'elles ne soupçonnent pas le mal que les jeunes filles innocentes deviennent les victimes des séducteurs. Le célèbre abbé de Choisy ne prouva que trop cette triste vérité par ses succès de libertin. Il vivait retiré dans le fond du Berry, habillé en femme, sous le nom de comtesse des Barres, et à l'aide de ce travestissement, il abusa de plusieurs demoiselles de condition. Lui-même a écrit ses aventures, imprimées à Bruxelles en 1736, sous ce titre : *Histoire de la comtesse des Barres.*

DERRIÈRE LA CROIX

SOUVENT SE TIENT LE DIABLE

Étienne Galabert venait de passer de sa chambre à coucher dans la salle à manger, où une espèce de gouvernante disposait un plateau à thé sur un petit guéridon.

— Madame Gauthier, dit-il tout à coup, voilà trois jours que je suis resté à la chasse, vous devez avoir reçu des lettres pour moi?

— Des lettres, non ; mais une lettre, oui ; elle vous attend depuis hier ou avant-hier. La voilà.

Étienne Galabert brisa le cachet, et lut rapidement cette lettre en murmurant quelques paroles à demi-voix.

4

— Quoi! de mon vieil ami Jacques Maubertin!..
« Quand on a traduit Virgile sur les mêmes bancs à
Sainte-Barbe, on ne saurait se marier sans... » Il se
marie! lui! il m'invite à l'assister en qualité de témoin!
Ah! mon Dieu! Madame Gauthier, vite mon habit le plus
noir, ma cravate la plus blanche, mon gilet le plus beau,
mes gants les plus jaunes, mon chapeau le plus neuf... Je
ne déjeune pas.

Étienne Galabert s'habilla à la hâte, descendit l'escalier,
sauta dans un cabriolet de place, et cria au cocher, en lui
glissant une pièce de cent sous dans la main : Rue de
Provence, 40!

Au bout d'un quart d'heure, Galabert s'arrêtait devant
une maison de belle apparence, et bientôt il entrait dans
un appartement coquet, au premier sans entre-sol.

— Tu te maries! s'écria Étienne aussitôt qu'il aperçut
son ami. Bien sûr, tu te maries, toi? Toi, qui, comme moi,
remerciais chaque jour Dieu de t'avoir conservé célibataire
en te faisant naître rentier?

— Je me marie, et tu ferais comme moi s'il pouvait y
avoir deux Rosine dans le monde, répondit Jacques.

— Ah! elle s'appelle Rosine?

— Rosine de Fernange. Quelle femme, mon ami!
Elle a toutes les grâces, comme elle a toutes les vertus de
son sexe.

— C'est-à-dire que tu en es amoureux?

— Je lui rends justice... D'ailleurs tu la verras.

— Où donc as-tu rencontré cette merveille?

— Ici, rue de Provence, 40, au premier. Ah! Étienne,
que tu l'aurais adorée si tu l'avais vue comme moi! Chaque
jour Rosine allait à la messe de Notre-Dame-de-Lorette,
sa paroisse; jamais on ne la surprenait au bal, au concert,

au théâtre; sa charité soulageait les malheureux dans l'ombre; nulle visite chez elle. Ah! que de peine j'ai eue à me faire admettre dans son délicieux petit ermitage! Si je n'avais pas eu de cheveux gris, peut-être n'y serais-je jamais parvenu.

— Voyez pourtant à quoi tient le bonheur! En voilà un qui était suspendu à une nuance! s'écria Galabert.

— Quel langage! Ah! mon cher Étienne, tu ne sais donc plus honorer la vertu?

— Pardonne-moi, mon cher Maubertin, j'oublie toujours qu'un témoin doit être sérieux quand même; mais la gravité ne tardera sans doute pas à venir, j'ai déjà l'habit de l'emploi. Cependant permets-moi encore une question; tu m'as dit le nom et les vertus de ta prétendue, mais tu ne m'as rien dit de son état social. Qui est-elle? fille ou veuve, riche ou pauvre?

— Madame de Fernange est veuve d'un lieutenant général mort en Afrique.

— Mon ami, ne te semble-t-il pas que l'Afrique tue trop d'officiers généraux? Les veuves de la jeune armée se multiplient à faire peur.

— Madame de Fernange a du bien du côté de sa mère, une terre en Bourbonnais, où sa famille était fort considérée.

— Noblesse d'épée, sans doute! reprit Étienne avec un sourire que ne vit pas Jacques Maubertin.

— Noblesse de robe, répondit sérieusement le prétendu. Mais suis-moi, et je te présenterai à ma Rosine.

— Va donc, Almaviva.

Madame Rosine de Fernange se tenait dans un boudoir gris-perle rehaussé d'or; c'était une femme blonde, frêle, délicate; ses cheveux bouclés à l'anglaise descendaient jusque sur sa poitrine; et ses yeux bleus, le plus

souvent baissés vers la terre, ne se relevaient que pour
regarder le ciel ; mais elle avait le nez pointu et les lèvres
minces. Elle accueillit Étienne Galabert avec un sourire
charmant, et un instant son regard glissa sur le visage du
célibataire avec la rapidité d'un éclair. Bientôt Jacques
Maubertin se retira, voulant, disait-il, leur laisser toute
liberté de faire connaissance.

Madame de Fernange, bien que modeste et toute pleine
de timidité, avait l'esprit alerte et la parole facile. La conversation fut promptement engagée entre elle et Étienne
Galabert. En deux heures, cette conversation fit le tour du
monde ; de la Madeleine à la Bastille il n'y avait qu'une réplique, et l'on se promena au travers de Paris à vol de parole.

Mais, quoi qu'il dît, et de quelque formule qu'il se

servît, au premier mot qui ne sentait pas l'orthodoxie, madame Rosine de Fernange ramenait Étienne Galabert au sentier de la vertu. Quand le célibataire se cabrait sous les admonestations de la jeune veuve, elle lui prenait la main avec un sourire mignard; le célibataire se penchait et baisait cette main qu'on lui abandonnait un instant.

— Oh! je vous convertirai, lui disait-on.

Dans ces moments-là, quand il sentait sous ses lèvres la peau fine et lustrée de la jeune prude, Étienne Galabert n'était pas loin d'être touché par la grâce. Cependant Jacques Maubertin rentra, et le célibataire prit congé de madame de Fernange.

— Eh bien! qu'en dis-tu? s'écria le prétendu quand ils furent seuls.

— Je dis que ta Rosine est une rosière. A un château elle préfère une chaumière; à un hôtel, une maisonnette; à une calèche, la promenade au fond des bois, à pied, mais à deux.

— Oui, quand le second est moi, son futur mari. Oh! je n'ignore rien; je sais que madame de Fernange préfère à un bal le coin du feu; à un manteau de velours, un châle de laine; à des laquais poudrés, une bonne en socques; aux vaudevilles de MM. Duvert et Lausanne, les homélies de M. l'abbé Combalot; aux plaisirs des eaux, les soins de son ménage. Bref, elle a les grâces d'une païenne, unies à l'âme d'une abbesse.

— Diable! que de vertus chez une femme si jeune et si jolie!

— Et cet ange va m'appartenir, à moi, qui ai quarante ans déjà et seulement quarante mille livres de rentes avec. Mais, mon ami, si nous trouvons une autre Rosine, celle-là sera pour toi.

— Merci, mon cher; j'ai failli me marier il y a dix ans, et j'ai rompu les négociations, tout simplement parce que ma femme avait trop de qualités. Or ta fiancée en a deux fois davantage; c'est quatre fois plus qu'il n'en faut.

Le lendemain, Étienne retourna chez madame de Fernauge, et le contrat fut signé le soir même. Jacques se demandait si Dieu, voulant faire un miracle en sa faveur, n'avait pas logé le paradis rue de Provence.

Deux jours après, Étienne Galabert s'absenta pour un voyage. A son retour à Paris, vers la fin de l'hiver, il n'eût rien de plus pressé que de se rendre chez Jacques Maubertin.

Aussitôt qu'il l'aperçut, Jacques Maubertin lui tendit la main. Hélas! que le pauvre homme était changé! La pâleur s'étendait sur ses joues; un cercle bleuâtre entourait ses paupières; un triste sourire errait sur ses lèvres.

— Es-tu malade? s'écria Étienne.

— Non; mais je suis marié, répondit Jacques.

— Quoi! ton archange?...

— Est un démon.

— Écoute, mon ami Jacques; je crois que tu exagères encore; si je ne crois pas aux séraphins, je ne crois pas non plus aux diables. Je veux bien supposer, puisque tu l'exiges, que ta femme n'est pas la sainte Vierge; mais encore permets-moi de n'être pas convaincu que ce soit Lucifer.

— C'est au moins son cousin, Astaroth ou Belzébuth.

— Quoi! l'héritière d'une famille de noblesse de robe du Bourbonnais!

— Belle noblesse, ma foi! Pour rendre service à leurs amis, son père et sa mère aunaient du calicot dans un faubourg de Moulins.

— La veuve d'un lieutenant général !

— Lieutenant, oui; mais général, non.

— Une femme qui a des goûts si modestes !

— Regarde : elle marche sur l'Aubusson, s'assied sur le velours, se couche dans la batiste.

— Elle qui ne voulait qu'un pauvre châle de laine !

— Pourvu que cette laine vînt de Cachemire.

— Tu la calomnies ! Elle a horreur du vaudeville et tient le mélodrame en abomination !

— Oui; mais elle a sa loge aux Italiens et une autre à l'Opéra.

— Elle adorait le coin du feu !

— Elle le chérit encore, quand il y a cinq cents personnes à l'entour.

— Et sa passion pour les chaumières et les maisonnettes?

— Elle la nourrit toujours; ses albums en sont pleins, chaumières à l'aquarelle et maisonnettes à la sépia.

— Une Rosine qui ne voulait vivre que pour ses enfants !

— Elle n'en a pas.

— Une dévote qui préfère une bonne en socques à des laquais en poudre !

— Aussi n'a-t-elle que des grooms ou des chasseurs.

— Une veuve qui faisait fi des eaux !

— Elle ne compte pas en prendre; mais elle est très-résolue à y aller. La vertu propose, et la névrose dispose.

— Elle qui ne comprenait pas qu'on pût user d'une calèche !

— Sans doute, et c'est pourquoi elle a pris un coupé. Tiens, mon ami, regarde.

En ce moment, les roues d'un brillant équipage

ébranlèrent les pavés de la cour. Madame Maubertin descendit gaiement appuyée sur le bras d'un jeune homme ganté et verni comme une gravure de mode.

Étienne interrogea du regard son ami Jacques.

— Oh! c'est un cousin... Je l'ai à peine vu... Noblesse d'épée, celle-là; il est, je crois, officier de spahis à Constantine.

Tout en parlant, Jacques s'approcha d'une magnifique jardinière qui arrondissait sa gerbe de fleurs dans une embrasure de fenêtre; d'une main impatiente il voulut arracher une rose, mais une épine lui déchira le doigt.

— Oh! fit-il en retirant sa main rougie de gouttes de sang.

— C'est un symbole, mon ami, lui dit Étienne; si derrière la fleur se tient l'épine,

DERRIÈRE LA CROIX SOUVENT SE TIENT LE DIABLE

L'Amour fait danser les ânes.

L'AMOUR

FAIT DANSER LES ANES

On dit ordinairement et mieux : *l'Amour apprend les ânes à danser.*

La légèreté et la souplesse singulières avec lesquelles ces animaux bondissent et se trémoussent dans la prairie auprès des ânesses, quand arrive le mois de mai, ont probablement donné lieu à ce proverbe employé pour signifier que l'amour polit le naturel le plus inculte.

On voit, en effet, de vrais rustres qui, sous l'influence de cette passion, parviennent à se défaire de leurs instincts grossiers, de leurs habitudes brutales, et y substituent des manières agréables, des mœurs courtoises que leur com-

5

muniquent des femmes aimables auxquelles ils cherchent à plaire; transformés dans le commerce de ces enchanteresses, ils offrent un caractère nouveau décoré d'un relief d'urbanité et de distinction qui fait d'eux des êtres charmants. C'est la métamorphose de l'âne de Lucien ou d'Apulée. Cet animal devient homme après avoir brouté des roses.

On ne saurait nier d'après cela que l'amour ne soit *un grand maître*, mais il faut avouer aussi que, si cet habile maître apprend beaucoup de choses à ceux qui ne savent pas, il en fait oublier beaucoup à ceux qui savent. Ces deux propositions sont également vraies; la première a été démontrée par le proverbe précédent, la seconde va l'être par le suivant :

L'AMOUR FAIT PORTER SELLE ET BRIDE AUX PLUS GRANDS CLERCS.

Celui-ci a dû son origine au fabliau dit *le lai d'Aristote*, où il se trouve formulé à peu près dans les mêmes termes.

Voici le canevas de ce fabliau, que j'ai retracé de mémoire, en le modernisant, parce que je n'avais pas le texte sous les yeux pour en donner une traduction littérale.

Alexandre le Grand, épris d'une jeune et belle Indienne, semblait avoir perdu le goût des conquêtes. Ses guerriers en murmuraient; mais aucun d'eux n'était assez hardi pour lui exprimer le mécontentement général que sa conduite avait excité. Son précepteur Aristote s'en chargea. Il lui représenta librement, au nom de l'armée, qu'il ne convenait pas à un conquérant de négliger ainsi la gloire pour l'amour ; que l'amour n'était bon que pour les bêtes, et que l'homme esclave de l'amour méritait d'être envoyé paître comme elles. Une telle remontrance, autorisée sans

doute par les mœurs du temps jadis, qui étaient bien différentes des nôtres, fit impression sur le monarque, et il se
décida, pour apaiser les murmures de son armée, à ne
plus aller chez sa maîtresse ; mais il n'eut pas le courage
de défendre qu'elle vînt chez lui. Elle accourut tout
éplorée pour savoir la cause de son délaissement, et elle
apprit ce qu'avait fait Aristote.

— Eh quoi! s'écria-t-elle, le seigneur Aristote a de
l'humeur contre le penchant le plus naturel et le plus
doux! Il vous conseille d'exterminer par la guerre des
gens qui ne vous ont fait aucun mal, et il vous blâme
d'aimer qui vous aime! C'est une déraison complète,
c'est une impertinence inouïe qui réclame une punition
exemplaire, et, si vous voulez bien le permettre, je me
charge de la lui infliger.

Alexandre ne s'opposa point à ses projets, et dès ce
moment elle mit tout en œuvre pour séduire le philosophe.
Ce que veut une belle est écrit dans les cieux, et l'égide
de la sagesse ne met pas à couvert de ses traits vainqueurs.
Le vieux censeur des plaisirs l'apprit à ses dépens. Son
cœur, surpris par les galanteries les plus adroites, se ré-
volta contre sa morale. Vainement il crut l'apaiser en recou-
rant à l'étude et en se rappelant toutes les leçons de
Platon : une image charmante venait sans cesse se placer
devant ses yeux, et détournait vers elle seule toutes les méditations auxquelles il se livrait. Enfin il reconnut que
l'étude et Platon ne sauraient le défendre contre une passion si impérieuse, et son esprit subtil lui révéla que le
meilleur moyen de la vaincre était d'y céder. Dès l'instant
il laissa là tous les livres et ne songea qu'aux moyens
d'avoir un entretien secret avec la jeune Indienne. Un jour
qu'elle faisait une promenade solitaire dans le jardin du

palais impérial, il accourut auprès d'elle, et à peine l'eut-il abordée qu'il se jeta à ses pieds, en lui adressant une pathétique déclaration.

L'enchanteresse feignit de ne pas y croire pour se la faire répéter. Cette manière de prolonger les jouissances de l'amour-propre était alors en usage chez le beau sexe. Obligée enfin de s'expliquer, elle répondit qu'elle ne pouvait ajouter foi à des aveux si extraordinaires sans des preuves bien convaincantes. Toutes celles qu'il était possible d'exiger lui furent offertes.

— Eh bien, reprit-elle, il faut satisfaire un caprice. Toute femme a le sien : celui d'Omphale était de faire filer un héros, et le mien est de chevaucher sur le dos d'un philosophe. Cette condition vous paraîtra peut-être une folie; mais la folie est à mes yeux la meilleure preuve d'amour.

Il fut fait comme elle le désirait. Qu'y a-t-il en cela d'étonnant? Le dieu malin qui change un âne en danseur peut également changer un philosophe en quadrupède. Voilà notre vieux barbon sellé, bridé, et l'aimable jouvencelle à califourchon sur son dos. Elle le fait trotter de côté et d'autre, et pendant qu'il s'essouffle à trotter, elle chante joyeusement un lai d'amour approprié à la circonstance.

Enfin, quand il est bien fatigué, elle le presse encore et le conduit... devinez où? — elle le conduit vers Alexandre, caché sous un berceau de verdure d'où il examinait cette scène réjouissante. Peignez-vous, si vous le pouvez, la confusion d'Aristote, lorsque le monarque, riant aux éclats, l'apostropha de cette manière : —O maître! est-ce bien vous que je vois dans ce grotesque équipage? Vous avez donc oublié la morale que vous m'avez faite? et maintenant c'est vous qu'il faut mener paître. La raillerie semblait sans réplique; mais l'homme habile a réponse à tout. — Oui, c'est moi, j'en conviens, répondit le philosophe en se redressant. Que l'état où vous me voyez serve à vous mettre en garde contre l'amour. De quels dangers ne menace-t-il pas votre jeunesse, lorsqu'il a pu réduire un vieillard si renommé par sa sagesse à un tel excès de folie?

Cette seconde leçon était meilleure que la première. Alexandre parut l'approuver, et il promit de la méditer auprès de la jeune Indienne. C'était là qu'on lui reprochait d'avoir perdu sa raison, c'était là qu'il devait la retrouver. Il y réussit; mais ce fut, dit-on, par l'effet du temps, plutôt que par celui de la leçon. Le temps, pour guérir de l'amour, en sait beaucoup plus qu'Aristote.

Ce fabliau, attribué à un chanoine de Rouen, Henri d'Andely, trouvère du XIIIe siècle, est tiré d'un conte arabe intitulé : *le Vizir sellé et bridé*. L'idée de substituer Aristote à un vizir vint, suivant J. M. Chénier, de l'autorité même qu'Aristote avait acquise dans les écoles du moyen âge. Cette idée était assez absurde; mais il faut reconnaître, afin de la justifier un peu, qu'elle répondait à l'esprit du temps, et qu'elle ménageait au trouvère un moyen sûr de rendre plus frappante la moralité qu'il voulait offrir à ses contemporains. Pouvait-il mieux montrer à quelle extravagance l'amour pousse les vieillards mêmes, que par l'exemple de celui qui était à leurs yeux la plus haute personnification de la science et de la sagesse?

Du même fabliau dérive l'expression *faire le cheval d'Aristote,* par laquelle on désigne une pénitence qui est imposée dans le jeu du *gage-touché,* ou dans quelque autre jeu semblable, et qui consiste à prendre la posture d'un cheval, afin de recevoir sur son dos une belle qu'on est obligé de promener ainsi dans le cercle, où les joueurs l'embrassent tour à tour, et s'égayent aux dépens de son conducteur, réduit au rôle ridicule d'intendant de leurs menus plaisirs.

Cette pénitence est une allusion à l'usage symbolique d'après lequel un vaincu ou un vassal, forcé de faire acte de soumission à son vainqueur ou à son suzerain, allait se courber en sa présence, sellé et bridé pour lui servir de monture. L'histoire rapporte plusieurs exemples de cet usage, plus ou moins complétement observé, depuis le malheureux fils de Psammenit, conduit au supplice avec un mors dans la bouche, par ordre de Cambyse, jusqu'à Hugues de Châlons, qui, reconnaissant qu'il ne pouvait résister aux Normands, se rendit auprès des fils de leur duc Richard, et se roula à leurs pieds, avec une selle sur les épaules, pour implorer son pardon. C'est en vertu d'un pareil usage qu'Eustache de Saint-Pierre et cinq ou six bourgeois de Calais se présentèrent, la corde au cou, à Édouard III, roi d'Angleterre.

ZÉPHIRINE

ou

A QUELQUE CHOSE MALHEUR EST BON

Qu'on se représente le salon de madame la marquise de M... (nous pourrions aussi bien dire la duchesse) ; tous ses amis s'y trouvent réunis. La soirée a un but sérieux. Il ne s'agit cependant ni de tirer une loterie, ni d'organiser une souscription en faveur de quelque œuvre pieuse, ni même de danser la polka ; la question à l'ordre du jour est le choix du proverbe à jouer pour la fête de la maîtresse de la maison.

Comme il arrive toujours en pareil cas, après avoir été aussi ardente que possible, la discussion se traînait péniblement au milieu de l'indifférence générale, et menaçait même de s'éteindre, lorsqu'une voix, partie d'un des angles du salon, s'écria tout à coup : — Si je vous contais une histoire?

. — Une histoire de revenants? demanda une jeune dame blonde, qui avait proposé pour sujet de proverbe :

QUI AIME BIEN, TARD OUBLIE.

— Les revenants sont passés de mode ; mais il s'agit d'une histoire d'amour, ce qui vaut bien tous les spectres d'Anna Radcliffe.

Nous dirons tout de suite au lecteur impatient de connaître celui qui va lui raconter une histoire d'amour, qu'il se nomme D..., qu'il est notaire à la résidence de C..., âgé de trente-quatre à quarante ans, portant des lunettes, et renommé pour son esprit dans tous les châteaux de l'arrondissement d'A...

D... prit place devant la cheminée, et, le coude renversé, la jambe droite posée sur la gauche, la botte en pointe, il commença ainsi :

— Vous vous étonnez sans doute, messieurs et mesdames, qu'un garçon aussi bien tourné que moi, jouissant de toutes ses facultés et d'une étude bien achalandée, soit resté célibataire. Ne vous hâtez pas de me juger ; n'allez pas croire que je sois resté constamment insensible aux traits de Cupidon. Mon cœur de notaire a battu, trop battu même ; et l'amour, qui depuis Troie a perdu tant de choses, a été la cause de ma ruine, je veux dire de mon célibat.

Je vais vous révéler ce mystère ; écoutez la confession d'un enfant du siècle.

Dans les premières années qui suivirent la révolution de juillet, mon père m'avait placé chez un notaire de ses amis. J'avais un cœur de vingt ans, un habit de vingt ans, en un mot, toutes les passions et tous les charmes de la jeunesse. Mes larmes coulent rien qu'en songeant à ce temps heureux où l'âme chasse aux papillons, où l'on est blond, où l'on est habillé en drap bleu-barbeau.

Pénétré des devoirs qu'impose la cléricature, je n'avais encore gravé dans mon cœur que quelques articles du Code de procédure civile, lorsqu'un matin, en m'asseyant devant mon bureau, je vis sur la grande place, en face de la fenêtre de l'étude, une image dont le souvenir gracieux me poursuit encore. C'était une toile de plusieurs pieds de haut, représentant une femme sauvage avalant des cailloux et des lames de sabre; je la vis, et soudain j'en devins amoureux.

— De la femme sauvage? demanda la marquise.

— De Zéphirine, de l'adorable Zéphirine! Elle se tenait debout, montrant la toile avec sa baguette. Immobile contre la vitre, je l'admirais accueillant les amateurs avec un irrésistible sourire, et recevant les gros sous de sa main blanche et agile. Je la vois encore, le bras arrondi sur la hanche, la taille cambrée, l'œil noir, le teint nuancé de rose, la narine mobile, le nez vif et droit, son jupon bleu chamarré de paillettes laissant voir ses jambes mignonnes, auxquelles s'attachaient deux pieds de fée. Je vous épargne l'ennui de mes premières émotions; je ne vous dis ni mes regards ardents, ni mes soupirs de flamme, ni mes lettres frénétiques...

— Vous écrivîtes à Zéphirine?

6

— Je lui écrivis, et je me rappelle encore ma première
lettre :

« Vierge de mes songes, je t'ai vue, et je t'ai aimée ;
te voir et te le dire, voilà ma seule ambition. Tu es belle
comme Vénus, et modeste comme Minerve. La rosée que
l'Aurore dépose au sein des fleurs est moins pure que toi.
Ame de mon âme, tu tiens ma vie entre tes mains ; aime-
moi, si tu ne veux voir mourir à tes pieds celui que tu
peux faire le plus heureux ou le plus malheureux des
mortels. »

Après une correspondance des plus orageuses, elle me
répondit qu'elle m'aimait, en post-scriptum. Je baisai et
rebaisai cent fois le bas de sa lettre, et je me mis à marcher à grands pas dans ma chambre, cherchant les moyens
de me réunir pour jamais à celle que j'adorais, et de l'arracher à un métier qui n'était pas fait pour elle.

Non, m'écriai-je dans mon enthousiasme, tu n'es point
née pour vivre avec des saltimbanques qui abuseront tôt
ou tard de ton innocence, pour te faire avaler des cailloux
et des lames de sabre ! Je saurai soustraire ton palais à
cette ignominieuse extrémité ; ta voix, qui s'enroue à vanter les superbes qualités de la femme sauvage, ne devrait
murmurer que des paroles d'amour ; ta main, si fine et si
petite, ne devrait tenir d'autre baguette que celle d'une
fée ; je te rendrai au monde dont tu feras le plus bel orne-
ment ; avant un mois, je veux que tu danses dans les salons de la préfecture !

J'en étais là de ce monologue, quand j'entendis ma
porte s'ouvrir doucement, et je reçus dans mes bras Zéphirine palpitante.

Avec quel plaisir je la regardais ! Avec quelle anxiété
je suivais sur ses traits la trace des émotions que devait

faire naître dans son âme une situation si nouvelle! Je voulus lui prendre la main, elle me repoussa d'un air plein de dignité.

— Monsieur, me dit-elle, ne me faites pas repentir de ma confiance; je ne suis point ce que vous croyez. Je m'appelle Zéphirine de Valcour; mon père, officier supérieur de la garde, mort en juillet...

— O Zéphirine! m'écriai-je hors de moi-même, mes pressentiments ne m'ont point trompé; tu n'es pas née saltimbanque; mais, hélas! quelle distance nous sépare! Le fatal préjugé de la noblesse...

— Ne m'empêchera pas de vous donner ma main si vous vous en montrez digne. Il faut me soustraire aux persécutions d'un homme qui, après avoir juré à mon père mourant de veiller sur moi, m'exploite indignement, et veut me forcer à épouser son paillasse Cabochard, dit l'incomparable Mexicain.

— Je te sauverai, Zéphirine, je t'enlèverai à ces misérables. Je vais tout préparer pour notre fuite; en attendant cette chambre te servira d'asile; je t'y laisse sous la sauvegarde de l'honneur et de l'amour.

J'ai oublié de vous dire que mon patron était maire de la ville. Comme j'allais chercher dans mon bureau quelques centaines de francs, fruit de mes économies de jeune homme, il me fit entrer dans son cabinet, et, me montrant un homme d'assez mauvaise mine qui se tenait debout à son côté, il me dit d'un ton brusque et menaçant :

— C'est donc vous qui voulez réduire à la misère ce digne Bilboquet qui fait depuis trente ans les délices de notre ville, en lui enlevant une artiste qui n'a pas sa pareille pour le saut périlleux? Je vous somme, au nom de la loi et de la morale, de déclarer où vous l'avez cachée.

— C'est aussi au nom de la morale et de la loi, répondis-je avec une indignation contenue, que je vous somme
de faire arrêter le susdit Bilboquet, coupable de suppression d'état à l'égard de mademoiselle Zéphirine de Valcour,
fille de M. le comte de Valcour, officier supérieur de la
garde, mort à Paris en 1830, victime de son dévouement
à la monarchie.

Bilboquet haussa les épaules, et me toisa dédaigneusement.

— Connu! connu! s'écria-t-il; c'est la troisième fois
que Zéphirine s'amuse ainsi aux dépens des âmes sensibles
qui ont comme vous vingt ans et un habit bleu-barbeau.
Elle éprouve de temps en temps le besoin de me quitter;
mais elle revient toujours au bercail : je suis si bon pour
mes pensionnaires! Rendez-moi Zéphirine, jeune imprudent; la représentation va commencer, et il faut bien que
quelqu'un crie : Prenez vos billets!

— Tu mens, tu n'es qu'un vil imposteur! Je demande
justice pour mademoiselle de Valcour.

— Voilà, reprit Bilboquet, des papiers qui constatent
que mademoiselle de Valcour est sortie de l'hospice des
Enfants trouvés. Je voulais les faire légaliser par M. le
maire, afin de procéder tout de suite au mariage de mademoiselle Zéphirine, saltimbanque, avec M. Cabochard,
paillasse. Pourvu qu'il ignore l'escapade de sa prétendue!
L'incomparable Mexicain serait capable de n'en plus vouloir; et vous êtes trop généreux, jeune homme, pour compromettre une faible femme.

Ames sensibles, cœurs qui avez aimé, vous compren-
drez mon désespoir! Je voulus me tuer après avoir plongé
un poignard dans le sein de la perfide; mais elle disparut
le jour même. J'ai eu plus tard la consolation d'apprendre

que je n'avais pas nui à son avenir. Zéphirine devint madame Cabochard.

Ce qu'il y avait de plus terrible dans ma situation, c'est que je ne trouvais personne à qui confier mes chagrins; tout le monde riait en voyant ma physionomie de douloureuse résignation.

Mon patron s'était hâté de raconter mon aventure à mes collègues de l'étude, elle avait couru tout le pays; j'étais devenu un héros à dix lieues à la ronde : si bien que, quelque temps après, lorsque mon père songea à me marier, je me hasardais difficilement à me montrer en plein jour dans les rues.

Ma prétendue était jolie, ses parents bien disposés en ma faveur. Je fis ma première visite; à peine m'étais-je approché de mademoiselle Henriette pour lui adresser un compliment, qu'elle se leva, mit sa main sur sa bouche, et disparut en poussant un éclat de rire étouffé : le souvenir de ma déplorable passion avait produit son effet. Je l'entendis ensuite dans la chambre voisine rire tout à son aise; sa mère me dit qu'elle était sujette à ces accès, qui devenaient plus rares de jour en jour, et que le mariage devait faire disparaître.

— En fîtes-vous l'essai? demanda la maîtresse de la maison.

— Non vraiment. Depuis, je n'ai plus voulu me marier.

— Eh bien! dit un des assistants, vous venez, sans vous en douter, de nous donner le sujet du proverbe que nous cherchions tout à l'heure.

— Voyons le titre.

A QUELQUE CHOSE MALHEUR EST BON.

Au royaume des aveugles les borgnes sont rois.

AU PAYS DES AVEUGLES

LES BORGNES SONT ROIS

Le texte exact ne porte pas *au royaume des aveugles*, etc., mais bien : *au pays des aveugles*, etc., et la substitution qu'on fait du mot *royaume* au mot *pays* est une faute qui détruit le sel de ce proverbe traduit du grec par les Latins dans les termes suivants : *in regione cœcorum rex est luscus*, mot à mot en français : *au pays des aveugles, roi est le borgne*.

Les Latins disaient encore : *inter cœcos regnat strabus;* — *parmi les aveugles règne le louche*.

Notre proverbe s'adresse aux gens d'un médiocre savoir que les ignorants admirent. Il est susceptible de l'application la plus fréquente, car on ne voit partout que des louches d'intelligence, des borgnes d'esprit ou des demi-savants dont la renommée extraordinairement surfaite s'accroît et se propage en proportion de l'imbécillité du public aveugle qui la proclame.

On pourrait leur appliquer aussi le dicton, non moins spirituel qu'original : *ils ont étudié pour être bêtes,* ou le mot de Rabelais sur les précepteurs de Gargantua : « leur sçavoir n'est que besterie. »

IL FAUT AMADOUER LA POULE

POUR AVOIR LES POUSSINS

Mademoiselle Euphrosine monta vers la brune dans la chambre qu'elle occupait au faîte d'une maison de la rue des Cinq-Diamants, tenant à la main un boisseau de charbon enveloppé dans un numéro de la *Gazette des Tribunaux*, et bien déterminée à en finir.

— Que fais-je dans la vie? dit-elle d'une voix sombre; où vais-je? que suis-je? d'où sors-je, et à qui plais-je?...

Elle ne put continuer ces harmonieuses exclamations.

7

et alla ouvrir un tiroir où se trouvait un paquet de lettres qu'elle déploya d'une main égarée par le désespoir. Elle tomba sur les passages les plus échevelés :

« O mon hange! ô ma perle! sait-tu bien que ma destinée est antièrement confondue dédans la tienne? Oui, jeune fille, tu est mon incendit, mon Vésuve! Grasse à toi, hange d'essieu, mon existance est enivrante, haromatique comme l'Arabie; il me semble que tout est autour de moi vanillé, amande douce, crème de rose, Portugal...

« ZÉPHYRIN, artiste en cheveux. »

Euphrosine aussi était artiste, — artiste en corsets.

— Et il me trahit! ajouta-t-elle, et pour qui?... Pour une personne qui pesait cent soixante-dix-neuf livres sept onces et neuf gros à la dernière fête de Saint-Cloud... Ah! le...

Elle n'acheva pas.

Elle ferma le tiroir aux lettres, boucha hermétiquement la fente de sa porte et sa fenêtre à tabatière, renversa la braise sur un fourneau, et quand tout fut prêt... elle prit son accordéon, et se mit à entonner le chant du cygne, en jouant dans les cordes lugubres de l'instrument, dans l'octave du canard.

L'accordéon se tut, et l'instrumentiste se décida à vivre encore une nuit; mais c'était la dernière, oh! oui, la dernière, à moins pourtant que...

Elle souffla sa chandelle et s'endormit.

Le lendemain, elle descendit à la boutique à l'heure ordinaire; mais elle eut beau regarder dans la rue, cherchant à apercevoir Zéphyrin, elle n'aperçut rien, et la pudeur ne lui permit pas de rester plus longtemps sur le seuil de la porte.

Vers les dix heures du matin, on vit paraître dans la boutique celle qu'Euphrosine appelait sa rivale, la radieuse madame Rosalba Louchard, jeune veuve âgée de neuf lustres et très-rigide dans ses principes.

Quelques mois auparavant, il ne s'en était pas fallu de l'épaisseur d'un cheveu que madame Louchard ne congédiât sa première ouvrière, mademoiselle Euphrosine, qui attirait dans le magasin un petit garçon coiffeur du voisinage, nommé Zéphyrin, qu'elle avait surpris un jour devant le comptoir, gesticulant et faisant à mademoiselle Euphrosine une déclaration d'amour, tirée des profondeurs de sa poitrine d'homme, comme à l'Ambigu.

Cependant, depuis quelque temps, madame Louchard trouvait Zéphyrin plus posé et susceptible d'apprécier une personne d'éducation, quels que fussent son âge et son poids. Le bruit courait même dans le quartier que madame Louchard songeait à se remarier ; Zéphyrin n'avait rien, il est vrai ; mais la maîtresse corsetière avait, disait-on, du foin dans ses socles ; et pourquoi l'amour sans capitaux ne s'unirait-il point à l'embonpoint inscrit à la caisse d'épargne ?

— Zéphyrin n'est pas encore venu ? dit madame Louchard en caressant les mèches de son tour.

— Non, il n'est pas venu, murmura Euphrosine entre ses dents, vieille...

Elle n'acheva pas.

Au même instant, une apparition, sentant l'huile de Macassar, traversa la boutique comme un éclair: c'était Zéphyrin. Il s'élança d'un bond dans l'arrière-boutique, où l'attendait madame Louchard, et là il se mit à la coiffer, ou plutôt à coiffer son tour, comme on ne coiffe plus que dans la rue des Cinq-Diamants : c'était à la fois vaporeux et monumental. Madame Louchard parut rajeunie d'au moins cinq semaines : son tour, c'était sa vie.

Zéphyrin retraversa la boutique comme l'éclair, sans même jeter un mot, une œillade au comptoir. Et cependant Euphrosine était là!... Elle est là, ton Euphrosine, ingrat coiffeur!

— Ah! c'est trop fort! dit Euphrosine en elle-même; ne pas daigner me gratifier du simple coup d'œil que se doivent au moins les personnes bien élevées!

Elle regretta de n'en avoir pas fini la veille. Mais qu'importe! le charbon est tout prêt; et, pour ne plus souffrir, pour se venger d'un être atroce, que faut-il?... Un moment de résolution et une allumette chimique.

Madame Louchard et son tour sortirent pour aller faire des visites. Alors Euphrosine n'hésite plus, elle prend un prétexte pour monter à sa mansarde; mais, au moment où elle va quitter le comptoir pour accomplir son fatal dessein, l'Amour paraît dans la boutique.

Oui, l'Amour lui-même, représenté par Zéphyrin, qui tient sur ses deux poings deux perruques de débardeur qu'il va porter dans le voisinage pour un bal masqué du soir.

Il se place devant Euphrosine; il s'écrie en agitant ses deux perruques :

— Oh! mais quoi!... Qui?... Toi?... De moi?... Pour elle?... Non!... Ciel!... Terre!... Mort!... Enfer!!!

— Ah! je te comprends, s'écrie Euphrosine; mais explique-toi.

— Non; vois-tu, ajoute Zéphyrin toujours avec ses deux perruques à la main, dans les veines de ce bras-là bouillonne du sang d'artiste... Qui, moi, je végéterais! J'emploierais éternellement mon existence d'homme à crê-

per et à poudrer des crinières!... Pitié!... J'aime l'art en
grand, il me faut la carrière du ténor... J'ai l'*ut;* oui, l'*ut...*

Oh! Mathilde, ido!...

Une sonnette se fait entendre à l'extrémité de la rue.
— On y va! s'écrie le coiffeur de l'avenir.
— Arrête, oh ! arrête, dit Euphrosine ; plus qu'un
mot...

Mais Zéphyrin ne l'entend plus ; il est déjà dans la rue,
il lève en l'air ses deux perruques, et les secoue d'un mouvement frénétique en criant : « Hourrah ! »

— Il m'aime encore! se dit Euphrosine ; mais comment accorder ces preuves d'amour avec ce qu'il est pour
madame Louchard?... Zéphyrin, Zéphyrin, mangeriez-vous
à deux rateliers?

Cependant, malgré cette idée, la journée fut meilleure
pour Euphrosine qu'elle n'aurait cru. Mais que devint-elle,
et quelle nouvelle secousse, lorsque madame Louchard,
rentrant vers quatre heures, dit en traversant la boutique :

— Je vais ce soir aux Folies-Dramatiques avec Zéphyrin!

A ces mots, le corset qu'Euphrosine achevait lui tomba
des mains. Ses yeux se fermèrent ; elle fut sur le point de
s'évanouir ; mais elle pensa que ce serait assurer le
triomphe de sa rivale, et parvint à reprendre son sang-
froid et son corset.

A six heures précises, un fiacre s'arrêta devant la boutique ; c'était encore l'Amour ; mais cette fois, l'Amour ré-
gulier, mais correct ; plus de perruques de débardeur, de
la distinction, de la tenue, gants serin à 29.

Zéphyrin s'approcha familièrement de madame Lou-

chard, et, après avoir retouché sa coiffure, lui adressa
quelques paroles à l'oreille. Celle-ci sourit agréablement,
et dit, en se tournant vers la cantonade :

— Mesdemoiselles, c'est demain dimanche; M. Zéphyrin veut bien vous inviter à une promenade à Romainville... Il y aura des ânes...

Il faudrait connaître la langue musicale de M. Sudre
pour rendre l'accent d'amertume et de raillerie avec lequel
cette phrase fut prononcée. Euphrosine ne répondit pas;
elle avait pris son parti : tout cela était évidemment trop
mesquin.

— Non, non, s'écria-t-elle dès que le fiacre se fut éloigné, ce n'est plus la mort cachée, ignorée, qu'il me faut;
c'est la mort en plein vent, à la campagne, à la face du
ciel, sous tes propres yeux, monstre !... Demain il y aura
des ânes, dis-tu, à Romainville; eh bien, je choisirai l'a-
nimal le plus fougueux, le plus sauvage, et je veux qu'il
m'entraîne n'importe où... J'irai finir ma vie dans le fond
de quelque précipice.... comme *Mazetta*...

La journée du lendemain fut pour la sensible Euphrosine une série de chagrins et de vexations. Elle eut le plus
mauvais âne de la société , un de ces ânes sans amour-
propre, que ni la persuasion ni les épingles ne peuvent
faire marcher.

Madame Louchard triomphait au contraire ; Zéphyrin
n'avait d'attentions et de cajoleries que pour elle. Il s'était
fait son premier écuyer. Madame Louchard était montée
sur un âne d'un tempérament extraordinaire, qui volti-
geait, galopait, caracolait à volonté ; un volcan, un amour
d'âne.

A l'heure du dîner, on revint par la grande allée de la
forêt ; tous les ânes, électrisés par leur écurie, allaient

comme le vent. Madame Louchard était en tête, fendant
les airs, échevelée, délirante ; Zéphyrin lui-même avait
peine à la suivre. On criait : « Vive madame Louchard ! »
quand tout à coup son âne fait un chassé-croisé, la selle
tourne, et voilà la perle des amazones qui tombe à la ren-
verse sur le gazon.

On la crut blessée ; mais elle n'était qu'émue.

Dès qu'elle fut remise sur ses jambes, son premier
mouvement fut de s'écrier d'un ton désespéré : — Et mon
tour ! mon tour !

— Preuve qu'elle pense toujours à Zéphyrin, se dit
Euphrosine.

Le tour était resté sous l'âne, qui se roulait sur le gazon.

On transporta madame Louchard à l'auberge du Tourne-
Bride. Zéphyrin, qui voyait que son plus grand chagrin était
de se sentir décoiffée, était déjà en fonctions, les manches
retroussées, les pincettes en main. Toutes les jeunes filles
étaient occupées à rendre la forme humaine au chapeau de
madame Louchard.

— Ne craignez rien, dit Zéphyrin à l'infortunée corsetière, tout sera bientôt réparé, oh ! ma poule...

— Sa poule ! s'écrie Euphrosine sur le point d'éclater.

Zéphyrin lui marche violemment sur l'orteil :

— Aidez-moi donc au moins, lui dit-il en affectant de
la brusquer, vous qui êtes là à me regarder les bras croi-
sés... Tenez-moi cela...

En même temps il lui met dans la main un papier
en forme de triangle, sur lequel elle jette machinalement
les yeux.

O surprise ! ô joie ! qui l'eût pensé ? O sublime adresse
d'une âme sensible, qui ne s'arrête devant aucune espèce
de désagrément, d'abnégation ni de ficelle !

Euphrosine, transportée tout à coup du dernier paroxysme de la désolation au faîte de l'enchantement, a lu sur le papier triangulaire, destiné à former la plus belle papillote du tour de madame Louchard, ce proverbe, ce proverbe du bonheur qui la rend à la vie en lui expliquant de point en point la conduite du coiffeur :

IL FAUT AMADOUER LA POULE POUR AVOIR LES POUSSINS.

N'éveille pas le chat qui dort.

NE RÉVEILLE PAS

LE CHAT QUI DORT

On ne porte pas la main impunément sur un chat endormi, car il a le réveil méchant, et il donne des coups de griffes à l'imprudent qui se fait un jeu de troubler son sommeil. De là ce proverbe dont le sens métaphorique est qu'on doit laisser tranquille un ennemi dangereux, ne pas réveiller une querelle assoupie, ne pas chercher un désagrément ou un mal qu'on peut éviter.

C'est ainsi que l'entendent tous les peuples chez lesquels il est usité, à l'exception des musulmans, qui l'em-

ploient au propre, comme une espèce de précepte religieux
par lequel ils recommandent de traiter le chat avec douceur, à l'exemple de Mahomet. Ils racontent que le Prophète, dans un moment où l'heure de la prière l'appelait
à la mosquée, voyant son chat endormi sur la manche de
sa robe, aima mieux couper cette manche que de réveiller
ce chat favori.

Nous avons aussi l'adage *il ne faut pas courroucer la fée*,
pour exprimer à peu près la même idée que *ne réveille pas le
chat qui dort*. Cet adage est un reste de la croyance aux fées
jadis générale en France, où elle n'est pas encore entièrement détruite dans les campagnes. On distinguait ces fées
en *magiciennes* et en *sorcières*, en *bienfaisantes* et en *mal-
faisantes*, en *bonnes dames* et en *mauvaises dames*, et l'on
pensait, conformément à la doctrine de l'Edda, que les
bonnes dispensaient d'heureuses destinées, tandis que les
mauvaises ne produisaient que des malheurs. La crainte
qu'inspiraient celles-ci était extrême, et elle avait donné
lieu à plusieurs pratiques superstitieuses, au moyen desquelles on espérait les empêcher de faire du mal. Legrand
d'Aussy, dans son *Recueil de fabliaux* (tome I, page 79),
rapporte qu'à l'abbaye de Poissy, fondée par saint Louis,
on célébrait, tous les ans, une messe pour préserver les
religieuses du pouvoir de ces méchantes fées.

CHAQUE OISEAU

Une aigrette de fleurs à son chapeau, le Matin est arrivé, d'un pas leste et le front joyeux, au sommet de la colline. Il regarde les maisons du village d'un air doux et bienveillant. Le coq, à son approche, s'est mis à chanter de joie. Toutes les fenêtres s'ouvrent; celle de Colette n'est pas la dernière à fêter sa bienvenue. Colette aime à voir le Matin, et le Matin sourit à Colette; n'est-elle pas la plus jolie comme la plus sage des filles de l'endroit ? Que de belles promesses, que de galants propos le maître du château a perdus en causant avec elle ! Colette est fiancée à Colin, elle ne veut pas d'autre mari que lui. En un tour de main sa toilette est achevée; vermeille comme l'Aurore, elle paraît un instant, pour respirer la brise sans doute ; mais non, une autre croisée est ouverte depuis longtemps en face de la sienne. C'est le fiancé qui épie le réveil de la fiancée ; enfin elle se montre. — Bonjour, Colette ! — Bonjour, Colin !

Le village a pris un air de travail et d'activité ; tout le monde en passant salue Colette ; le bouvier pique ses bœufs indolents, les faneuses se dirigent en chantant vers le pré, Colin conduit son blond troupeau en jouant de la musette.

Où vont ces deux moineaux tenant chacun un brin de paille dans leur bec? Ils se posent dans une fente de mur, juste à côté de la fenêtre où Colette vient de suspendre une cage habitée par deux fauvettes.

Colette a mis tout en ordre chez elle. Frais réduit de la villageoise, comme vous êtes propre, comme vous êtes gai! Elle-même, comme elle est heureuse en regardant son rouet, son vase de fleurs, son crucifix et quelquefois aussi le miroir dans léquel se reflètent ses traits naïfs !

Pendant que Colette travaille et file sa laine, l'abeille butine sur le vase de fleurs, les fauvettes chantent dans leur cage, et les moineaux babillent sur le mur. Le ménage ailé s'est placé sur le rebord de sa demeure et semble appeler ses voisins ; les fauvettes avancent la tête hors de leurs barreaux, comme pour se prêter de meilleure grâce à la conversation. Que se disent-ils entre eux ?

Colette les comprend, car Colette est filleule d'une fée. Elle peut parler avec les oiseaux, comme le Petit Chaperon Rouge s'amusait le soir à causer avec les rouges-gorges le long des buissons. La fauvette disait au moineau :

— Regarde mon nid, comme il est gracieux et doux, suspendu entre ces deux bâtons qui soutiendront ma cou-

vée ! Ce sont les doigts de Colette qui ont préparé la laine
sur laquelle s'étendront mes petits. Je ne crains ni le hibou
qui loge à ton côté, ni le chat qui rode sur la gouttière,
ni la pluie, ni l'orage, ni le vent. Il n'est pas de nid plus
beau que le mien.

Le moineau répondait à la fauvette :

— J'ai ramassé les fleurs fanées que Colette laisse
tomber chaque soir de ses cheveux, et avec leurs tiges
entrelacées j'ai bâti mon nid ; je l'ai garni avec le duvet
dont le printemps couvre les jeunes saules. C'est un abri
sûr et impénétrable, d'où ma famille s'élancera pleine de
force et de gaieté. Mon nid est celui d'un oiseau libre, il est
plus beau que le tien.

Du haut du toit, une hirondelle éleva la voix :

— Vous ne savez ce que vous dites, gazouillait-elle
aux fauvettes et aux moineaux. Mon nid est fait de ciment

comme une forteresse; les architectes les plus habiles n'ont
rien à lui comparer pour la hardiesse de sa construction; le
soleil le dore le premier à son lever, et son dernier rayon
s'arrête sur lui avec complaisance. Mon nid est le plus beau
de tous les nids.

Colette écoutait tous ces discours en souriant.

— La fauvette, disait-elle, s'endort sur la laine que je
lui ai préparée ; le moineau est fier parce qu'il cache sa
couvée dans mes vieux bouquets; l'hirondelle s'enorgueillit
de sa citadelle aérienne, mais ma demeure est bien plus
jolie que leurs nids. Comme la lumière se joue gaiement au
milieu de mes fleurs ! La vigne qui grimpe me fait un
rideau de ses jets capricieux ; je vois la rivière qui coule
à travers la claire feuillée, et le vent m'apporte avec le frémissement des arbres les sons de la musette de Colin. La
fauvette, le moineau et l'hirondelle ont beau se vanter, ils
ne sont pas mieux logés que moi.

Et Colette, jetant autour d'elle un regard de satisfaction, se tut pour écouter : c'était l'heure sans doute où
Colin confiait à l'écho les accents de sa chanson amoureuse.

Mais la pauvre musette aura bien de la peine à se faire
entendre aujourd'hui ! Le seigneur du village revient de la
chasse ; les piqueurs crient, les chiens aboient, la fanfare
retentit. Le seigneur est monté sur un magnifique cheval
blanc; une chaîne d'or brille à son cou, son œil est fier, et
sa plume rouge flotte au vent.

Il s'arrête, comme d'habitude, sous la fenêtre de Colette, et pour la saluer il ôte son chaperon.

— Que faites-vous ainsi toute seule dans votre chambrette, la belle fille aux yeux bleus? Ne vous ennuyez-vous
point entre ces quatre murs tristes et nus ? Venez dans

mon palais, je vous donnerai des pages ; je remplacerai
par des perles les fleurs qui sont dans vos cheveux ; aujourd'hui vous n'êtes qu'une bergère, vous serez duchesse
demain si vous consentez à quitter votre chaumière.

— Et pourquoi, répondit Colette, quitterai-je ma
chaumière? Non, Monseigneur, je la trouve plus belle que
vos palais. A quoi bon les diamants, quand on a les fleurs
de la prairie ? A quoi servent les titres, quand on a déjà
le bonheur? D'autres recevront avec plaisir vos hommages,
elles seront heureuses et fières d'être duchesses, moi je
veux être toujours votre vassale, Monseigneur. Je viens de
l'apprendre tout à l'heure, chaque oiseau trouve son nid
beau ; moi, je dis comme les oiseaux, et je reste dans ma
chambrette.

L'écho lointain répéta les sons d'une musette. On eût
dit que Colin chantait pour remercier Colette.

Le seigneur s'était éloigné triste et baissant la tête, car
il aimait la jeune fille.

La bergère descend pour se mêler aux danses qui ter-
minent les travaux de la journée. Jamais le ménétrier n'a
été plus en train. Voici l'instant où le danseur embrasse
sa danseuse ; on s'arrête un instant, puis la danse recom-
mence. Le gai ménétrier fait entendre une seconde fois le
trille impératif; il faut que tout le monde obéisse. La ronde
villageoise a noué la main de Colette à celle de Colin; elle
rougit, son sein palpite ; le berger, non moins ému, presse
doucement les doigts qu'on lui confie ; il l'entraîne sous
l'ormeau, il lui peint son amoureux délire, il lui parle des
dangers que l'amour du seigneur lui fait courir ; il est si
pressant, si tendre, si éloquent, que la jeune fille ne lui
répond que par des soupirs. — A quand notre mariage,
Colette ? — A demain, Colin.

Dix heures sonnent à l'horloge de l'église. Les fauvettes se sont endormies sur leur édredon, les moineaux sur leur litière de fleurs ; l'hirondelle, pour être prête au premier signal d'alarme, montre sa tête vigilante au créneau de sa tour ; le hibou lui-même quitte à regret le nid qu'il aime pour effleurer les toits de son aile cotonneuse ; le repos descend sur le village. Après ce qui vient de se passer, la demeure de Colette lui semble encore embellie. Elle fait sa prière et s'endort en pensant à son bonheur du lendemain.

L'essaim des songes heureux s'abat sur les chaumières ; tandis que les paysans dorment, le seigneur du village veille seul, et, jetant un regard dédaigneux sur ses vastes appartements, que Colette n'a pas voulu habiter, il s'écrie : Sans elle, je ne pourrai jamais dire :

CHAQUE OISEAU TROUVE SON NID BEAU.

Jamais grand nez n'a gâté beau visage.

JULIET. SC.

JAMAIS GRAND NEZ

N'A GATÉ BEAU VISAGE

Parce que, dit-on, un beau visage n'a jamais été le siége d'un grand nez. Adopte une telle explication qui voudra. Quant à moi, je la rejette sans hésiter. Je crois que le proverbe a été formulé pour glorifier les grands nez et non pour les déprécier. Mon opinion d'ailleurs s'appuie sur de nombreux documents historiques et s'accorde parfaitement avec celle qui a dominé constamment chez la généralité des hommes de tous les temps et de tous les pays. En effet, si l'on excepte les Chinois, amateurs de la petitesse en cette partie et en d'autres du corps humain, et les Kalmouks, habitués à écraser le nez de leurs enfants,

9

sous prétexte que c'est folie de leur laisser une espèce de
borne ou de cloison entre les deux yeux, on ne trouvera
pas de peuple qui ne réprouve les petits nez et les nez
camus comme déplaisants ou de mauvais augure, et qui
n'admire les nez proéminents et grandioses. Ces nez d'é-
lite, dont la forme superbe étonne et captive les regards,
ont figuré toujours dans le monde avec un honneur infini.
Témoin le nez de la Sulamite comparé à la tour du Liban
par le sage Salomon dans le Cantique des cantiques,
nasus tuus sicut turris Libani (vii, 4) ; témoin encore le nez
de Cyrus que le philosophe Platon appelait un nez vraiment royal, et le nez de l'illustre Scipion Nasica, la gloire
des nez romains, et le nez magnifique de François Ier, etc.,

Au reste, ce ne sont pas seulement les poëtes et les
historiens qui ont proclamé l'importance et la suprématie
des grands nez. L'Église elle-même s'est prononcée en leur
faveur. Elle les a signalés comme des attributs éminemment
propres à imposer le respect et l'obéissance, et a décidé
qu'ils étaient obligatoires pour les prétendants aux dignités
monastiques. Laurent de Peyrinnis, un des supérieurs de
l'ordre des Minimes, l'a dit en ces termes formels : *Naso
carentes eligi non possunt ad dignitates monasticas.* « Ceux
qui manquent de nez ne peuvent *être élus aux dignités
monastiques.* » Bien plus, un autre proverbe nous apprend
qu'il faut avoir du nez pour être pape, et l'on voit par ce
qu'on vient de lire que ce proverbe doit se prendre dans le
sens littéral plus encore que dans le sens figuré du mot
nez, puisque c'était de la forme de cet organe que dépen-
dait l'élection aux dignités monastiques qui devenaient
presque toujours les degrés par lesquels on s'élevait à la
papauté.

On sait que Rabelais, traçant le portrait du moine par

excellence personnifié dans frère Jean des Entommeures, l'a représenté *bien fendu de gueule, bien advantagé en nez* (liv. I, ch. XXVII).

Mais à quoi bon citer tant d'exemples? Ne suffit-il pas pour la gloire des grands nez qu'ils aient obtenu la considération de la plus belle moitié du genre humain?

Il y a une épigramme dialoguée du chevalier de Choisy, dans laquelle une dame vante les grands nez et un monsieur les critique. En voici les quatre derniers vers :

La D. — Rien n'est beau comme
          un nez romain.
Le M. — J'ai le nez très-français,
          et ne veux pas qu'il
          croisse.
La D. — Ah! monsieur prêche pour
          son saint.
Le M. — Et madame pour sa pa-
          roisse.

Grandville a pris parti contre les grands nez, qu'il a un peu confondus avec les gros, et son crayon malicieux en a tracé une caricature fort drôlatique. Rien de mieux réussi, sans doute, pour l'effet qu'il s'est proposé, que ces deux figures contrastantes, dont l'une, au nez camus, rit de l'ampleur nasale de l'autre. Il faut pourtant observer qu'en joignant aux traits mignons de celle-ci un si curieux morceau d'histoire naturelle sous

forme d'organe olfactif, il a suivi une mauvaise variante du proverbe où l'ignorance du populaire a substitué,
joli visage à *beau visage,* sans égard à la différence des
deux expressions. Assurément il avait le droit de choisir
cette variante si susceptible d'être démentie et ridiculisée,
et je conviens qu'il l'a très-bien figurée dans son dessin,
mais je dois remarquer, en ma qualité de parémiographe,
qu'elle est tout à fait erronée. L'épithète de *joli* ne pouvant guère s'appliquer que par ironie à un visage que gâte
la grandeur du nez fausse le sens du proverbe qui se prend
ordinairement au sérieux. Aussi n'a-t-elle été admise dans
aucun recueil. Celle du *beau,* au contraire, est dans la
plupart de ceux qu'on a publiés depuis près de deux siècles,
parce qu'on a reconnu qu'un grand nez, d'une forme cor-
recte toutefois, ne dépare pas la beauté d'une mâle figure.

Du reste, le texte primitif du proverbe dit tout simplement : *Jamais grand nez n'a gâté visage.*

QUAND VIENT LA GLOIRE

S'EN VA LA MÉMOIRE*

Le 14 août de l'an 1840, M. Jean-François-Claude Perrin, chef de la maison Jean-François Perrin, Dumolard et Cie, était dans un grand trouble et dans un grand émoi.

* Proverbe synonyme de cet autre : *les honneurs changent les mœurs.*

L'honnête manufacturier n'avait pas dormi depuis trois
nuits, et, dès l'aurore de cette fameuse journée, sa cuisi-
nière l'avait vu se glisser dans son cabinet, déjà rasé et
portant la cravate blanche des solennités et l'habit noir des
cérémonies. C'est que, ce jour-là, la destinée électorale de
M. Jean-François-Claude Perrin allait se jouer au jeu du
scrutin. Il s'agissait de vaincre ou de mourir; de rester
l'une des unités inscrites au grand livre des vingt-cinq
mille adresses, ou d'être député; de n'être rien ou d'être
tout.

Tandis que, pour la vingtième fois, il supputait les listes
électorales, marquant à l'encre rouge les noms douteux, un
domestique vint lui annoncer à voix basse, en homme qui
comprenait toute la gravité des circonstances, que M. Dumolard, son associé, et deux messieurs demandaient à lui
parler.

— Mais qu'ils entrent donc! s'écria le candidat en
s'avançant vers la porte. Eh! c'est mon fidèle Achate, avec
Buisson et ce cher Coustou, mes deux appuis dans le collége! Est-ce à vous à vous faire annoncer? Je croyais que
ma maison était la vôtre.

— Excellent Perrin! répondit Dumolard; toujours le
même! Ah çà, mon cher associé, vous savez que c'est
aujourd'hui que nous triomphons. Je viens de voir nos
amis, j'ai réchauffé leur zèle; nos chances sont excellentes
ce matin.

— Les voix portées hier sur M. Ragon se porteront
sur vous, dit M. Coustou.

— Et vous serez nommé à une imposante majorité,
s'écria M. Buisson.

— C'est à vous que je devrai mon mandat, dit alors
M. Jean-François Perrin en serrant la main à ses amis.

En ce moment, madame Perrin entra chez son mari ; elle était suivie de mademoiselle Alphonsine Perrin, leur unique héritière.

— Eh ! bonjour, ma filleule, s'écria M. Dumolard ; venez vite embrasser votre parrain. Qu'elle est donc jolie, ma filleule ! On la prendrait déjà pour votre sœur, tant elle est embellie, ajouta-t-il en se tournant vers madame Perrin.

— Flatteur, dit la mère en minaudant.

— Ah çà, vous n'oubliez pas, reprit M. Dumolard, que vous dînez tous chez moi demain ? Mon neveu y sera ; mon gaillard est en train de finir son stage ; vous le pousserez, monsieur le député.

— Nous en parlerons ce soir ; car si nous dînons chez vous demain, vous dînez tous ici aujourd'hui.

Quelques électeurs entrèrent, et les dames Perrin s'esquivèrent.

— Le neveu Gustave y sera ; as-tu entendu, ma fille ? dit la mère.

— Oui, maman, répondit Alphonsine en baissant les yeux.

La rougeur qui se répandit sur son front révélait tout un secret de famille. Depuis longtemps les deux associés, Perrin et Dumolard, avaient conçu le projet de resserrer leurs liens commerciaux par une plus intime union ; les paroles étaient échangées, et si les jeunes gens n'en avaient rien appris, il est permis de croire qu'ils l'avaient deviné.

A cinq heures, M. Dumolard entra d'un bond dans le salon de la famille Perrin.

— Victoire ! s'écria-t-il tout essoufflé. La nomination est enlevée à cent vingt-trois voix de majorité.

Ce furent pendant un quart d'heure mille embrassements, après lesquels M. Dumolard partit pour réparer sa toilette tout ébouriffée par la bataille électorale. Mais, quand il revint avec son neveu Gustave, M. Perrin n'était plus au logis. Pendant l'absence de M. Dumolard, une lettre était arrivée en croupe d'un cuirassier; cette lettre, émanée du sous-secrétariat du ministère de l'intérieur, invitait M. Perrin à passer sur-le-champ chez l'honorable chef de cette importante partie du service; M. Perrin, à qui sa nouvelle position créait de nouveaux devoirs, n'avait pas cru pouvoir se dispenser de cette visite.

— Mais que contenait donc de si pressant ce billet ministériel? demanda M. Dumolard déjà effarouché.

— Mon Dieu! si je m'en souviens bien, reprit madame Perrin, le dernier paragraphe était à peu près conçu en ces termes : « Vous avez tracé, pour le quartier des Bourdonnais, un plan d'alignement qu'on dit fort ingénieux. Tout ce qui peut contribuer à l'assainissement de Paris m'intéresse à un haut degré. L'administration supérieure, qui s'occupe d'un plan général, serait heureuse de connaître celui qui a fait le sujet de vos études. Je vous attends ce soir chez moi à six heures ; nous causerons de son opportunité en dînant. Pas de refus; c'est une affaire de service. »

— Et mon ami Perrin a accepté ? s'écria M. Dumolard.

— Sans doute. Ainsi que mon mari l'a dit lui-même, il se doit tout entier à ses commettants.

M. Dumolard ne répondit pas; mais le dîner n'eut pas la gaieté que promettait la suite d'une première victoire.

Le lendemain, M. Jean-François-Claude Perrin s'enferma seul dans son cabinet; sa porte fut condamnée. A ceux qui venaient le demander le domestique répondait

toujours que le député était en affaire. Or cette affaire, qui prenait tout le temps de M. Perrin, n'était autre chose que l'élaboration du fameux plan d'alignement du quartier des Bourdonnais.

La veille, M. le sous-secrétaire d'État avait dit au nouvel élu, après avoir écouté les indications de son projet : « Monsieur Perrin, il y a des architectes qui seraient fiers de votre idée, et j'ai souvent demandé au ministre le ruban de la Légion d'honneur en faveur de gens qui avaient fait moins que vous pour le bien du pays. »

Vers midi, un cabriolet de place amena M. Dumolard devant la porte de la maison de la rue des Bourdonnais; au même instant, un hussard, lancé au grand trot, passa sous la porte cochère et remit au concierge un pli scellé de cire rouge. Le pli et M. Dumolard parvinrent ensemble dans l'appartement de M. Perrin; mais le papier entra avant l'ami. Alors qu'il s'apprêtait à frapper au cabinet de son associé, M. Dumolard eut la mortification d'entendre celui-ci crier à son domestique : — Étienne, je n'y suis pour personne; pour personne, comprenez-vous?

M. Dumolard tourna les talons et dégringola les degrés. Au même instant, M. Perrin passa chez madame Perrin, le pli ouvert à la main. On éloigna les femmes de chambre, et une conférence conjugale s'ouvrit.

— Ma chère amie, dit le député d'un air joyeux, apprêtez votre plus gracieuse toilette; nous assistons au concert que Son Excellence le ministre de l'intérieur donne ce soir.

— Ce soir ?

— Ce soir même, en famille.

— Mais, mon ami, nous sommes invités chez M. Dumolard, et nous avons promis.

10

— Sans doute, mais je ne saurais vous répéter trop souvent ce que je vous ai déjà dit : je me dois à mes commettants. M. Dumolard soupe à huit heures ; qui est-ce qui soupe à cette heure aujourd'hui ? Un homme politique doit faire passer les affaires du pays avant ses plaisirs. Ce soir, pendant le concert, le ministre veut m'entretenir de mon projet. Vous le voyez, je ne puis pas me dispenser de me rendre à cette invitation. D'ailleurs, je viens de répondre à M. le sous-secrétaire ; il a ma parole.

— Alphonsine doit-elle nous accompagner ?

— Certainement. La femme du sous-secrétaire d'État veut absolument la conduire demain à l'Opéra, dans sa loge. Elle l'a vue une fois, et notre fille lui a plu au delà de toute expression. « Si j'étais homme, m'a-t-elle dit, je ne voudrais pas d'autre femme. » En parlant ainsi, son regard s'est dirigé vers un de ses cousins, maître des requêtes au conseil d'État, M. de Cerny.

Ici la conversation fit un détour, et la communauté pesa les espérances qu'elle pouvait asseoir sur ce regard. Un post-scriptum de la lettre d'invitation, portant que M. de Cerny se rappelait au souvenir de l'honorable député, donna fort à réfléchir à M. et à madame Perrin ; et il fut décidé, à l'unanimité des voix, qu'Alphonsine serait bien plus heureuse sous le nom de madame de Cerny que sous le nom de madame Dumolard.

On fit appeler mademoiselle Alphonsine, et la nouvelle du concert lui fut annoncée ; les apprêts d'une toilette ministérielle réclamaient tout son temps et tous ses soins. Alphonsine battit des mains d'abord, puis le souvenir du dîner chez M. Dumolard lui traversa l'esprit.

— Mais l'invitation de mon parrain ? fit-elle observer.

— Ma chère fille, répondit M. Perrin, il faut savoir se

soumettre aux circonstances. Je suis député, et je me dois
à mon pays ; ce concert est une affaire. Et puis, ne vous
l'ai-je pas dit ? je dois prendre jour avec Son Excellence
pour présenter au Roi mon projet d'assainissement.

— Au Roi ! répétèrent les deux femmes ensemble.

— Oui, à Sa Majesté, qui a bien voulu me faire féliciter
sur l'excellence de mes idées. Nous serons portés, l'an
prochain, sur les listes d'invitation aux bals de la cour.

A ces dernières paroles, madame et mademoiselle Perrin
tressaillirent.

— Nous irons aux bals de la cour ! s'écria Alphonsine.

— J'en ai la promesse, dit M. Perrin d'un ton parlementaire. Ah ! ce sont de beaux bals ! On y rencontre les
gens les plus distingués, ceux parmi lesquels je prétends te
choisir un mari, ma fille.

Alphonsine rougit ; mais cette fois elle ne pensait plus
à Gustave.

M. Buisson, qui demeurait à l'étage au-dessus, et qui
était du dîner Dumolard, vint, sur ces entrefaites, s'informer si la famille Perrin était prête. Il insistait pour entrer.

— Mais c'est une tyrannie ! s'écria M. Perrin ; parce
qu'on a bien voulu s'aider de leur concours pour emporter
l'élection d'assaut, ces gens-là se croient tout permis. On
n'est plus libre chez soi ! Dites à M. Buisson qu'il parte
seul ; nous n'irons pas.

Après que M. Buisson se fut éloigné tout étourdi,
M. Perrin se tourna vers sa femme et sa fille :

— Allez et hâtez-vous : l'exactitude est la politesse des
députés.

M. Buisson arriva, contrit et confus, chez M. Dumolard, qui déjà s'impatientait. A la première parole de son
invité, M. Dumolard fronça le sourcil.

— C'est impossible, dit-il.

Presque aussitôt, un domestique lui remit une lettre où M. et madame Perrin s'excusaient en trois lignes de ne pouvoir se rendre à son dîner. Le ministre les attendait, disaient-ils.

— Tiens, lis! s'écria M. Dumolard en passant le billet à son neveu.

— C'est inutile, répliqua Gustave, j'en devine le contenu ; en voilà la traduction libre

QUAND VIENT LA GLOIRE, S'EN VA LA MÉMOIRE.

Jamais coup de pied de jument ne fit de mal à cheval.

JAMAIS COUP DE PIED DE JUMENT

NE FIT DE MAL A CHEVAL

Un galant homme à qui une femme donne un coup ou dit une injure, dans un moment de vivacité, ne doit pas en être offensé.

Un traitement de cette espèce peut être pris pour une faveur. C'est ce que dit positivement le proverbe espagnol : *Coces de yegua amores para el rocin, — ruades de jument sont amours pour le roussin.*

Les Latins pensaient aussi que des coups donnés par une belle n'étaient pas sans douceur pour celui qui les recevait. Ils disaient d'après les Grecs : *Jucunda sunt amicæ dextræ verbera.* « Les coups d'une main amie sont agréables. »

Il ne faut pas se venger d'une femme. « Son châtiment, dit Virgile, n'est point un titre d'honneur, et une pareille victoire n'a rien de glorieux. »

> *... Nullum memorabile nomen*
> *Feminea in pœna est. (Énéid., II, 583.)*

Le meilleur parti à prendre, lorsqu'on est frappé par la main d'une belle, c'est de saisir cette main et de la baiser. Le point d'honneur en galanterie ne demande que de douces représailles.

ON NE DÉGAINE PAS CONTRE UN ÉVENTAIL.

DEUX MOINEAUX SUR MÊME ÉPI

NE SONT PAS LONGTEMPS UNIS

Il y avait une fois, au temps où les animaux parlaient, dans une campagne toute parsemée de bosquets, aux bords de l'Euphrate, un jardin charmant qu'habitait une colonie de chardonnerets. Les fruits les plus savoureux, les baies les plus succulentes se mêlaient aux fleurs, et, sur l'herbe des prés, murmurait l'eau cristalline des fontaines.

Un jour, un jeune chardonneret, qui était allé rendre visite à une alouette de ses amies, rencontra sur la lisière d'un bois un oiseau dont le plumage lui était entièrement inconnu.

Cet étranger était perché tout en haut d'un arbre, et regardait au loin dans les champs. Mille perles blanches constellaient sa robe brune, et, quand un rayon de soleil glissait sur ses ailes moirées, on voyait luire un éclair chatoyant comme le reflet d'une émeraude. Le chardonneret s'approcha à tire-d'aile du bel oiseau, et, l'ayant salué, lui demanda s'il ne pourrait pas lui être bon à quelque chose.

— Ma foi, vous me tirez d'un grand embarras, répondit l'autre; tel que vous me voyez, j'arrive d'un pays lointain, et voilà vingt-quatre heures que je n'ai rien mis sous mon bec.

Le chardonneret invita poliment l'oiseau à déjeuner, et tous les deux prirent en l'air le chemin du beau verger.

Le chardonneret était fort curieux d'apprendre le nom et les aventures du voyageur; mais, en personne discrète, il n'osait le questionner. L'oiseau n'imita pas cette réserve, et, chemin faisant, il ne se lassa pas d'interroger son guide sur les mœurs, les habitudes, le gouvernement de son peuple. Le chardonneret répondait à tout avec discernement et civilité.

Quand on fut arrivé au nid du chardonneret, l'étranger se mit à manger d'un si grand appétit que son hôte fut bientôt à court de provisions. Après avoir dépêché une dernière grappe de raisin, le voyageur s'étendit sur un tas de mousse à l'ombre.

— Voilà le meilleur déjeuner que j'àie fait depuis longtemps! s'écria-t-il.

— Il ne tient qu'à vous d'en faire tous les jours autant,

reprit le chardonneret; vous n'avez qu'à vous établir dans ce canton.

— Si mes frères les étourneaux se doutaient des repas qui les attendent ici, je crois qu'ils ne demanderaient pas mieux.

— Ah! vous êtes étourneau?

— De père en fils. Je suis né en Germanie; à six mois j'avais déjà vu la moitié de l'Europe. Me trouvant au bord de la mer, aux colonnes d'Hercule, j'ai profité de l'occasion d'un coup de vent qui m'a conduit dans l'île de Calypso; là je me suis marié. Ma femme étant morte au bout de cinq semaines, j'ai repris mon vol. En Égypte, je me suis rencontré avec une compagnie d'étourneaux en train de faire le tour du monde: ils m'ont engagé à les suivre, et nous sommes partis il y a quelques jours. Quand vous m'avez aperçu, je prenais le frais en attendant l'occasion de prendre autre chose.

— Et vos camarades?

— Ils font la sieste dans le bois. Venez avec moi; je vous présenterai à toute la bande, qui sera enchantée de faire votre connaissance.

Le chardonneret n'avait jamais quitté ses bosquets: il croyait que toute la terre ressemblait à ce séjour qui faisait partie jadis du jardin d'Éden, et qu'il n'y avait pas d'autre fleuve que l'Euphrate. Les discours de l'étourneau le remplirent d'étonnement; les récits qu'il faisait des différentes contrées où habitent tant de races diverses, son langage pittoresque, les histoires merveilleuses qu'il racontait sur les mœurs, les goûts, les usages, les guerres, les amours de mille espèces d'oiseaux, inspirèrent au chardonneret le désir de retenir dans sa patrie de si gentils savants.

Il communiqua son projet à la tribu; on discuta. Les vieux hochèrent la tête; les jeunes crièrent à plein bec que les étourneaux donneraient à leurs enfants l'éducation qui leur manquait; que ce serait pour tout le monde une grande joie d'entendre l'odyssée de leurs voyages pendant les longues soirées d'hiver; que ceux qui ont beaucoup vu peuvent avoir beaucoup retenu, et que, par conséquent, la présence des illustres voyageurs assurerait la prépondérance des chardonnerets sur les pinçons, linots, mésanges et grives du voisinage. Cet avis prévalut, et on envoya une ambassade aux étourneaux pour les prier de s'arrêter aux bords de l'Euphrate.

Les étourneaux, étant quelque peu las, acceptèrent et se mirent en disposition de déménager du bois.

Cependant quelques chardonnerets inquiets se rendirent chez une vieille pie qui avait bâti son nid dans un antique noyer.

Cette pie, qui datait du temps où les anges se promenaient sur la terre, passait pour sorcière dans le pays; tous les oiseaux venaient la consulter, et ses prophéties n'étaient jamais démenties par l'événement. La pie s'assit à l'entrée de son nid, les deux pattes appuyées sur une béquille qui lui servait à marcher; puis, ayant écouté les chardonnerets, elle caqueta cette réponse symbolique :

DEUX MOINEAUX SUR MÊME ÉPI NE SONT PAS LONGTEMPS UNIS.

Après qu'elle eut parlé, elle demanda deux douzaines de figues pour sa récompense, et rentra dans son domicile.

— Bon! il s'agit de moineaux! s'écria l'un des oiseaux; ça ne nous regarde pas.

— Hum ! la lettre tue ! murmura un vieux chardonneret.

Mais on ne l'écouta pas, et les étourneaux s'établirent
dans le jardin des chardonnerets.

Pendant les premiers jours, tout alla pour le mieux ; les
étourneaux racontaient leurs voyages ; on venait les entendre
de tous les vergers, de toutes les prairies, de tous les bois
d'alentour. On ne se lassait pas de les écouter. Chaque soir,
c'était un nouveau plaisir, et l'on dansait après. Mais,
tandis que les discours allaient leur train, les vivres dimi-
nuaient à vue d'œil ; chaque étourneau mangeait pour trois
chardonnerets.

Il fallut songer aux provisions ; les chefs de la tribu
assemblèrent les plus forts, et on fut à la picorée ; celui-ci
rapportait une prune, celui-là une cerise ; les plus vaillants
traînaient un abricot. Pendant que la colonie s'épuisait en
efforts, les étourneaux, qui restaient au logis, faisaient la
cour aux plus jolies filles de leurs hôtes. D'étranges pertur-
bations éclatèrent au milieu des nids ; les chardonnerets
s'en aperçurent, et prièrent les étrangers de voler aux
champs avec eux.

Les étourneaux se mirent à siffler de toutes leurs forces ;
les plus roués d'entre eux chansonnèrent les pauvres maris,
et plus d'un chardonneret dut s'esquiver au milieu des
éclats de rire.

En attendant, les déjeuners, les dîners et les soupers
allaient de plus belle. Tout ce que récoltaient les pauvres
chardonnerets disparaissait à mesure. Quand les travailleurs
rentraient le soir, il trouvaient les étourneaux frais, reposés,
la queue bien peignée, l'œil brillant, les ailes lustrées,
jouant aux jeux innocents, de buisson en buisson, avec

leurs sœurs, leurs filles et leurs femmes. Ce spectacle leur
déchirait le cœur.

Un jour, un des plus fougueux chardonnerets surprit un
étourneau en conversation très-animée avec sa cousine, au
plus épais d'une haie. Le chardonneret fondit sur l'étourneau, la cousine s'évanouit, et l'étourneau cria au meurtre;
ses camarades accoururent. Quelques chardonnerets vinrent
au secours de leur ami. Personne ne voulait avoir tort; plus
on jacassait, et moins on s'entendait; bientôt les injures
volèrent de bec en bec, et les coups de patte s'en mêlèrent.
Les chardonnerets, depuis quelque temps, faisaient maigre
chère, ils étaient fatigués; ils furent battus.

En ce moment la vieille pie passait par là :
— Tu l'as voulu, Georges Dandin! dit-elle.

Les étourneaux chantèrent victoire, soupèrent gaiement
et se couchèrent dans les nids de leurs hôtes.

Mais, pendant la nuit, les chardonnerets, groupés sur
un grand chêne, tinrent conseil. Il fut décidé qu'une dépu-
tation serait envoyée au pacha qui gouvernait la province,
avec prière d'expulser les étrangers. Ce pacha était un vieux
grand-duc qui habitait le creux d'un sapin; il était fort
sage, fort expert, et ne se montrait presque jamais, à la
manière des princes d'Orient. Après qu'il eut écouté la
harangue des ambassadeurs, il fit appeler son connétable,
et lui commanda de partir sur-le-champ avec un escadron
de sa garde noire; c'était le nom qu'on donnait à un régiment de merles, commandé par un fameux corbeau revêtu
du haut grade de connétable.

Les merles partirent à tire-d'aile, guidés par les chardonnerets.

Quand leurs premiers rangs atteignirent le verger, les étourneaux dormaient encore. Les uns se laissèrent arrêter sans opposer de résistance; les plus mutins furent garrottés; et bientôt toute la bande, gardée à vue par les merles, prit la route des grandes forêts qui sont derrière l'Euphrate.

Mais, avant de quitter le verger, le connétable rassembla tous les chardonnerets autour de lui, et leur tint à peu près ce langage :

— O chardonnerets imprudents! vous avez donc des oreilles pour ne pas entendre? Souvenez-vous de la réponse de l'oracle. La pie ne vous a-t-elle pas dit :

DEUX MOINEAUX SUR MÊME ÉPI NE SONT PAS LONGTEMPS UNIS?

Ce qui s'applique aux moineaux s'applique aux char-donnerets, aux étourneaux, aux merles, à tous les oiseaux; et ce qui s'applique aux oiseaux peut s'appliquer aux hommes nos ennemis!

Ayant ainsi parlé, le corbeau ouvrit les ailes et partit.

Mauvaise herbe croît toujours.

E JOUARD. sc.

MAUVAISE HERBE

CROIT TOUJOURS

La mauvaise herbe pousse très-facilement, et *sans que la gelée lui nuise,* suivant le dicton espagnol que voici : *Yerva mala no la empece la elada.* Elle se développe et se multiplie avec tant de promptitude que, si on négligeait de l'arracher, elle envahirait en peu de jours un grand espace et y détruirait les bonnes semences, en absorbant presque tous les sucs nourriciers de la terre végétale. De là ce proverbe usité dans l'ancienne Grèce pour faire entendre aux pédagogues qu'à l'exemple des agriculteurs occupés à extirper de leurs champs cette mauvaise herbe, ils devaient prendre un soin continuel d'extirper du cœur des enfants le vice qui croît toujours vite comme elle, au détriment de la vertu.

Les Latins tiraient le même enseignement proverbial d'une observation analogue énoncée dans ce pentamètre d'Ovide :

Et mala radices fortius arbor agit.

« Le mauvais arbre pousse plus fortement ses racines. »

Le proverbe grec, en passant dans notre langue, n'a pas conservé son ancienne signification. Il s'applique aux enfants qui grandissent beaucoup. Mais cette application, regardée comme une plaisanterie assez innocente quand elle est faite par un parent ou ami de celui qui en est l'objet, prend, en certains autres cas, un caractère sérieux où perce cette idée maligne que *le flandrin est un sot. Amens qui longus.*

On sait que c'est une vieille opinion généralement répandue et vraie, à quelques exceptions près, que les individus dont la taille est trop élevée ont souvent la tête vide, parce que la nature ne développe guère le corps outre mesure qu'aux dépens de l'esprit, et que ce qu'elle ajoute au premier elle le retranche au second.

De cette opinion est né aussi le proverbe bien connu : QUAND LA MAISON EST TROP HAUTE IL N'Y A RIEN AU GRENIER.

Le petit abbé Cosson, homme très-spirituel, disputant un jour avec un impertinent de longue taille et de courte intelligence, finit brusquement par lui dire : Brisons là, monsieur, un rez-de-chaussée ne peut tenir tête à six étages. — Comme son interlocuteur n'avait pas l'air de comprendre : « Rien n'est plus semblable, ajouta-t-il, qu'un homme de six pieds et une maison de six étages, c'est toujours le sixième qui est le plus mal meublé. »

Le chancelier Bacon avait fait la même comparaison. Interrogé par Jacques Ier sur ce qu'il pensait d'un ambassadeur français, homme fort grand, à qui ce roi venait de donner audience : « Sire, répondit-il, les gens de cette taille sont quelquefois semblables aux maisons de cinq ou six étages, dont le plus haut appartement est d'ordinaire le plus mal garni. »

CHAT GANTÉ

Le plus grand homme d'État, le ministre le plus profond et le plus habile des temps modernes, c'est sans contredit le Chat Botté.

Qu'est-ce qu'un ministre? un homme qui conserve à son roi ou à son empereur ses États dans leur plus complète intégrité. Le Chat Botté fait mieux que cela; il invente un royaume; il improvise un fief, ce fameux fief de Carabas; il est à la fois Christophe Colomb et Olivarès; et quelle modestie dans ses prétentions! son portefeuille, c'est une paire de bottes.

L'histoire a été bien injuste et bien froide envers le Chat Botté. Perrault, son historien, n'a pas même introduit son portrait dans ses hommes illustres. Ce même Perrault, qui a reçu de la main de Nicolas Boileau tant de coups de griffes, termine ainsi l'histoire de cet idéal des chats : « Le chat devint grand seigneur, et ne courut plus « après les souris que pour se divertir. » Un si grand chat méritait mieux que cette insuffisante conclusion. Quoi ! après qu'il a fait du fils du meunier un prince souverain, qu'il lui a constitué un marquisat avec tous les prés, champs, castels et bourgades qu'il rencontre sur sa route, y compris les gardes champêtres ; après enfin que son maître est devenu le gendre du roi, deux lignes seulement sur la biographie future de cet immortel quadrupède ! Est-ce ainsi, je vous le demande, qu'on écourte l'histoire ? Ce Perrault mériterait d'être traité comme le fut Racine à l'époque d'*Hernani*.

Cependant, à force de fureter au milieu des souricières de la Bibliothèque du Roi, nous avons fini par arracher aux rats de la section des manuscrits quelques renseignements relatifs au Chat Botté.

Il est certain qu'il florit dans la seconde moitié du XVIIe siècle. Son maître, qui lui devait tant, l'avait comblé de biens ; et, quoiqu'à la cour de Louis XIV on n'aimât guère les bêtes, le roi l'y voyait toujours venir d'un bon œil. Il donnait lui-même des ordres pour qu'un Vatel (moins le suicide) préparât au maître chat un repas composé des plus délicieuses souris parmi celles qui commençaient dès lors à trotter dans les salles basses du château de Versailles. Mais ce qu'il y eut de remarquable chez ce chat d'un si grand bon sens, c'est qu'en venant à la cour il eut le soin de conserver le costume de son ancienne condition.

Comme Jean Bart avait gardé sa pipe et ses habits de loup de mer, il avait, lui, gardé ses bottes.

Le Chat Botté eut donc en partage une grande simplicité de manières, unie à beaucoup de prudence. Il transmit sa simplicité et ses bottes à son fils, lequel hérita à sa mort d'une immense fortune, accrue encore par de nouvelles donations faites par la famille des Carabas, la même qui vint s'éteindre sous la Restauration dans une chanson de Béranger.

Chat Botté fils continua à aller comme son père en bottes fortes, et sans que le régent songeât à s'en plaindre. Mais, sous Louis XV, il tomba en disgrâce complète, et le roi finit même par l'éloigner de sa cour et l'envoyer faire des rosières parmi les chattes de ses terres.

A quoi tiennent cependant les grandeurs humaines ! Savez-vous ce qui occasionna l'exil de notre héros ? Ce fut le duc de Richelieu. Le vainqueur de Mahon et de madame Michelin avait hérité de l'aversion insurmontable qu'avait toujours eue pour les chats son grand-oncle le fameux cardinal, qui n'avait absolument que cette faiblesse-là avec celle de la tragédie. Richelieu intrigua tellement auprès de mesdames de Châteauroux, de Pompadour, Dubarry, et de toutes les chattes successivement blotties sous les coussins du trône de France, qu'il obtint que le Chat Botté ne mettrait jamais la patte à Versailles.

A l'époque de la révolution, de nouveaux malheurs attendaient le descendant de l'illustre premier ministre du marquis de Carabas. Le château de Carabas fut jeté par terre; on confisqua tout le domaine, et du même coup de griffe toutes les terres du chat, qui se trouvaient englobées dans le marquisat. On lui prit tout, fors ses bottes.

Mais avec des bottes on va loin, surtout une fois qu'on

est placé sur la pente de l'exil. Le Chat Botté émigra ; il
erra longtemps dans toutes les gouttières de l'Europe ; il
fut réduit à d'étranges extrémités. Un certain jour, il se
trouvait à Vienne, sur un toit ; il s'était assoupi doucement. Tout à coup il sent autour de lui comme un trem-
blement de terre ; il entend un vacarme effroyable qui
s'étend d'un bout de l'Europe à l'autre. Il aperçoit près du
toit de l'exil où il est étendu une sorte de mât de cocagne ;
il y grimpe pour observer l'horizon politique ; mais à peine
est-il arrivé au sommet, que le prétendu mât se met à ges-
ticuler. Le chat s'aperçoit qu'il est juché au faîte d'un télé-
graphe, qui s'agite pour annoncer au monde entier que le
général Bonaparte vient d'être proclamé Empereur des
Français.

Ce que devint le Chat Botté sous l'Empire, on l'ignore ;
il est probable pourtant qu'à titre de chat émigré il fut dans
l'opposition. La Restauration arriva ; il eut sa large part
dans le milliard d'indemnité ; on le réintégra dans tous ses
biens ; mais il eut le bon esprit de vendre ses terres, qui faisaient partie du domaine de Carabas, de crainte de nouveau
naufrage. Sentant sa fin prochaine, il acheta de la rente,
et s'éteignit paisiblement entre les pattes de son fils, qui le
miaula pendant plus de trois mois, et coucha dans la hutte
d'un charbonnier en signe de deuil.

Cependant, dès que Chat Botté III eut secoué son afflic-
tion, il résolut de faire danser les pistoles paternelles. Il
donna, oreilles baissées, dans les spéculations ; il acheta
des terrains à l'infini ; il prétendit que son père et que
son grand-père, qui lui avaient laissé une immense fortune,
n'entendaient rien à l'existence. Amasser une fortune,
beau mérite ! Il faut savoir en user, en abuser même ;
osons, spéculons, risquons, buvons, rions, chantons ! —

Ainsi s'exprimaient en chœur le Chat Botté et ses amis.

Bientôt même il rougit de son nom de Chat Botté; il prit en aversion ses bottes, ses bottes immortelles, l'origine de sa splendeur, la perle de son blason, que son père lui avait fait promettre à son lit de mort de ne jamais quitter. Il les quitta et prit tilbury; dès lors, ce ne fut plus Chat Botté, ce fut Chat lion, Chat gant-jaune.

Il se jeta dans les folies les plus monstrueuses. Que vous dirai-je? Il devint éperdument amoureux d'une petite chatte grosse comme le poing, douée, il est vrai, d'une queue blanche magnifique, et qui avait déjà ruiné trois angoras anglais. Il lui loua un vaste hôtel gris de souris; les chambres à coucher, le salon, le boudoir, furent entièrement tapissés d'hermine. Jugez du reste d'après cela.

Enfin ses yeux se dessillèrent : il vit que cette chatte le trompait et n'avait absolument d'affection que pour les fourrures dont il ne cessait d'entourer son âme égoïste et glacée. Les fourrures s'usèrent; l'ingrate bayadère à la queue blanche déclara que son amour était usé aussi, et lui ferma sa porte.

Alors les malheurs se succédèrent; il fut obligé de vendre son hôtel, de congédier ses gens, jusqu'à son secrétaire intime, le docte et littéraire Murr, qui l'endormait tous les soirs en lui racontant des contes fantastiques et complétement inédits, que lui donnait jadis à titre de gages son ancien maître, le fameux Hoffmann, qui l'avait eu longtemps à son service.

Quand il se vit dénué de tout, il alla frapper à la porte des anciens amis de son père; plusieurs d'entre eux lui devaient leur fortune; mais pas un ne voulut le reconnaître.

— Vous, le fils du Chat Botté, de ce chat de tant de bon

sens et de finesse, qui attrapait tout le monde, et courait plus vite que tous ses rivaux et ses concurrents à l'aide de ses grosses bottes toujours couvertes de poussière! Où sont vos bottes? Vous avez des gants à vos pattes de devant; vous avez fait vernir vos pattes de derrière. Allez, allez, mon jeune gentilhomme, ce n'est pas en pareil équipage qu'on fait son chemin dans la vie!

Le pauvre chat était d'autant plus désespéré de ce qu'il entendait, qu'au milieu de ses désastres il tenait toujours à afficher une certaine élégance. Rentrer dans ses grosses bottes qui le rendaient souverainement ridicule jusqu'à la ceinture! Ah! plutôt la mort!

La mort ne vint pas, et l'argent non plus.

Le descendant des anciens serviteurs de la maison de Carabas tomba dans une telle détresse, qu'il lui fallut songer à entrer en condition. Il alla frapper à plusieurs portes; il fit insérer dans les petites affiches: « Un chat pour tout faire, etc. » On lui proposa... devinez quoi?

On lui proposa de se faire comédien, lui, le petit-fils du noble personnage qui avait eu ses grandes et petites entrées dans les souricières de Louis XIV!

Dans un de ces théâtres en plein vent d'origine napolitaine, qu'on voit s'élever dans la grande allée des Champs-Élysées, un de ces théâtres que Pierre Bayle et Charles Nodier affectionnaient tant, et que quelques-uns de leurs élèves ont égalé à Molière et à Shakespeare, le théâtre des marionnettes, enfin, pour parler sans métaphore; ce fut là seulement que notre héros trouva de l'emploi. Le matou qui donnait la réplique à Polichinelle venait de mourir d'un coup de bâton, par trop paradoxal, que celui-ci lui avait appliqué. On proposa cette condition au pauvre chat, qui la refusa, ne voulant pas descendre à ce degré d'avilissement.

Il préféra se retirer fièrement dans un grenier ; et lui, qui était habitué à vivre d'alouettes, de grives, d'ortolans, il résolut de braver les coups du sort et de vivre, comme ses pères, de souris.

Mais, hélas! il avait entièrement oublié le métier d'attrapeur de souris, qui exige plus de main-d'œuvre et de pratique qu'on ne croit; sa patte manquait d'agilité, sa griffe était rouillée. La famine lui pendait à l'oreille.

Il ne lui restait plus du mobilier de ses pères qu'une huche beaucoup trop rustique et délabrée pour qu'aucun brocanteur eût jamais daigné l'estimer ; elle remontait cependant à une haute antiquité. Le chat l'ouvrit et se coucha au fond, bien décidé à se laisser mourir d'inanition. Mais, comme il fermait les yeux, il avisa, à l'un des angles du meuble, les lignes suivantes griffonnées par son aïeul :

« 16... — Quand mon fils, petit-fils ou arrière-petit-fils s'avi-
« sera d'ouvrir cette huche, je crains bien qu'il n'ait pas trop à
« se louer de la destinée. J'ai cependant, durant toute ma jeu-
« nesse, dormi et couché dans ce vieux meuble qui appartenait
« au meunier, le père de mon maître; et c'est là que j'ai ruminé
« le plan du fameux marquisat de Carabas, qui a fait notre for-
« tune. Si mes enfants ou petits-enfants tombaient jamais dans le
« malheur, qu'ils sachent qu'il n'est pas de position, fausse où dé-
« sespérée, dont on ne puisse se tirer dans ce monde ; témoin cette
« huche dont je suis sorti, et dont ils peuvent sortir à leur tour,
« pourvu qu'ils méditent seulement sur cette simple phrase qui a
« toujours été ma devise :

« CHAT GANTÉ N'A JAMAIS PRIS DE SOURIS. » .

Absent le chat, les souris dansent.

ABSENT LE CHAT

LES SOURIS DANSENT

On dit aussi : *Où les chats ne sont pas, les souris dansent sous la table.*

On se sert également de cette variante : *Les rats se promènent à l'aise où il n'y a point de chat.*

Divers peuples emploient les mêmes dictons ou des dictons analogues, dont le plus original me paraît être celui des Russes que voici : *Le pope est en visite et les diables sont au cimetière.* Il est probablement venu de ce que le pope, ou desservant d'une paroisse, en Russie, a sous sa garde le cimetière, presque toujours contigu à son presbytère.

Le sens général de tous ces proverbes est qu'il y a souvent du désordre dans les endroits où les agents de l'autorité ne sont pas présents pour maintenir l'observation du devoir; car, suivant la maxime populaire rapportée dans le *Florilegium,* de Gruther :

OU MANQUE LA POLICE, ABONDE LA MALICE.

Pris dans un sens particulier, ils signalent les actes de folâtrerie et de dissipation auxquels les enfants des écoles sont tout disposés à se livrer dès qu'ils cessent d'être surveillés, et les divertissements des domestiques des grandes maisons, en l'absence des maîtres.

On dit le plus souvent pour ce dernier cas : VOYAGE DE MAITRE, *noces de valet,* autre proverbe très-significatif qu'on doit regretter de ne pas trouver mis en scène dans quelque dessin spécial de Grandville. Avec quelle verve l'ingénieux artiste nous eût montré les accidents pittoresquement drôlatiques de ces noces où les roués d'anti-chambre, affublés des habits de monsieur, s'installent avec leurs convives à la table de monsieur, font les honneurs du salon comme monsieur, et donnent un bal paré dont monsieur, à son insu, *paye toujours les violons.*

Mais pourquoi exprimer un regret? il n'y a qu'à jouir du plaisir que ne peut manquer de donner la charmante image qu'on a sous les yeux. Elle retrace une scène amusante qui se passe dans un magasin de nouveautés entre les ouvriers et les ouvrières, à qui le défaut de surveillance a permis de quitter leur ennuyeux travail pour un jeu amusant.

PIERRE QUI ROULE

N'AMASSE PAS MOUSSE

Vous est-il arrivé de rencontrer, sur les bords d'une route poudreuse, une claire fontaine ombragée de saules et de peupliers? L'herbe qui croît à l'entour invite le voyageur fatigué à s'étendre; le murmure de l'eau l'engage à se désaltérer; la fraîcheur de l'ombrage lui fait oublier que sa demeure est encore loin, et peut-être qu'il n'a pas de demeure.

La plus riante, la plus fraîche, la plus voluptueuse de ces oasis s'élève à quelque distance de Séville. Quand vient l'époque des fêtes de la Giralda, qui se célèbrent chaque année dans cette ville, la fontaine *del Pueblo* est fréquentée par tous les marchands forains, piétons, saltim-

banques, pipeurs de dés, étudiants, qui vont chercher fortune et troubler l'eau des citadins pour y pêcher plus à
leur aise.

Arrêtez-vous un moment devant cette champêtre Cour
des Miracles; prêtez l'oreille à la conversation de ces cinq
ou six compagnons assis sur l'herbe; elle doit être intéressante, à en juger par leur costume délabré et par leur
physionomie originale.

— Parbleu, camarades, disait l'un des étrangers, puisque l'heure de la sieste est passée, et que par des raisons
particulières nous désirons n'entrer dans la ville qu'à la
nuit, que chacun de nous raconte aux autres son histoire;
cela nous aidera à passer le temps et à regarder nos
misères d'un œil plus philosophique. Si vous acceptez ma
proposition, je donnerai l'exemple.

Celui qui parlait ainsi était un petit vieillard sec et
maigre, à l'œil gris, à la physionomie burlesque; son costume offrait un bizarre mélange de toutes les professions.

Ses compagnons n'étaient pas gens, comme on le
verra par la suite, à refuser une telle offre; on lui donna
la parole avec empressement, et il commença en ces termes :

— Tel que vous me voyez, mes chers gentilshommes,
je suis un personnage; j'ai composé trois cents *autos
sacramentales,* sans compter les *comedias famosas.* Mon
nom a dû voler jusqu'à vous. Je suis le célèbre Miguel
Zapata !

Il se fit dans l'auditoire un silence qui donnait un démenti formel aux prétentions du narrateur, mais celui-ci
prit ce silence pour un acquiescement, et il continua.

— J'ai toujours eu un penchant décidé pour l'art dramatique; à seize ans je m'engageai dans une troupe de

comédiens qui parcouraient la province. Je débutai dans
la capitale de l'Estramadure avec un succès prodigieux;
l'Aragon ne me fut pas moins favorable; j'étais l'idole du
public et le soutien de la troupe.

La femme du directeur avait quelque penchant pour
moi, et je faisais semblant de ne pas m'en apercevoir; à
cette époque, je recevais au moins cinq ou six visites de
duègnes par jour. Cependant notre directeur mourut, laissant quelque vingt mille réaux à sa femme; elle m'offrit
alors de me mettre à la tête de sa troupe si je consentais à
l'épouser; j'acceptai par amour de l'art.

Investi des fonctions difficiles et importantes de directeur, je ne bornai pas ma tâche à la mise en scène des
pièces, à la distribution des rôles; je devins auteur moi-
même, et j'ose dire que mes ouvrages ne furent pas médiocrement goûtés de la portion intelligente du public. L'autre
portion s'obstinait, il est vrai, à les trouver froids et ennuyeux, mais les suffrages des gens de goût me vengèrent.
Cependant, nos recettes baissant, nous résolûmes de nous
embarquer pour le Mexique, où l'art dramatique, disait-
on, conduisait directement à la fortune.

Pendant la traversée, je fis ample provision de sujets
que je comptais traiter selon le goût du nouveau monde.
Arrivés à Mexico, nous nous empressâmes d'annoncer nos
représentations; personne n'y vint. Les auto-da-fé et les
processions nous faisaient une concurrence trop redoutable; pour comble de malheur, ma femme me quitta
pour suivre un Cacique converti, non sans enlever la
caisse.

Depuis cette époque, je n'ai pas cessé un seul instant
d'être malheureux; j'adressai des petits vers aux maîtresses des grands seigneurs, qui ne les lurent pas; je

demandai l'aumône aux prêtres, qui me la refusèrent.
Enfin un collecteur du fisc me prit pour domestique, et
me ramena en Espagne. Une telle condition n'était pas
faite pour moi; je quittai le service, et je voulus remonter
sur les planches; mais on ne me trouva bon qu'à remplir
le vil emploi de bouffon : c'est dans les rôles de *gracioso*
que la vieillesse m'a surpris. Maintenant je ne puis plus
trouver d'engagement ; ces oripeaux qui couvrent mon
corps, derniers débris de ma garde-robe dramatique, sont
tout ce que je possède ; je suis perdu si je ne trouve pas à
Séville quelque âme charitable qui prenne pitié de moi.
En attendant, je me suis arrêté ici pour faire la sieste et
pour rêver à la meilleure manière de sortir d'embarras.

— Ton histoire est un peu longue, digne Miguel Zapata, et tu aurais pu la résumer d'un seul mot, « comédien ambulant » ; nous aurions parfaitement deviné ton
passé, ton présent et ton avenir. Puisqu'il faut, mes chers
camarades, que je vous apprenne mon histoire, vous saurez
que je me suis beaucoup battu, et que j'ai quelque peu
écrit ; mes combats m'ont rapporté des blessures, mes
livres m'ont valu la misère. Je suis poëte ; qu'est-il besoin
de vous en dire davantage? Je m'inquiète peu de l'avenir,
je prends la vie comme elle est, les hommes comme ils
veulent, le temps comme il vient, et je me suis arrêté ici
pour faire la sieste en attendant l'heure d'entrer à Séville
pour y demander l'aumône à la porte des églises.

La physionomie de l'interlocuteur était remarquable par
un certain air de noblesse et de mélancolie ; son regard
vif et perçant, sa bouche sardonique, sa parole mordante,
annonçaient la supériorité d'une intelligence éprouvée. Soldat et poëte, comme il l'avait dit, il avait un justaucorps
de buffle et un manteau d'étudiant, usés par de longs et

pénibles services. A ses côtés était étendue une béquille qui lui servait à soutenir son corps affaibli par de nombreuses blessures; un rouleau de papier sortait de ses poches, et sur les marges déjà jaunies on eût pu lire ce nom : *Don Quichotte.*

Quand il eut fini, un de ses voisins commença son histoire.

Je suis né, dit-il, dans la ville d'Ormuz; dès mon enfance, je désirai voyager sur mer ; c'est ce qui me fit gagner le surnom de Syndbad le Marin. J'ai trafiqué avec tous les peuples, j'ai visité des pays inconnus au reste des mortels; je rentrais dans ma patrie, maître d'une fortune considérable, lorsque le vaisseau qui me portait a fait naufrage en vue des côtes d'Espagne. Je n'ai pu sauver que ma vie; toutes mes richesses ont été englouties. Je me suis arrêté ici pour faire la sieste, avant de me rendre à Séville et de voir si ses négociants, qui sont renommés par tout le globe, voudraient me placer à la tête d'une nouvelle expédition.

Le tour du plus jeune de la bande était arrivé. On voyait à la coupe de ses habits qu'il avait eu des prétentions à l'élégance; la plume de sa toque était flétrie et brisée; le velours de ses chausses montrait la corde; il avait été obligé d'envelopper dans des espadrilles ses souliers de satin crevés en maints endroits.

— Messieurs, commença-t-il, je suis Italien de naissance et troubadour de mon métier. J'ai cru qu'avec une jolie figure, un cœur sensible, des talents, il était aisé de faire fortune. J'ai mis tout cela au service des femmes; les unes ont aimé mes chansons, les autres ma jeunesse ; celles-ci m'accueillaient parce que je leur apprenais à danser, celles-là parce que je leur enseignais les belles

14

manières ; je trompais les maris, et j'étais trompé à mon
tour. L'Allemagne, l'Angleterre, la France, ont vu mes
triomphes éphémères ; maintenant la fleur de ma jeunesse
commence à se flétrir ; je suis connu, c'est-à-dire usé ;
les châteaux se ferment devant moi. Il me restait à visiter l'Espagne ; c'est ce que je fais en ce moment. Je me
suis arrêté ici pour faire la sieste et réparer un peu le
désordre de ma toilette avant de gagner Séville, où j'espère
trouver une femme qui m'aimera ; car on dit que les Espagnoles ont le cœur tendre.

Un cinquième compagnon allait prendre la parole, lorsqu'un inconnu, qui s'était approché de la fontaine sans
que personne fît attention à lui, arrêta le narrateur à son
début.

L'étranger s'appuyait sur un bâton long et noueux ; sa
barbe descendait sur sa poitrine ; une espèce de caftan flot-

tait sur ses épaules; son front sillonné de rides se cachait sous un bonnet fourré; des bottes de cuir flexible étaient fixées à ses jambes par des bandelettes rouges. Cet accoutrement fantastique donnait à l'homme qui le portait un aspect puissant et singulier qu'augmentait encore l'éclat bizarre de ses yeux. Tous les assistants le regardèrent avec étonnement.

Il commença par demander pardon à la société d'oser ainsi se mêler à la conversation; il reprit ensuite:

— Comédiens, troubadours, négociants, poëtes, vous avez cherché la gloire, la fortune, l'amour; vous n'avez rencontré que la misère : ceci prouve que pour être heureux il faut n'avoir point de désirs. Le ciel vous donnera peut-être un jour d'atteindre le but que vous avez poursuivi; seul je vois toujours ma prière repoussée, et pourtant je ne demande que le repos!

Je suis le plus malheureux de tous ceux qui cherchent sur la terre; permettez-moi à ce titre de vous offrir mes petits services. Voici cinq sous que je prie chacun de vous d'accepter; si je pouvais m'arrêter plus d'un quart d'heure au même endroit, je vous donnerais davantage; mais il y a longtemps que je parle, et il faut que je vous quitte sans délai.

Il s'éloigna en même temps, et au bout de quelques minutes on le vit disparaître à l'horizon.

— Miséricorde! s'écria Miguel Zapata, ne touchez pas à ces cinq sous; nous venons de voir le Juif errant.

— Pour moi je les accepte, reprit l'homme au manuscrit; si c'est là le Juif errant, il faut convenir que Dieu a bien fait de l'empêcher de s'arrêter plus d'un quart d'heure au même endroit, car c'est un métaphysicien bien ennuyeux. Puisque vous avez voyagé en France, ajouta-t-il en s'adressant à Joconde, vous devez avoir retenu un proverbe qui définit mieux notre situation que toutes les tirades de maître Ahasvérus.

— C'est vrai, répondit tristement le troubadour :

PIERRE QUI ROULE N'AMASSE PAS MOUSSE.

Il n'y a point de belles prisons, ni de laides amours.

IL N'Y A POINT DE BELLES PRISONS

NI DE LAIDES AMOURS

C'est-à-dire que ce qu'on n'aime pas ne paraît jamais beau, et que ce qu'on aime ne paraît jamais laid. Tel est le sens exact de cette phrase composée de deux proverbes qui s'emploient quelquefois séparément.

Le premier peut se passer d'explication, car personne n'a besoin qu'on lui apprenne pourquoi une prison ne saurait être un lieu de plaisance. Mais le second exige un commentaire qui mette en évidence la raison secrète pour laquelle *l'objet qu'on aime est toujours beau,* comme dit un autre proverbe.

Cette raison se trouve dans la réflexion suivante de Bossuet : « Tout cœur passionné embellit dans son imagination l'objet de sa passion ; il lui donne un éclat que la nature ne lui donne pas, et il est ébloui de ce faux éclat. La lumière du soleil, qui est la vraie joie des yeux, ne lui paraît pas aussi belle. »

Les Latins disaient : *Feminam natura pulchram haud reddit, sed affectio.*

« Ce n'est pas la nature qui rend la femme belle, c'est l'amour. »

Ce que M. Th. Gautier a complété par ce joli vers :

Car sa beauté pour nous c'est notre amour pour elle.

Ils disaient encore d'une manière fort originale :

Quisquis amat ranam, ranam putat esse Dianam.

« Quiconque aime une grenouille prend cette grenouille pour Diane. »

La Diane dont il s'agit ici est Diane Limnatis, déesse des marais et des étangs. Cette remarque n'est pas inutile pour faire sentir l'analogie d'un tel rapprochement.

Les habitants de l'île de Cypre avaient érigé des autels à *Vénus barbue.* Les Romains adoraient *Vénus louche,* fait attesté par Ovide dans le second livre de *l'Art d'aimer,* et par Pétrone dans le *Festin de Trimalcion.* Ils employaient même proverbialement l'hémistiche d'Ovide : *Si pœta, est Veneri similis.* « Si elle est louche, elle est semblable à Vénus », en parlant d'une belle qui avait le rayon du regard un peu faussé.

Horace nous apprend qu'un certain Balbinus trouvait

une grâce particulière dans le polype qu'Agna, sa maîtresse, avait au nez, et il observe que tous les amants ressemblent à Balbinus (satire III, liv. I). Il n'en est aucun,
en effet, qui *n'aime jusqu'aux taches et aux verrues de sa
belle*.

Cette bizarrerie des goûts en amour est figurée dans le
dessin de Grandville d'une manière digne de Callot. Rien de
plus cocasse et de plus désopilant que la mise en scène de
ce laid et de cette laide qui se livrent aux transports d'une
admiration et d'une ardeur mutuelles, en collant leurs
museaux l'un à l'autre par des baisers gloutons et gluants.
Il est difficile de se défendre d'un fou rire à l'aspect des
deux grotesques. Cependant l'hilarité qu'ils excitent a un
certain contre-poids dans l'effet produit par l'illusion pas-
sionnée que l'habile artiste a si bien exprimée sur tous leurs
traits, et l'on convient, après tout, quoi que puisse dire
La Tante Aurore, que leurs baisers pleins de séve n'ont
pas moins de douceurs pour eux que les baisers lentement
savourés, *molto saporiti,* qu'échangent, en leurs jeux innocents, les bergers et les bergères du *Pastor-fido* et de
l'*Aminte,* ou que les baisers dont parle Horace (liv. I,
od. 13) :

> *Oscula quæ Venus*
> *Quinta parte sui nectaris imbuit*

« Baisers que Vénus assaisonne de la cinquième partie de son
nectar[1]. »

Le meilleur développement du proverbe *il n'y a point*

---

[1]. La raison de ces vers n'a pas été bien éclaircie par les commentateurs.
Jean Bond cite une glose des anciens scoliastes, d'après laquelle le poëte aurait
voulu rappeler une opinion qui divisait l'amour en cinq parties, dont la première était la vue et la cinquième était la jouissance. Qu'on ne m'en demande
pas davantage.

de laides amours, est dans les vers suivants, tirés de la traduction libre que Molière avait faite de *Lucrèce,* et placés dans la cinquième scène du second acte du *Misanthrope :*

> ... L'on voit les amants vanter toujours leur choix.
> Jamais leur passion n'y voit rien de blâmable,
> Et dans l'objet aimé tout leur paraît aimable ;
> Ils comptent les défauts pour des perfections,
> Et savent y donner de favorables noms.
> La pâle est au jasmin en blancheur comparable ;
> La noire à faire peur, une brune adorable ;
> La maigre a de la taille et de la liberté ;
> La grasse est dans son port pleine de majesté ;
> La malpropre, sur soi de peu d'attraits chargée,
> Est mise sous-le nom de beauté négligée ;
> La géante paraît une déesse aux yeux ;
> La naine, un abrégé des merveilles des cieux ;
> L'orgueilleuse a le cœur digne d'une couronne ;
> La fourbe a de l'esprit ; la sotte est toute bonne ;
> La trop grande parleuse est d'agréable humeur,
> Et la muette garde une honnête pudeur.
> C'est ainsi qu'un amant dont l'ardeur est extrême
> Aime jusqu'aux défauts des personnes qu'il aime.

Tout ce qui a été dit dans l'article qu'on vient de lire peut être très-bien résumé par ce vers roman, passé en proverbe chez les Provençaux et chez les Italiens :

Non es bel so qu'es bel, mas es bel so qu'agrada.

« N'est pas beau ce qui est beau, mais est beau ce qui agrée. »

METS TON MANTEAU

COMME VIENT LE VENT

Pour peu qu'on se soit promené sur le boulevard des
Italiens trois ou quatre heures par jour, pendant trois ou
quatre ans, on ne doit pas manquer de connaître Paul
Dufresny.

Paul Dufresny demeurait rue Taitbout, à deux pas de
ce boulevard, où il passait le plus clair de son temps ; il
donnait le reste à ses plaisirs : si bien qu'il pouvait justement être cité pour le garçon le plus inoccupé d'une ville
où il y a beaucoup d'oisifs. Mais c'était en outre un des
jeunes gens les plus originaux qui fussent du Jockey-Club
au Café de Paris.

15

Son père lui avait laissé une fort honnête fortune, trente à quarante mille livres de rente à peu près, et le titre de baron. Paul avait accepté l'héritage et refusé le titre. A ceux qui lui demandaient la raison de ce dédain, il répondait gravement que la qualité de baron n'allait qu'aux personnes douées par la Providence d'un gros ventre et de lunettes d'or. « J'ai le malheur d'être passablement maigre, ajoutait-il, et le malheur plus grand encore d'y voir très-bien. » La vérité est que Paul ne voulait pas d'un titre dont son père n'avait jamais pu lui expliquer clairement l'origine, le grand-père de Paul étant un riche armateur de Nantes, fort roturier de naissance.

M. Dufresny en agissait largement avec sa fortune. Quand on le faisait jouer, il jouait; et, s'il perdait quelque argent, il n'y pensait guère. Ses chevaux étaient à tout le monde, et l'on ne pouvait pas dire qu'il eût rien à lui; rien, pas même mademoiselle Florestine, coryphée de l'Opéra, qui l'honorait de son estime. Au demeurant, il mangeait bien, dormait mieux, riait au vaudeville, s'attendrissait au mélodrame, et trouvait dans un cigare l'oubli de tous les petits ennuis qui s'attachent aux pas des gens fortunés.

Un beau matin, le bruit se répandit que le notaire auquel Paul avait confié ses fonds s'était subitement enfui de Paris. Le soir même, en dînant au Café Anglais, Paul confirma cette nouvelle à ses amis.

— Que te reste-t-il donc? s'écria l'un d'eux.

— Cinq à six mille francs que j'ai chez moi, et ma créance sur un débiteur insolvable.

— Diable! mais c'est un coup terrible.

— Peuh! on n'en meurt pas.

Paul dîna de fort bon appétit et passa la soirée à l'Opéra.

Le lendemain, on apprit qu'il vendait tout, chevaux, voiture, mobilier; et, vers cinq heures, on le rencontra au coin de la rue Laffitte, flânant les mains dans ses poches; gants paille et bottes vernies avaient disparu.

— Ah çà, d'où viens-tu dans cet équipage? lui dit un de ses camarades.

— De chez mademoiselle Florestine. Elle n'a pas voulu me recevoir, prétextant que ma vue la ferait fondre en larmes.

— L'ingrate!

— Bah! les pleurs rougissent les yeux et gâtent le teint. Il faut bien que tout le monde vive!

— Et que comptes-tu faire?

— Je pars demain. Dans ma jeunesse j'ai ouvert des livres de mathématiques; il m'en reste assez pour monter, en qualité de lieutenant, à bord de quelque brick. J'ai réalisé vingt à vingt-cinq mille francs que je convertirai en marchandises, et je naviguerai.

— Toi? toi, qui ne pouvais pas aller à pied jusqu'aux Champs-Élysées?

— Oui, quand j'avais un coupé; mais à présent que je n'ai rien, j'irai jusqu'au bout du monde à la voile.

Paul Dufresny tint parole. Il se rendit à Nantes, où les vieux armateurs se souvenaient encore de son grand'père. Il trouva bientôt à s'embarquer; et le dandy, transformé en marin, partit pour le Brésil, à bord de *la Jeune-Adolphine*.

Paul rencontra à Rio-Janeiro un ami de sa famille, qui était en marché pour acheter une sucrerie; Paul vendit sa pacotille et s'associa au planteur. Trois jours après, il s'installa dans la campagne.

Les habitués du boulevard des Italiens rirent beaucoup

à la réception d'une lettre où l'on remarquait ce passage :
« Je fume des cigares de la Havane fabriqués à Rio avec
des feuilles de tabac du Maryland ; j'ai un pantalon blanc,

une veste blanche et des bas blancs, le tout en coton; un
chapeau de paille me défend des ardeurs de la canicule.
Au Brésil, on ne connaît qu'un seul mois, le mois d'août.
Il y a des instants où je passerais pour un vrai Paul si
j'avais la moindre Virginie; mais je n'ai autour de moi
que des nègres : je les appelle tous Domingo. Ils plantent
des cannes du matin au soir en chantant des ballades
sénégalaises... Notre habitation ressemble à une décoration
d'opéra-comique... Je dîne de perroquets et soupe de
singes. J'apprends la langue franque... Quand j'aurai

découvert une mine de topazes, j'enverrai à mademoiselle
Florestine le collier de rubis que mon notaire m'a empêché
de lui donner... S'il vous prend fantaisie de chasser aux
alligators, venez me voir; j'ai dans mon parc, qui est
une forêt vierge, une rivière où ils grouillent comme des
goujons... »

Il y en avait dix pages sur ce ton-là.

Au bout de quatre ans, on vit arriver Paul à Paris.
Son premier soin fut de se rendre au boulevard des Italiens.
Il n'était pas changé, si ce n'est qu'il avait un peu bruni.

— Tiens, voilà Paul! Paul le colon! Paul le planteur!
s'écrièrent dix jeunes gens.

— Paul lui-même, répondit-il; j'ai tiré une assez jolie
fortune de mes cannes et de mes caféiers, et je me suis
tout de suite souvenu du boulevard.

L'appartement de la rue Taitbout fut bien vite reloué
et remeublé; Paul reparut à l'Opéra, et mademoiselle
Florestine lui écrivit, en style chorégraphique, qu'elle
serait ravie d'entendre le récit de ses aventures.

Mais, sur ces entrefaites, le vent jeta à la côte le navire
qui portait les richesses de M. Dufresny. Un correspondant
avait négligé de les faire assurer. Tout était perdu.

Paul prit cette fois, comme la première, le parti de tout
vendre, et, le soir même, on le vit, en pantalon de gros
drap, en blouse de toile, chaussé de lourds souliers garnis
de guêtres de cuir, et coiffé d'un feutre gris à larges bords,
se diriger vers les messageries Laffitte et Caillard.

— Pars-tu pour les grandes Indes? lui dit-on.

— Non, ma foi, c'est trop loin; je vais en Normandie
gérer une terre qui appartient à un de mes oncles; d'un
planteur on peut bien faire un métayer.

Et, roulant autour de ses épaules une limousine à

raies noires, Paul grimpa sur la banquette d'une diligence.

Il y avait non loin de cette ferme, aux environs de Caen, un château dont le propriétaire avait maintes fois soupé avec Paul à la suite d'un bal masqué. Un jour qu'il chassait à courre, la meute tomba sur un champ où deux charrues manœuvraient sous la direction d'un jeune agriculteur en sayon de velours. Le propriétaire eut quelque peine à reconnaître Paul.

— Que diable faites-vous là, mon cher? lui dit-il en retenant son cheval empêtré dans les terres labourées.

— Eh! mais, j'essaye deux extirpateurs de nouvelle invention. L'expérience a réussi ; je crois que je les adopterai.

— Quoi! vous vous êtes fait agronome?

— C'est la nécessité qui l'a voulu ; elle a parlé, et je me suis souvenu de Cincinnatus, répondit Paul. Faites place à mes bœufs, s'il vous plaît ; la chasse ne doit pas déranger l'agriculture.

L'oncle ne laissa pas longtemps son neveu dans la ferme. Jugeant de sa dextérité et de son jugement par ce qu'il avait fait au Brésil et ce qu'il faisait à la ferme, il le fit venir auprès de lui, à Rouen, et le mit à la tête de sa maison, en attendant que son fils aîné fût en âge de la diriger.

Un des amis de Paul, que le désœuvrement conduisait au Havre, passa par Rouen. La première personne qu'il rencontra sur le quai, ce fut Paul, un carnet à la main, surveillant le déchargement d'un navire ; autour de lui s'élevaient des barricades de caisses et de tonneaux. Le Parisien eut quelque peine à reconnaître le dandy. Paul avait coupé sa barbe et taillé ses cheveux ; un bout de plume passait entre sa tempe et son oreille ; sa toilette était

propre, mais sentait la Normandie d'une lieue. Paul vit
un sourire sur les lèvres du touriste.

— Parbleu! lui dit-il, si tu veux te moquer de moi,
ne te gêne pas; je t'abandonne le négociant, le commerce
n'a pas d'amour-propre.

L'oncle normand armait chaque année un ou deux
baleiniers. Paul avait montré tant d'aptitude et de zèle, que
l'oncle lui proposa de partir sur un de ces bâtiments pour
la mer du Sud. Paul accepta; c'était sa coutume. Dix à
douze mois après, un de ses amis de Paris reçut, par la
voie de Valparaiso, une lettre où on lisait entre autres
choses : « J'ai vu le pôle Antarctique, où j'ai failli perdre
le nez, tant il y faisait froid. Mon trois-mâts flâne dans
l'Océan, à la poursuite des baleines qui s'obstinent à ne pas
se montrer. La baleine est un mythe; quant aux cachalots,
on n'en voit plus que dans les dictionnaires d'histoire naturelle. Nous avons relâché aux îles Marquises, où j'ai
mangé à table d'hôte de l'épagneul en salmis; c'est fort
bon. Je comprends maintenant pourquoi Dieu a donné le
kings-charles à l'homme... Dans ce pays-ci les sauva-
gesses font la sieste une moitié du jour, et lisent la Bible
après. Durant cette première moitié, elles oublient ce qu'elles
ont appris pendant l'autre... Je suis vêtu de peau comme
Robinson Crusoé; si je n'avais pas un oncle, je m'aban-
donnerais dans une île déserte pour mettre le roman en
action; il y a justement à bord un nègre qui me servirait
de Vendredi... »

Après dix-huit mois de navigation, Paul revint au
Havre, où il apprit que son ami du Brésil était mort du
vomito-negro, non sans l'avoir institué son légataire uni-·
versel. La sucrerie, les comptoirs et les marchandises
valaient bien un million. Paul envoya sa procuration au

consul français à Rio-Janeiro, et partit pour Paris après avoir remercié son oncle l'armateur.

La limousine et l'habit de peau avaient fait place au tweed.

— C'est encore Paul! répétèrent ses amis quand ils le virent sur le boulevard des Italiens. Es-tu riche pour longtemps?

— Qui le sait? Mais si je me ruine encore, cette fois je prendrai un burnous et me ferai spahis. On n'est jamais perdu quand on sait

METTRE SON MANTEAU COMME VIENT LE VENT

Un brochet fait plus qu'une lettre de recommandation.

UN BROCHET FAIT PLUS

QU'UNE LETTRE DE RECOMMANDATION

Un cadeau produit plus d'effet qu'une lettre de recommandation sur l'esprit d'une personne dont on désire se ménager la faveur.

Ce vieux proverbe, formulé à une époque où le brochet était probablement un mets plus estimé qu'il ne l'est maintenant, fut assez usité au xve et au xvie siècle, mais

16

depuis il perdit graduellement sa vogue primitive, et peut-
être serait-il tombé en complète désuétude, si l'ingénieux
crayon de Grandville n'en eût ravivé le souvenir presque
effacé.

Il ne pouvait être mis en action d'une manière plus
naturelle et plus comique, tout paraît vivant dans l'ensemble et dans les détails de ce joli dessin, on croit assister
à une scène de la vie réelle. L'idée du sujet est très-bien
caractérisée, non-seulement par l'attitude du principal personnage, mais par celle des deux personnages secondaires
entre lesquels il se trouve placé, tendant de côté une main
indifférente à la lettre de l'un, et fixant ses yeux charmés
sur le brochet de l'autre. Toute la satisfaction que cause
un don agréable se reflète sur sa figure largement épa-
nouie.

Les Auvergnats ont un proverbe analogue digne d'être
cité, ils disent : LES TRUITES DÉTOURNENT L'ORAGE — *las
truitas viront la mudada,* pour signifier que les cadeaux
faits aux juges ont le privilége de désarmer leur sévérité.
Ils ont supposé que les truites avaient la vertu de détourner l'orage parce qu'elles apparaissent et se jouent à la
surface de l'eau quand l'orage touche à sa fin, et leur
supposition a été renouvelée de celle que les anciens
avaient faite, pour la même raison, sur les dauphins[1].

L'application du proverbe est sans doute plus vraie
que la supposition a laquelle il a dû son origine. Les
magistrats revêtus de fonctions judiciaires ou administra-
tives se sont toujours montrés, en général, bien disposés

---

1. Grotius, dans sa harangue à la reine Anne d'Autriche, épouse de
Louis XIII, sur sa grossesse, dit que les dauphins, en faisant des gambades
sur l'eau, annoncent la fin des tempêtes, et que, pour la même raison, le petit
dauphin qui remue dans son ventre annonce la fin des troubles du royaume.

(VOLTAIRE, *Corresp. génér.*)

pour les honnêtes gens qui leur ont fait des cadeaux. Mais ils ont une vertu trop austère et trop rigide pour que des truites puissent la faire céder. Les truites aujourd'hui n'ont pas plus d'influence que les brochets, et les solliciteurs savent très-bien qu'il n'y a pour eux des chances de succès que dans les billets de banque.

MOINE QUI DEMANDE POUR DIEU

DEMANDE POUR DEUX

Trois personnes étaient réunies un matin autour d'une petite table, dans un élégant appartement de la Chaussée-d'Antin : un monsieur d'âge mûr, le front chauve, une cravate blanche autour du cou et vêtu d'une robe de chambre à ramages ; une dame qui pouvait avoir de vingt-sept à trente-cinq ans, l'un ou l'autre, selon l'heure à

laquelle on la voyait; et un jeune homme mis avec une
simplicité pleine de distinction. Ces trois personnes dé-
jeunaient; les tièdes rayons d'un soleil du mois de mai
étincelaient sur les cristaux, qui renvoyaient des gerbes
diamantées. Dans une chambre voisine, on entendait
une voix claire et vibrante qui chantait sur divers tons :

> Oh! oh! oh! qu'il était beau
> Le postillon de Lonjumeau!

— Ce cher enfant! il s'amuse, dit la dame en tournant
vers la porte entre-bâillée un regard plein de sollicitude
maternelle.

— Eh! notre Alfred court sur ses onze ans; s'écria le
monsieur. Tandis qu'il s'amuse, nous devons penser à son
avenir; il est temps d'y songer. Qu'en ferons-nous?

— Faites-en un philanthrope, répondit le jeune homme.

— Un philanthrope? dit la dame en lançant un regard
interrogateur.

— Eh! ne voyez-vous pas, ma chère Hortense, que
Georges en veut toujours à ce digne M. de Suriac, dont je
lui citais tout à l'heure les admirables traits de charité.

— Une charité qui ne l'empêche pas de vivre en un
fort bel hôtel.

— Ne voulez-vous pas que, par bonté d'âme, il se loge
dans un grenier? Mais tenez, j'ai justement à parler à M. de
Suriac pour affaire qui concerne le bureau de bienfaisance
de son arrondissement ; accompagnez-moi dans ma visite ;
vous verrez cet honnête homme, vous l'entendrez et le
jugerez mieux.

— Soit, dit Georges, je ne serai pas fâché de voir la
philanthropie de son intérieur.

M. et madame de Plantade se levèrent de table; la

dame en souriant, le monsieur en grommelant ; et bientôt
tous les trois se dirigèrent, par les Tuileries, vers la rue de
Verneuil, où demeuraient M. et madame de Suriac.

M. de Plantade laissa sa femme au salon chez madame
de Suriac, et pénétra, avec son neveu, dans le cabinet du
mari.

Ce cabinet, grand et bien aéré, avait vue sur un jardin
planté d'arbustes exotiques et de magnifiques tilleuls. Tout
autour de l'appartement s'élevaient des casiers remplis de
cartons, et sur les murs, tapissés d'une étoffe brune, on
voyait divers plans d'édifices et des vues de monuments
d'un aspect sévère. M. de Suriac se tenait assis derrière
un bureau à cylindre surchargé de paperasses et de dos-
siers. C'était un homme encore vert, portant lunettes ; sur
son habit noir brillait la rosette d'officier de la Légion
d'honneur.

— Toujours occupé ! dit M. de Plantade en entrant.

— Eh ! mon Dieu ! il le faut bien ; la misère est si grande
cette année que toutes mes heures sont dues à nos pauvres.
Je rédigeais un mémoire au ministre pour solliciter l'établissement d'une maison de secours en faveur des femmes
de chambre sans emploi. A quels dangers ne sont pas exposées ces infortunées dans une ville où la corruption fait
chaque jour de nouveaux progrès !

— Ce sera une bien sage institution, dit Georges gravement.

— M. de Plantade, à qui j'en ai parlé, pourra vous en
faire apprécier l'importance. Mais puisque vous vous inté-
ressez à ces matières, permettez-moi, monsieur, de vous
faire hommage d'un volume que j'ai naguère publié sur
l'utilité d'une maison de refuge pour les postillons mis à la
réforme par les chemins de fer.

— Je le lirai avec d'autant plus d'intérêt que le ministre, jugeant de son mérite par votre réputation, en a fait prendre, je crois, pour toutes les bibliothèques du royaume.

— Oui, Monsieur, le garde des sceaux, M. le ministre de l'intérieur et celui des travaux publics en ont pris deux mille exemplaires. Sa Majesté elle-même a bien voulu souscrire pour les châteaux royaux.

— En vous donnant quinze mille francs on n'a pas même payé le premier chapitre de cet excellent travail, dit Georges toujours sérieusement.

M. de Suriac sourit et s'inclina.

— C'est à peine si j'aurai le temps de terminer le travail dont je vous parlais tout à l'heure, reprit M. de Suriac ; le gouvernement vient justement de me charger d'une mission en Hollande pour étudier le système pénitentiaire de ce royaume, et à mon retour je devrai me rendre dans le Périgord, où s'élève en ce moment une maison de détention dont j'ai fourni les plans. J'en surveillerai les travaux.

— N'avez-vous pas par là un beau domaine ? demanda Georges d'un petit air innocent.

— Un modeste manoir qui avait jadis appartenu à ma famille, et que j'ai racheté avec mes économies ; c'est la dette du souvenir.

Quand l'affaire du bureau de bienfaisance fut terminée, M. de Plantade fit demander sa femme.

— Eh bien, ma tante, dit Georges, que vous a donc appris madame de Suriac ? Si elle partage les goûts de son mari, j'imagine que vous devez être édifiée.

— Elle m'a proposé des billets pour un bal par souscription qu'elle organise au profit des réfugiés monténégrins. J'en ai pris trois.

— Et vous avez bien fait, Hortense ; ah ! si toutes les

familles suivaient l'exemple de ce digne ménage, il n'y aurait plus ni pauvres ni criminels en France!

— Mais, mon oncle, s'il n'y avait plus de pauvres et plus de criminels, il n'y aurait plus ni maisons de refuge ni prisons. Que deviendraient les inspecteurs? Ceci ne ferait pas le compte de M. de Suriac.

— Quoi! ce que vous avez vu ne vous a pas converti?

— Ma foi, j'ai vu une foule de cartons et de tiroirs cousus d'étiquettes : MÉMOIRES SUR LES INONDÉS DES DEUX-SÈVRES... MAISONS CELLULAIRES... SYSTÈME DE PENSYLVANIE... SUPPRESSION DE LA GÉLATINE... QUÊTES A DOMICILE... HOSPICE POUR LES ORPHELINS DE LA SARTHE... RÉFORME DANS LE RÉGIME ALIMENTAIRE... SOUSCRIPTIONS DIVERSES... PLAN D'UN PÉNITENCIER MODÈLE... RECHERCHES SUR L'EMPLOI DU NAVET ET DE LA CAROTTE SUBSTITUÉS AU RIZ... PRÉAU D'ALIÉNÉS... PÉTITIONS A EXAMINER... DISTRIBUTIONS DE COMESTIBLES... MÉMOIRES SUR L'ÉTABLISSEMENT D'UN CHAUFFOIR PUBLIC... J'ai vu bien d'autres choses encore; mais j'ai vu aussi que M. de Suriac ne marche qu'en coupé, qu'il a vingt-quatre mille francs sur le budget à divers titres, qu'il achète par-ci par-là une ou deux terres, et qu'il mange, le pauvre homme, dans de la porcelaine de Chine. Quant à sa femme, elle ne saurait porter une robe si elle n'était de velours ou tout au moins de satin; c'est apparemment pour faire en plus galant équipage les honneurs de ses bals charitables.

M. de Plantade ne répondit rien; mais, prenant le bras de sa femme, il l'entraîna vivement après avoir lancé un regard furibond à son jeune parent.

La plupart des personnes qui auraient entendu Georges auraient fait comme M. de Plantade. En vingt endroits la réputation de M. de Suriac était solidement établie; on en

parlait comme d'un homme austère, grave, voué dès sa
jeunesse à l'étude des plus sérieuses questions sociales,
qu'on était sûr de rencontrer à la tête des fondations utiles
et des comités philanthropiques. Cependant quelques per-

sonnes gangrenées par l'incrédulité du siècle hochaient la
tête à cette renommée de vertu ; l'association du dévouement et du luxe, de la richesse et du désintéressement,
leur paraissait tout au moins douteuse.

A quelque temps de là, on apprit que madame de Suriac, en l'absence de son mari, avait fait renouveler le
mobilier de son hôtel.

— Un bienfait n'est jamais perdu, dit Georges. Voilà
ce que c'est que d'organiser des concerts au profit de
vignerons grêlés.

— C'est bien la peine de médire! s'écria M. de Plantade;
ne sait-on pas que M. de Suriac s'est intéressé dans une entreprise de fers galvanisés qui rapporte de beaux bénéfices?

— Vraiment, je suis heureux d'apprendre que M. de
Suriac possède une de ces charités qui ne vont pas jusqu'à
proscrire la spéculation.

M. de Plantade lui tourna le dos.

Un peu plus tard, M. de Suriac se rendit acquéreur
d'une ferme en Beauce. Cette acquisition suivit de près la
fondation d'un comité central pour les secours envoyés à
de certains incendiés du Languedoc.

— Il est avec la philanthropie des accommodements,
dit Georges tout bas.

— La belle affaire! Ignorez-vous qu'une partie des
fonds de M. de Suriac était placée sur les actions du chemin de fer d'Orléans? Faut-il que lui seul ne profite pas
d'une hausse?

— Sans doute; charité bien ordonnée commence par soi.

M. de Plantade donna un furieux coup de canne contre
un meuble, et sortit.

Un peu plus tard encore, après l'adoption par le ministère d'un système de réforme philanthropique applicable
aux maisons de détention, et imaginé par M. de Suriac,
on vit l'ingénieux réformateur acheter un hôtel dans la
Chaussée-d'Antin. Pour le coup M. de Plantade ne chercha pas à dissimuler son étonnement.

— Je ne le savais engagé dans aucune spéculation,
dit-il.

— Bah! répondit Georges, de l'aisance à la fortune le
plus court chemin est la charité.

— Ne raillez pas, mon cher; cet achat me surprend
surtout dans les circonstances actuelles; M. de Suriac se

plaignait à moi dernièrement de n'avoir plus même un
billet de cinq cents francs disponible pour les besoins du
bureau de bienfaisance dont il est un des administrateurs.
Je sais encore que tout son temps était pris par les confé-
rences auxquelles a donné lieu son projet de réforme pour
lequel il a sollicité une allocation de huit cent mille francs
à un million.

— Qu'il a obtenus?

— Sans doute. Mais pourquoi riez-vous?

— Oh! pour peu de chose. Cette sollicitation charitable
me rappelle un vieux proverbe espagnol que voici :

MOINE QUI DEMANDE POUR DIEU DEMANDE POUR DEUX.

Il n'est plus fort lien que de femme.

IL N'EST PLUS FORT LIEN

QUE DE FEMME

Il est presque impossible de se détacher d'une femme qu'on aime. L'amant dépité contre sa maîtresse a beau jurer de la fuir, tous les serments que sa bouche prononce sont démentis par son cœur. Une attraction invincible le ramène sans cesse vers elle. Les efforts qu'il a tentés pour relâcher les nœuds qui l'enlacent n'ont servi qu'à les resserrer davantage ; et le voilà plus que jamais livré corps et âme à cette enchanteresse dont les regards si ravissants, les souris si gracieux, les paroles si pleines de charme et les caresses si enivrantes lui donnent dans sa captivité un bonheur qu'il n'eût pas eu dans son indépendance.

Voici encore un dicton fort original qui est tiré d'une

vieille chanson et qui exprime d'une manière bien pittoresque l'ascendant d'une belle sur ses adorateurs :

UN CHEVEU DE CE QU'ON AIME, TIRE PLUS QUE QUATRE BŒUFS.

Il y a dans *l'Anthologie grecque* de Planude (VII, 39)
une épigramme de Paul le Silentiaire, où un amant dit que
sa Doris l'a attaché avec une cheveu de sa blonde tresse et
que ce lien, qu'il se flattait de rompre facilement, est devenu une chaîne d'airain contre laquelle tous ses efforts
sont impuissants.

« O malheureux que je suis ! s'écrie-t-il, ma Doris ne
m'a lié qu'avec un de ses cheveux et elle me mène ainsi
comme elle veut ! »

Nous disons encore :

*On tire plus de choses avec un cheveu de femme qu'avec
six chevaux bien vigoureux.*

Ce qui signifie que l'entremise d'une belle dans une
affaire est un des plus puissants moyens de succès.

Le proverbe *Il n'est plus fort lien que de femme* s'applique aussi au lien conjugal que tant de *maris bien
marris* se plaignent de ne pouvoir rompre ; car, suivant
la remarque de Cervantes, « c'est un lien qui, une fois
qu'on se l'est mis autour du cou, se transforme en nœud
gordien, lequel ne peut plus se détacher à moins d'être
tranché par la faux de la mort. (*Don Quichotte*, part. II,
ch. XIX). »

On sait que cette opinion du chevalier de la Manche
était également celle de son écuyer, qui l'exprimait à sa
manière par ce joli mot devenu proverbial : *Pour peu
qu'on soit marié, on l'est beaucoup.*

Un des proverbes anglais du recueil de James Howel

dit d'une façon plus originale encore : *In marriage the tongue tieth a knot that all the teeth in the head cannot untie afterward.* « En mariage, la langue forme un nœud que toutes les dents de la bouche ne peuvent défaire dans la suite. »

EN LA MAISON DU MÉNÉTRIER

CHACUN EST DANSEUR

O fortune ennemie ! quand cesseras-tu de me poursuivre ? Et toi, Terpsichore, si jamais mes entrechats te
furent agréables, si jamais tu daignas sourire à mes
pirouettes, prends en pitié un de tes plus fidèles serviteurs.
Depuis le jour fatal où l'imprudence d'un machiniste de
province me précipita du haut de l'Olympe et me rendit
boiteux, cette affreuse déesse qu'on nomme la débine n'a
cessé de me poursuivre. J'ai dû dire adieu à la danse, au

public, et surtout aux engagements de dix mille francs.
Je ne danse plus, et je suis forcé de faire danser les autres ;
j'étais dieu, et je suis devenu ménétrier ; je racle des con-
tredanses pour un orchestre de barrière, à trente francs
par mois. Heureux encore si cette ressource me restait !
mais l'infâme directeur du bal d'Idalie vient de faire
banqueroute, il s'est enfui en emportant la caisse ! Deux
mois d'appointements me sont enlevés; qu'allons-nous
devenir ?

Ainsi parlait le père Pastourel en se laissant tomber
dans son vieux fauteuil ; d'un geste désespéré, il lança
son violon sur son lit, et l'instrument rendit un sourd
murmure comme pour se plaindre. Pastourel croisa les
bras contre sa poitrine, ramena sur ses genoux les vastes
pans de sa redingote, et darda contre le ciel un regard
menaçant. Après quelques minutes de cette pantomime
antique, il parcourut sa chambre à grands pas; puis il
s'arrêta en disant : « Je casserais bien une croûte.

« Mais, hélas ! je suis sûr qu'il n'y a rien à la maison ;
cherche dans tes armoires, malheureux, tu n'y trouveras
que le vide ; contemple ton foyer, misérable; il ne contient
que des cendres. Et que vont dire Fanny et Irma quand
elles rentreront ? J'avais promis de les régaler aujourd'hui
d'une tourte aux boulettes et d'un flan au café ; ô espérance
folle ! ô bizarrerie de la vie ! ô vengeance du sort ! la
tourte court sur la route de Belgique, et le flan est tombé
dans le gouffre du déficit. Après tout, elles feront comme
moi, puisque, malgré mes conseils, elle veulent devenir
artistes. Pourquoi n'ont-elles pas suivi l'exemple de leur
frère, de ce bon Joseph, qui fera, j'en suis sûr, un excellent menuisier, et qui deviendra le soutien de son père ! »

Des pas légers se font entendre à la porte du grenier ;

elle s'ouvre, c'est Irma et Fanny qui entrent. Chapeau de paille, tartan, cabas, robe d'indienne frangée de boue, vous les reconnaîtriez entre mille ; ce sont des élèves du cours de danse de l'Opéra ; deux petites filles, à l'œil vif et mobile, à la bouche fine et délicate, charmantes souris qui brûlent de grandir et de montrer dans les coulisses leur museau de rat.

Elles se jettent au cou de leur père ; puis quand elles ont déposé et chapeau, et tartan, et cabas, dans leur chambrette, elles se disent qu'il est temps de mettre le couvert. L'une apporte la nappe, l'autre les assiettes ; en un clin d'œil la table est prête. Fanny a une faim de loup, Irma un appétit violent. — Où avez-vous mis la tourte aux boulettes, bon papa ? — Qu'avez-vous fait du flan, petit père ?

Figurez-vous la situation du pauvre Pastourel ; pour moi, je n'ai pas le courage de vous la dépeindre.

Il fallut bien cependant raconter et la fuite du directeur, et la perte des appointements, et l'absence forcée de comestibles qui en résultait. Quand Pastourel eut achevé ce menu, les deux jeunes filles se regardèrent.

— As-tu encore faim, Fanny ?

— Non, je m'étais trompée ; la faim m'a passé. Et toi, Irma ?

— Ma migraine m'a repris ; il me serait impossible de manger.

Pastourel s'approcha de la fenêtre pour essuyer une larme ; il était sensible, quoique danseur.

Les croisées situées au fond de la cour étaient ouvertes aussi; l'une était traversée par une guirlande de fleurs artificielles; à l'autre on voyait flotter du linge qui séchait au soleil : une fleuriste et une blanchisseuse habitaient les

modestes mansardes qui regardaient celle de Pastourel.
L'heure du repas était arrivée, et les deux ouvrières,
assises devant une table proprette, mangeaient du meilleur appétit. A ce spectacle, Pastourel ne put s'empêcher
de faire un triste retour sur lui-même. Il appela ses
filles.

Fanny appuya sa joue sur l'épaule de son père, et
passa son bras autour de son cou ; Irma en fit autant de
son côté.

Un poëte aurait comparé Pastourel à un vieux cocotier
entouré de lianes flexibles; un peintre se serait arrêté pour
dessiner ce groupe, dont nous nous bornerons à indiquer
la grâce.

— Si tu avais voulu, Fanny, dit le vieux danseur à sa
fille en lui montrant la fleuriste, tu serais une ouvrière
laborieuse, gagnant de quoi dîner tous les jours, et de
quoi acheter une robe de soie pour le dimanche.

En même temps, le père Pastourel soupira.

— Et toi, Irma, continua-t-il, n'envies-tu pas le sort
de cette gentille repasseuse? Elle n'est pas obligée de se
contenter d'une migraine pour dîner. Écoutez mes conseils,
enfants, pendant qu'il en est temps encore : tous les
beaux-arts de la terre ne valent pas un bon métier. Quelle
jolie fleuriste tu serais, Fanny ! Et toi, Irma, quelle charmante blanchisseuse ! Vous ne manqueriez pas d'amoureux,
j'en suis sûr; les amoureux deviendraient bien vite des
maris; je jetterais mon violon aux orties, et je ne ferais
plus danser que vos enfants sur mes genoux.

Pastourel soupira encore.

Irma et Fanny répondirent par une moue à l'allocution
paternelle.

— A mon tour, dit Irma, de vous faire remarquer

quelque chose. Voyez-vous cette calèche qui entre dans la cour? une dame en descend; comme elle est élégante et parée! Pour elle notre voisine la fleuriste sera trop heureuse de quitter sa table et de laisser son dîner; elle s'inclinera devant elle, l'accablera de salutations, se fera humble et petite; tout cela pour qu'elle joigne à sa commande de fleurs un billet pour la représentation de demain. Cette dame, c'est la première danseuse de l'Opéra; elle gagne trente mille francs par an; toutes les fois qu'elle danse, on la couvre de bouquets et de bravos. Un jour nous serons comme elle; nous aurons un équipage; vous verrez briller sur l'affiche les noms de vos deux filles, mesdemoiselles Pastourel 1re et Pastourel 2me; vous lirez notre éloge dans les journaux; vous nous accompagnerez dans une bonne chaise de poste quand nous irons en congé.

— Mais vous n'avez pas seulement débuté, reprit le père, souriant à demi à la perspective qu'Irma venait d'ouvrir devant ses yeux.

Ce fut Fanny qui lui répondit :

— Dans un mois nous ferons partie du corps de ballet, sans compter qu'aujourd'hui même, en me voyant prendre ma leçon, le professeur a dit : « Voilà une pirouette qui avant un an ira à Londres. »

— Le professeur a dit cela?

— Et il a fait le même compliment à ma sœur; voyons, petit père, nous reprochez-vous encore d'avoir voulu être artistes comme vous?

Deux baisers viennent se poser à la fois sur les joues du vieillard.

— Tout cela est fort beau sans doute; mais en attendant il faut dîner, et comment s'y prendre?... Il me vient une idée.

— Laquelle? demandèrent à la fois mesdemoiselles Pastourel 1re et Pastourel 2me.

— Heureusement pour vous, mes enfants, vous avez un frère pour lequel la vie d'artiste n'a jamais eu d'attraits; celui-là aime la tranquillité, la paix, le travail; il est modeste, laborieux et rangé; il n'ambitionne ni le vain bruit des applaudissements, ni les éloges des journaux. Je vais le trouver à son atelier, son bourgeois ne refusera pas de lui avancer une petite somme, et Terpsichore dînera aujourd'hui aux frais du rabot.

Les deux sœurs se regardèrent en même temps; Irma fit un mouvement comme pour parler, mais Fanny la retint.

— Qu'allais-tu faire? dit-elle à sa sœur quand le vieillard fut parti; il vaut mieux qu'il l'apprenne par d'autres que par nous.

Au bout d'une heure, Pastourel était de retour. Il froissait entre ses mains crispées une lettre que le portier lui avait remise, et qu'il n'avait pas même pris la peine de décacheter. La douleur et le désespoir auxquels nous l'avons vu en proie, au commencement de cette histoire, ne sont rien auprès de ce qu'il éprouve en ce moment.

— O jour funeste! s'écria-t-il, jour de deuil et de malédiction! puisses-tu être le dernier de mes jours! Je perds à la fois ma place et mon fils; il ne me reste plus qu'à perdre la vie. Le malheureux s'est engagé dans une troupe ambulante! Pendant que je le croyais occupé à manier la scie ou le marteau, il désertait l'atelier, il allait prendre des leçons de danse; il me trompait, le scélérat, il trompait tout le monde! Le mensonge conduit à tout : cet enfant déshonorera mes cheveux blancs!

Fanny et Irma se mirent aux genoux de leur père, et essayèrent de le calmer.

— Laissez-moi ! continua-t-il en les repoussant ; je lui donne ma malédiction. Mépriser mes avis et s'engager dans une troupe de cabotins ! est-ce là, je vous prie, le début d'un artiste véritable ? Qu'y a-t-il à faire pour un danseur sur des planches nomades ? Quelques misérables entrées dans une obscure bourgade ; tout au plus un pas de deux si l'on s'élève jusqu'à la sous-préfecture.

— Mais ne faut-il pas un commencement à tout ? reprit doucement Fanny. Notre frère ne s'en tiendra pas là ; il nous a dit en nous embrassant : « Je reviendrai bientôt débuter à Paris ; moi aussi, je veux être artiste comme mon père. »

— Toujours la même réponse ! Ingrates filles, non contentes de perdre mon Joseph, vous l'avez aidé dans sa fuite, vous n'avez pas craint de devenir ses complices. Je vous maudirais comme lui, si vous n'étiez à jeun... Y a-t-il longtemps qu'il est parti ?

— Une semaine.

— Reviendra-t-il bientôt ?

— Il nous fera savoir l'époque de son retour.

— Ce n'est pas que je désire le revoir, au moins ; je l'ai pour jamais banni de ma présence ; qu'il ne s'avise pas de mettre les pieds chez moi, je le chasserais.

Au même instant Irma poussa un cri de joie, et remit à son père la lettre que la colère l'avait empêché de lire.

— De Joseph ? dit Pastourel en essayant de cacher sa joie.

— De votre directeur ; lisez.

Le vieux danseur mit ses lunettes et lut.

« MONSIEUR,

« Placé, en vertu d'une délibération des actionnaires, à la tête du bal d'Idalie, j'ai l'honneur de vous informer que les soirées dansantes de cet établissement recommenceront à partir de demain; vous êtes en conséquence invité à vous rendre à votre poste aux heures accoutumées. La nouvelle entreprise, désireuse de stimuler le zèle des artistes, payera l'arriéré à bureau ouvert; il vous suffira de présenter vos titres au siége de l'administration.

« BAGNOLET, Directeur. »

— « Voilà un trait qui fait honneur à l'espèce humaine; ce Bagnolet est un honnête homme qui mérite de prospérer; mon archet lui est tout dévoué. Puisse Joseph avoir toujours affaire à des directeurs pareils!

— Vous lui pardonnez donc à ce pauvre Joseph?

— Je vous dirai cela à mon retour, mes enfants; je vais voir si la caisse est ouverte; en attendant, remettez dans son étui mon bon violon, que tout à l'heure j'ai manqué de briser.

— Soyez tranquille, petit père, nous aurons bien soin de lui, à condition que vous ne reprocherez plus à Fanny, à moi, à Joseph, de n'être ni fleuriste, ni blanchisseuse, ni menuisier. Vous nous le promettez, n'est-ce pas?

— Si je l'oublie, rappelez-moi ce proverbe qui me force à la résignation :

EN LA MAISON DU MÉNÉTRIER CHACUN EST DANSEUR.

A bon chat bon rat.

A BON CHAT

BON RAT

Ce proverbe, dont le sens général est : *Bien attaqué, bien défendu,* s'applique, en particulier, à un individu qui sait lutter d'esprit, de finesse ou de ruse contre ses adversaires. Il peut être ajouté comme une sorte de complément à beaucoup de reparties ingénieuses et piquantes dont voic divers exemples.

Le poëte anglais Alexandre Pope, qui était bossu, ne

pouvant souffrir d'être contredit dans une discussion littéraire par le jeune lord Hyde, lui demanda :

« Savez-vous seulement ce que c'est qu'un point
d'interrogation?

— Oui, répondit le lord. C'est une petite figure cro-
chue qui fait quelquefois des questions fort impertinentes. »
A bon chat bon rat.

Le même poëte, mieux inspiré, ayant entendu que le
roi d'Angleterre disait de lui : « Je voudrais bien savoir
à quoi sert ce bout d'homme qui marche de travers? —
A vous faire marcher droit », s'écria-t-il. *A bon chat
bon rat.*

« On se trouve toujours bien d'avoir épousé une femme
simple et sans esprit, disait à la sienne un imbécile; car
l'esprit ne sert d'ordinaire à une femme qu'à faire un sot
de son mari. — Ce n'est pas vrai, s'écria-t-elle : il sert
à empêcher qu'il se doute de l'être. » *A bon chat bon rat.*

Une dame dont la figure, malgré ses quarante ans, était
encore fort jolie et toute brillante de ce vif éclat qu'on
nomme le regain de la beauté [1], voyant sa jeune bru qui,
prête à se rendre à un bal, jetait un coup d'œil sur une
glace pour juger de l'effet de sa toilette, lui demanda d'un
air moitié sérieux moitié souriant:

« Que donneriez-vous, ma fille, pour avoir ma figure?

---

1. « Vers l'âge de quarante ans, les femmes prennent un embonpoint, signe
de force et de santé, qui leur donne un teint plus égal, plus reposé, non aussi
frais, mais plus vif que dans leur première jeunesse. C'est cette seconde jeunesse, cette jeunesse de l'âge mûr, qui est dans la vie comme le second mouvement de la séve des végétaux dans le déclin de l'année que l'on a nommée
avec énergie *le regain de la beauté.* »

-- Eh! ma mère, ce que vous donneriez vous-même pour avoir mon âge. » *A bon chat bon rat.*

Le fameux avocat Linguet avait le défaut, en parlant, de trop articuler les syllabes. Coqueley de Chausse-Pierre lui dit un jour, en contrefaisant ce vice de prononciation : « Bonjour, monsieur Lin-gu-et. » A quoi celui-ci répondit : « Bonjour, monsieur Coqu-e-ley. » Ce qui décomposait le nom propre en deux qualificatifs non moins justes que drôles. *A bon chat bon rat.*

L'abbé Lacordaire allait de Paris à Sorèze dans un wagon où se trouvait un commis voyageur qui se permit de lui adresser cette question : « Savez-vous, monsieur l'ecclésiastique, la différence qu'il y a entre un âne et un évêque ?

— Non, monsieur.

— Je vais vous l'apprendre : c'est que l'âne porte la croix sur le dos, et que l'évêque la porte sur la poitrine.

— Et vous, monsieur, demanda à son tour l'abbé Lacordaire, connaissez-vous la différence qu'il y a entre un âne et un commis voyageur ?

— Non, monsieur, je ne la connais pas.

— Eh bien, ni moi non plus. » *A bon chat bon rat.*

Un mot maintenant sur le joli dessin que Grandville a

consacré au proverbe. On y voit un chat fourré de la Bourse aux prises avec un rat de l'Opéra, un de ces rats qui ont des dents à croquer des lingots. Le premier présente un magnifique bouquet à l'autre, qui, désireux de ronger autre chose que des fleurs, ne les regarde pas et indique d'un geste magistral un portefeuille ostensiblement placé dans la poche du Raminagrobis. Ce geste est parlant, il dit : Voilà ce que je veux : et tout fait pressentir que sa volonté sera faite.

NE CRACHEZ PAS DANS LE PUITS

VOUS POUVEZ EN BOIRE L'EAU

— Philippe!

— Ernest!

Les habitués du Café de Paris entendent fort peu de
ces exclamations que la surprise et l'élan du cœur font
vibrer sur de jeunes lèvres. De tous côtés les yeux se levèrent, le bruit des fourchettes s'arrêta; il y eut une suspen-

sion d'hostilités sur ce champ de bataille déjà couvert de victimes.

Mais quand on vit deux jeunes gens se lever en même temps, et, quelque peu interdits de l'effet qu'ils avaient produit, échanger à demi-voix, avec une cordiale poignée de mains, leurs félicitations réciproques, la curiosité ne tint pas longtemps la gastronomie en arrêt. Chacun se remit à l'œuvre de plus belle; et nos deux amis, à qui personne ne prenait garde, s'attablèrent paisiblement, côte à côte, autour d'une table où trois autres convives avaient pris place. C'étaient de joyeux garçons, invités, à ce qu'il semblait, par le dandy qui répondait au nom de Philippe.

Leur conversation, que chacun put écouter sans scrupule vu le diapason très-élevé qu'ils lui avaient donné, courait et sautelait d'un sujet à l'autre avec une prestesse éminemment parisienne. On questionna d'abord M. Ernest qui revenait du Yucatan, où il était allé dessiner je ne sais quels anciens temples d'une architecture idéale. Ceci conduisit à parler de *Fernand Cortez* et des jambes d'une choriste.

Il fut ensuite question d'un suicide, et l'on disserta longuement sur de nouveaux pistolets à double détente, perfectionnés par un armurier allemand dont le nom m'échappe.

L'Allemagne mit sur le tapis un académicien récemment élu, dont on discuta vivement les titres philosophiques, et, pour bien peu, la grande question de l'enseignement universitaire allait tout envahir. Par bonheur, une méchante épigramme sur un ex-ministre de l'instruction publique détourna l'orage, et l'on ne parla plus, durant un gros quart d'heure, que d'une tentative d'assassinat pratiquée naguère par une dame poëte sur un romancier

horticulteur. C'était de l'histoire ancienne ; mais elle inté-
ressait le revenant du Mexique, auditeur ébahi de ces
plaisantes chroniques.

Prenant enfin la parole comme par inspiration :

— Puisque nous parlons de bas-bleus, s'écria-t-il,
donnez-moi des nouvelles d'Antonia Fouinard ! »

A ce nom prononcé sans le moindre embarras, et tout
uniment jeté dans le courant du dialogue, une vive surprise
se peignit sur la figure des trois convives de Philippe.
Philippe lui-même pâlit légèrement, et voulut couper la
parole à son ami.

« Veux-tu des fraises? » lui demanda-t-il.

Ernest pelait une orange et ne s'aperçut de rien.

« Merci, répondit-il négligemment; Antonia Fouinard,
cette jolie personne que Philippe appelait sans façon Nini,
et que je surnommai Nini-Fo le jour où je lus dans un
dictionnaire mythologique .

« Nini-Fo, déesse de la volupté chez les Chinois. »

Sur ce trait spirituel, Ernest s'arrêta d'autant plus
volontiers qu'il venait d'avaler son premier quartier
d'orange.

Mais comme personne n'avait ri, le pauvre garçon
pensa que son mot ratait. « Je reviens du Yucatan, se
dit-il, et je n'ai pas le sens commun. Tentons encore la
fortune. »

« Ah! reprit-il, quelles bonnes soirées nous passions
à nous moquer d'elle ! Imaginez-vous, messieurs, que le
seigneur Philippe, ici présent, avait eu l'indigne faiblesse,
quinze jours durant, de la prendre au sérieux. Il faisait
des vers pour elle... Ne t'en défends pas, je les ai lus...

Elle l'appelait son *Clair de lune!*... Le surnom passa dans
le commerce, et trois ou quatre mauvais sujets, dont j'étais,
se donnèrent le plaisir de rendre Philippe infidèle pour
pouvoir écrire à Mme Antonia que son clair *de l'une* était
aussi le clair *de l'autre*. »

Cet abominable calembour n'obtint aucun succès.
Deux des convives avaient le nez sur leur assiette, le troisième roulait des yeux ébaubis, le malaise de Philippe
allait croissant.

« Voyons, veux-tu des fraises? » redemanda-t-il au
malencontreux Mexicain, qui, plus que jamais, maudissait
le Yucatan, séjour mortel pour un bel esprit de Paris.

Ernest saisit le plat qu'on lui tendait, et, par une heureuse distraction, le renversa tout entier sur ce qui restait
de son orange. Écrasé pêle-mêle et noblement sucré, ceci
forme un délicieux sorbet que je recommande à mes lecteurs ; s'ils peuvent y émietter une moitié de grenade, le
régal sera complet.

Ranimé par ce rafraîchissant mélange :

« Ça, mon bon Philippe, tu n'es pas devenu bavard
depuis trois ans. Antonia Fouinard t'inspirait mieux autrefois. *Caramba!* pour peu que ce nom fût prononcé, —
quand tu fus guéri de ton fatal amour, — c'étaient des histoires, des facéties, des charges à n'en plus finir.

— Je n'ai point le moindre souvenir de ces sornettes.

— Vraiment?... On oublie donc bien vite par ici!
Pour moi, j'en avais l'esprit si bien garni, que j'en ai fait
rire trois señoras mexicaines, en déjeunant avec elles dans
un corridor des ruines de Palenqué. Il me fallut, je m'en
souviens, un peu de temps et pas mal de définitions pour
leur faire comprendre, — par à peu près, — ce que pouvait être le curieux animal appelé chez nous femme de

lettres; mais tes caricatures, Philippe, m'aidèrent merveil-
leusement.

— Mes... caricatures? Je ne sais de quoi tu veux
parler.

— Allons... fais le bon apôtre, à présent!... Est-ce
que tu veux entrer à l'Académie, toi aussi?... Comment?
tu n'as plus souvenance de cette ravissante pochade où la
sublime Antonia était représentée avec le corps allongé, le
museau pointu, l'œil méchant de la fouine, — heureuse
allusion au joli nom de son mari, — et ravageant un
poulailler dont tu étais un des habitants les plus maltrai-
tés?... Édouard, Henri, le petit Roussac, — celui que
nous appelions le Petit-Albert, — ils étaient tous là, très-
ressemblants, ma foi; mais sous forme de poulets... Et,
comme, — votre cadet à tous, — je restais aussi le seul
de notre bande que la fouine eût jusqu'alors épargné, tu
m'avais mis dans un coin, poussin à peine éclos, montrant
tout juste mon petit bec hors de l'œuf...

— Tout cela est bien vieux, mon brave Ernest, et
je ne pense pas que ces messieurs prennent un grand
intérêt...

— Peut-être as-tu raison; mais c'est ton affectation de
tout à l'heure qui m'avait mis hors de moi... Renier Antonia, la joie de notre jeunesse, la marotte de nos dîners d'artistes, le but obligé de toutes nos méchantes plaisanteries
pendant plus d'un an! elle qui chantait si bien, entre deux
élégies, des couplets à casser les vitres! elle qui improvi-
sait si lestement, entre deux cigares, un conte moral à
l'usage de la jeunesse!... Oublier Nini, les turbans de Nini,
les raouts excentriques de Nini, les petits billets passionnés
de Nini, sur papier à vignettes, empestés de vétiver et
cachetés de cire jaune!... oublier enfin tout ce dont je me

20

souviens si bien, moi le Juif errant, moi le voyageur aventureux, moi dont elle n'a jamais été... »

Cette foudroyante tirade en était là, quand Ernest s'aperçut que son auditoire lui faisait faux bond. Philippe causait à demi-voix avec son voisin, et les deux autres convives imitaient, — non sans une intention marquée, — l'exemple donné par leur amphitryon.

L'orateur, averti par un instinct secret qu'il avait lâché quelque sottise, prit un peu tard le parti de se taire, et couvrit sa retraite en avalant coup sur coup une demi-bouteille de tisane-champagne. Le dîner était fini. On se sépara tristement, sans effusion, sans cordialité, sans regret. Un mur de glace semblait être tombé tout à coup entre ces jeunes gens si affectueux au début. Philippe paraissait en proie à quelques accès d'hypocondrie.

Ernest apprit le soir même ce qu'il eût dû savoir avant le dîner : le mariage de Philippe [et de Mme Antonia, veuve Fouinard, ornée d'un brillant héritage, lauréat de l'Académie, et protégée par un de nos plus influents députés. Cette audacieuse union s'était accomplie trois mois auparavant, à la grande stupéfaction de beaucoup de gens.

D'abord un peu confus de l'aventure, mais ensuite riant sous cape, Ernest fit un petit paquet des chansons, épigrammes, caricatures, etc., dont il avait été question pendant le dîner, et, dès le lendemain, il l'adressa sous une double enveloppe à l'imprudent détracteur de la belle Antonia.

Sur le second pli se trouvait écrit le proverbe moscovite que nos lecteurs ont vu en tête de ce véridique chapitre.

Qui aime bien châtie bien.

QUI AIME BIEN

CHATIE BIEN

Proverbe dont l'idée se trouve dans plusieurs passages de Salomon, notamment dans celui-ci : *Qui parcit virgæ, odit filium suum ; qui autem diligit illum, instanter erudit* (Prov., XIII, 24). « Celui qui épargne la verge haït son fils ; mais celui qui l'aime s'applique à le corriger. »

Ce mode de correction, que réprouvent les mœurs
actuelles, exista chez tous les peuples dès la plus haute
antiquité. Il fut regardé comme excellent en Chine, jusqu'au temps où Confucius en signala les graves inconvénients. Il devint en Grèce un des points fondamentaux de
la méthode de stoïcien Chrysippe, pour l'éducation des enfants. Il fit même partie de la doctrine socratique, s'il faut
en croire Aristophane, qui a représenté, dans la quatrième
scène du cinquième acte des *Nuées,* un disciple de Socrate
battant son père et disant : «Battre ce qu'on aime est l'effet
le plus naturel de tout sentiment d'affection. Aimer et
battre ne sont qu'une même chose. »

A Rome, le rhéteur Orbilius de Bénévent, que le poëte
Horace, son élève, a nommé *plagosum* (*Épit.* I, liv. II),
introduisit l'usage du fouet dans son école, et c'est à cause
de cela que tout pédagogue observateur de ce honteux
usage a été désigné par le surnom d'*Orbilianite,* auquel on
substitue souvent aujourd'hui le surnom plus caractéris-
tique de *monsieur Cinglant.*

Mais ce n'est pas seulement pour l'amélioration des
élèves, c'est aussi pour celle des épouses qu'une telle disci-
pline fut en vigueur.

Nos vieilles chroniques sont remplies de faits qui
attestent qu'elle était strictement pratiquée à l'époque
même dont on a tant vanté les mœurs galantes et che-
valeresques.

La plupart des chartes de bourgeoisie autorisaient alors
les maris à battre les femmes jusqu'à effusion de sang,
pourvu que ce ne fût point avec un fer émoulu et qu'il
n'y eût point de membre fracturé.

On lit dans les *Coutumes de Beauvoisis* par Dumanoir :
« La justice ne se doit entremettre des griefs que les

hommes font a eurs femmes, car il loiet bien (est bien
loisible) à l'homme de battre sa femme. Le mari la doit
châtier selon toute manière qu'il verra que bien sera, excepté mort ou méhaing (mutilation). »

Il arrivait même quelquefois que cette exception était

méconnue impunément : témoin le fait suivant rapporté dans
la *Chronique bordelaise,* année 1324. Un homme de Bor-
deaux, accusé d'avoir tué sa femme, comparut devant les
juges et dit pour toute défense : « Je suis bien fâché d'avoir
tué ma femme ; mais c'est sa faute, car elle m'avait gran-
dement irrité. »

Les juges ne lui en demandèrent pas davantage, et ils le laissèrent se retirer tranquillement, parce que la lói, en pareil cas, n'exigeait du coupable qu'un témoignage de repentir.

La pitié pour les femmes paraissait une faiblesse ridicule, et le mari qui négligeait de châtier la sienne était honni de ses confrères. On avait pour maxime qu'elles ressemblaient aux côtelettes, qui ne deviennent tendres que lorsqu'elles sont bien battues, et, de peur que la chose ne fût mise en oubli, des almanachs, où les actions qu'on devait faire se trouvaient indiquées, jour par jour, donnaient cette recommandation : *Bien battre sa femme en hui.*

Cette odieuse coutume, qui se maintint légalement en France, suivant Fernel, jusqu'au règne de François Iᵉʳ, remonte à une époque reculée. Le chapitre cxxxi des lois anglo-normandes porte que le mari est tenu de châtier sa femme comme un enfant, si elle lui a fait infidélité pour son voisin. *Si deliquerit vicino suo, tenetur eam castigare quasi puerum.*

Mahomet permet aux musulmans de battre leurs épouses lorsqu'elles manquent d'obéissance. (Koran, IV, 38.)

Un canon du concile tenu à Tolède, l'an 400, dit : « Si la femme d'un clerc a péché, le clerc peut la faire lier dans sa maison, la faire jeûner et la châtier, sans attenter à sa vie, et il ne doit pas manger avec elle jusqu'à ce qu'elle ait fait pénitence. »

Il fallait que ce concile eût des raisons bien graves pour rendre une telle décision.

Comment, sans cela, des ministres de la religion chrétienne, qui a tant fait pour l'émancipation et pour la dignité des femmes, eussent-ils pu concevoir la pensée de les soumettre à une pénalité si brutale et si dégradante? N'auraient-ils pas été conduits, au contraire, par l'esprit de cette religion, où tout est douceur et charité, à proclamer la loi indienne du code de Manou, qui dit dans une formule pleine de délicatesse et de poésie : « Ne frappe pas une femme, eût-elle commis cent fautes, pas même avec une fleur. »

Les amants n'étaient pas plus indulgents que les maris, et ils ne ménageaient pas les coups à leurs maîtresses, malgré cette recommandation qui leur était adressée dans l'*Art d'aimer*, poëme d'un trouvère : « Gardez-vous de frapper vos dames et de les battre. Songez que vous n'êtes point unis par le mariage, et que, si quelque chose en elles vous déplaît, vous pouvez les quitter. » Héloïse fut plus d'une fois fustigée par Abeilard. Lui-même, parlant à elle-même, raconte le fait dans une de ses lettres où il confesse d'un cœur contrit les excès de son amour immodéré : *in ipsis diebus dominicæ passionis, te nolentem ac dissuadentem sæpius minis ac flagellis ad consensum trahebam.* « Dans les jours mêmes de la Passion du Seigneur, lorsque tu me refusais ce que je demandais ou que tu m'exhortais à m'en priver, je t'ai souvent forcée par des menaces et des coups de fouet à céder à mes désirs. »

Héloïse, ainsi punie pour le refus d'une chose qu'on obtient généralement des femmes sans qu'il soit besoin de les fouetter, n'en devenait que plus tendre. On croirait que le poëte Ausone avait deviné le cœur de cette héroïne de l'amour, lorsqu'il disait en peignant les qualités d'une maîtresse accomplie : « Je veux qu'elle sache recevoir des coups et qu'après les avoir reçus elle prodigue ses caresses à son amant. » (*Épig.* LXVII.)

L'auteur des *Mémoires sur l'Académie de Troyes*, facétie spirituelle attribuée au comte de Caylus, mais regardée avec plus de raison comme l'œuvre de Grosley, a examiné d'une manière plaisante jusqu'à quel point est fondée l'opinion que battre est une preuve d'amour. Voyez dans cet ouvrage (pag. 205 et suiv.) la *dissertation sur l'usage de battre sa maîtresse.*

QUI SE COUCHE AVEC DES CHIENS

SE LÈVE AVEC DES PUCES

On aurait vainement cherché, en l'an de grâce 1584,
depuis les collines du royaume des Algarves jusqu'aux
plaines d'Oporto, un cavalier plus content de sa personne
et s'estimant plus heureux que dom Bartholomeo-Henrique Gamboa, licencié de l'université de Coïmbre.

21

L'honorable dom Bartholomeo-Henrique Gamboa était arrivé de la veille seulement dans la capitale du Portugal, et déjà il se promenait sur les rives du Tage avec l'air d'un cavalier qui a goûté de tous les plaisirs d'une grande ville.

Si le jeune gentilhomme avait répété tout haut les propos que sa pensée lui redisait tout bas, on aurait entendu l'étrange discours que voici :

— Parbleu! si la vice-reine me voyait passer, ne me prendrait-elle pas pour un infant d'Espagne, tant j'ai bonne mine ? Mon père, un digne homme, ma foi ! me donne un bon cheval, vingt écus d'or et une lettre pour Sa Seigneurie le marquis de Belcaser, grand d'Espagne, un des hommes les plus influents auprès de l'illustre Vasconcello. « Va, me dit-il, et fais ton chemin dans le monde. » J'arrive à Lisbonne, et je descends à l'hôtellerie des Trois-Mages, où tout d'abord je rencontre un honnête cavalier qui se prend d'amitié pour moi sur l'air de ma figure. Le seigneur dom César Mandurio, marquis de Torreal, m'invite à souper et me conduit, après m'avoir fait boire les meilleurs vins, chez la senhora Dorothea de Santa-Cruz. Je trouve chez cette aimable personne les gens qui peuvent le mieux me pousser à la cour ; on fait de la musique, on danse, on joue, et je gagne cent écus d'or ; je crois même qui la senhora Dorothea n'a pas été trop insensible à ma tournure, si j'en juge par les regards qu'elle m'a jetés. J'ai eu l'honneur de prêter mon cheval au noble marquis pour faire ce matin une promenade jusqu'aux jardins du grand inquisiteur, à qui il m'a promis de me présenter. Je l'attends pour dîner chez le meilleur traiteur de Lisbonne ; je suis habillé comme un fils de prince, et ce soir je reverrai la senhora Dorothea de Santa-Cruz !

Le seigneur Gamboa en était là de ses discours intimes,

lorsqu'une main s'appuya familièrement sur son épaule.

— Quoi ! c'est vous déjà, seigneur dom César ? s'écria dom Bartholomeo. — Moi-même, grâce à votre cheval qui va comme une hirondelle. Quand vous voudrez vous en défaire, j'ai cent écus à votre disposition. Mais pourrais-je vous demander, seigneur dom Bartholomeo, quelle pensée vous occupait tout à l'heure ? — Je rêvais, dit le jeune gentilhomme. — Je gage mon épée contre un maravédis que vous songiez à la belle dona Dorothea de Santa-Cruz ? — C'est la vérité ; le souvenir de ses beaux yeux me suit partout. — Eh bien, seigneur cavalier, la fortune vous traite en enfant gâté ; car la senhora, en brillante compagnie, a fait la partie de déjeuner ce matin au bord de l'eau. Si vous voulez me suivre, nous la trouverons dans ce bois d'orangers, à cent pas d'ici. — Vous suivre, seigneur dom César ? Mais, pour voir la senhora Dorothea, je vous suivrais jusqu'au cap des Tempêtes !

Cinq minutes après, les deux jeunes gens pénétraient sous un bosquet verdoyant, où cinq ou six dames et trois ou quatre gentilhommes devisaient à l'abri des feux du jour.

— Mon ami le comte Gamboa, dit dom César en s'inclinant.

A ce titre de comte, dom Bartholomeo rougit de plaisir ; un regard de la senhora Dorothea, qui aurait donné de la vanité à de plus modestes, acheva de lui faire perdre la tête. On s'assit sur l'herbe autour d'un déjeuner exquis. Les vins d'Espagne et d'Italie, rafraîchis dans la neige, circulaient de toutes parts ; et, tandis que les coupes s'emplissaient, la main de dom Bartholomeo effleurait parfois la main de dona Dorothea.

— De par saint Jacques de Compostelle, mon bienheureux patron, s'écria un cavalier, pourquoi ne confierions-

nous pas le but de notre réunion au seigneur comte
Gamboa ? Il est homme à comprendre une plaisanterie.

— Mais voudra-t-il s'y associer ? dit la senhora
Dorothea en jetant au gentilhomme une œillade irrésistible.

— Refuser d'être où vous êtes ! répliqua dom Bartholomeo ; mais, madame, je ne vous ai pas donné le droit
d'insulter mon cœur et mes yeux.

— Voici de quoi il s'agit, continua un gentilhomme en
pourpoint de satin vert ; un de nos amis, le marquis de
Belcazer...

— Ne le connaissez-vous pas ? demanda brusquement
dom César à dom Bartholomeo ; il me semble que vous
m'avez parlé d'une lettre à son adresse ?

— Je l'ai justement sur moi, s'écria Gamboa.

— Le marquis de Belcazer, reprit le cavalier au pourpoint vert, a parié que jamais il ne serait arrêté par les

voleurs qui pullulent, dit-on, aux environs de Lisbonne ; mille écus d'or sont le prix de la gageure. Aujourd'hui même, il doit venir à son château ; ce château est si près de Lisbonne, que le comte n'aura certainement pas pris la précaution de se faire suivre par des domestiques armés. Nous allons nous embusquer derrière un bouquet d'arbres, et, vers le soir, quand il sortira de ses jardins pour se promener en bateau sur le Tage, nous fondrons sur lui...

— Un bandeau tombera sur ses yeux, dit dom César.

— Mon carrosse le recevra, reprit dona Dorothea ; nous partirons au galop ; deux heures après, nous arriverons à ma villa... Et le marquis de Belcazer se trouvera à table au milieu de ses amis, sans bagues, sans bijoux, sans épée, s'écria le narrateur. Ne vous semble-t-il pas qu'il aura bien perdu ses mille écus ?

— Sans doute, et c'est charmant ! dit Gamboa.

— Il n'y a qu'une petite difficulté, ajouta la senhora Dorothea de Santa-Cruz ; tout est bien prévu, et nous sommes sûrs de nous emparer du marquis de Belcazer si nous pénétrons dans ses jardins ; mais quel moyen avons-nous de nous y introduire ?

— Vous oubliez ma lettre, madame ! s'écria avec joie dom Bartholomeo ; c'est un talisman qui nous ouvrira toutes les portes. Partons !

— Partons ! répéta toute la troupe.

L'intendant du château avait jadis connu le seigneur Gamboa, père de dom Bartholomeo ; à la vue de ses armes imprimées dans la cire, il ne fit aucune difficulté de laisser passer le jeune gentilhomme et ses amis. Les dames, pour n'être pas reconnues, s'étaient couvert le visage de masques de velours noir ; les cavaliers avaient rabattu leurs chapeaux sur leurs yeux, et tous s'enfoncèrent dans les bosquets. Bientôt ils arrivèrent à l'endroit où la barque du marquis était amarrée.—C'est ici, dit dom·César; cachons-nous derrière ces buissons, et attendons.

On se blottit au milieu des haies; dom Bartholomeo était à côté de dona Dorothea de Santa-Cruz, si près, si près, qu'une feuille de rose n'aurait pu se glisser entre elle et lui. Le soir vint avec ses ombres mystérieuses. On entendit marcher dans les allées; le gravier craquait sous les pieds des promeneurs.

— C'est lui! dit dona Dorothea. Voyons, seigneur Gamboa, comment vous jouerez votre rôle. Oserez-vous l'arrêter le premier?

— J'arrêterais le vice-roi, si vous le vouliez.

Un soupir lui répondit; le marquis de Belcazer arriva sur la plage, et dom Bartholomeo s'élança vers lui.

— Seigneur marquis, rendez-vous! s'écria-t-il.

Le marquis n'avait avec lui que quatre laquais sans armes; il voulut tirer son épée, mais dom·César le désarma, tandis que ses amis terrassaient les valets; un seul parvint à s'enfuir, grâce à la nuit.

— Vite, dépêchons, dit dom César à voix basse; des quatre drôles qui accompagnaient Sa Seigneurie, je n'en vois que trois couchés sur le sable; craignons que l'autre ne donne l'alarme au château.

En un tour de main, le marquis de Belcazer fut dépouillé, garrotté et bâillonné. On le transporta dans le bateau, et la compagnie s'apprêta à s'embarquer.

— Il me semble voir de la lumière briller du côté du château, dit dona Dorothea; vite, informez-vous de ce que ça peut être, seigneur dom Bartholomeo.

Gamboa courut dans la direction que lui indiquait le doigt de la senhora. Il ne vit rien, et se hâta de retourner

vers la plage. Tout avait disparu : la barque, les cavaliers,
les captifs et dona Dorothea. Tandis que dom Bartholomeo
cherchait du regard autour de lui, il entendit un grand
tumulte dans les jardins ; vingt torches flamboyaient entre
les arbres, où passaient les silhouettes noires de grands
laquais armés de longues épées. Le seigneur Gamboa
réfléchit qu'il était seul ; de là lui vint la pensée de fuir.
Il se jeta au milieu des taillis qui bordaient le fleuve, et
gagna, à la faveur de la nuit, les murs du parc, qu'il esca-
lada en s'aidant des espaliers. En un quart d'heure, il
arriva dans les faubourgs de Lisbonne, et se dirigea rapidement vers l'hôtellerie des Trois-Mages.

Le cheval qu'il avait prêté la veille au marquis de
Torreal n'était pas rentré à l'écurie. Cette longue absence,
jointe à la subite disparition de ses amis de fraîche date,
ne laissa pas d'inquiéter le seigneur dom Bartholomeo. En
se déshabillant, il s'aperçut que la bourse où reposaient
les écus d'or, gagnés la nuit précédente chez la senhora
Dorothea de Santa-Cruz, s'était envolée de sa poche.
Cette découverte augmenta ses craintes, et l'héritier du seigneur Gamboa s'endormit l'esprit plein d'images lugubres.

Au petit jour, un domestique heurta à sa porte.

— Seigneur, lui dit-il, voici un billet qu'un inconnu
m'a prié de vous remettre.

Dom Bartholomeo ouvrit la lettre, et lut ce qui suit :

« Je vous remercie, seigneur *comte,* de l'aimable secours que
vous nous avez prêté. Sans votre aide, jamais nous n'aurions
réussi à nous emparer du marquis de Belcazer, qui vient de nous
payer une riche rançon. La senhora Dorothea de Santa-Cruz, qui
porte aussi le nom de Saphira la Gitana, vous prie d'agréer ses
plus gracieux compliments. Je désire que le ciel me ménage
une occasion de renouveler connaissance avec vous, qui appren-

driez en ma compagnie ce qu'on n'apprend pas à l'université de Coïmbre.

« CHRISTOVAL GALIERA, ex-marquis de Terroal. »

Dom Bartholomeo se dressa sur son séant.

— Christoval Galiera ! s'écria-t-il, le fameux voleur ! — Lui-même, répondit un estafier qui venait d'entr'ouvrir brusquement la porte ; et je vous arrête comme son complice. — Moi ? — Vous-même ; l'intendant du marquis de Belcazer nous a donné les renseignements les plus circonstanciés à votre égard. Au nom du roi ! suivez-nous. — Oh ! l'étrange aventure ! reprit Gamboa.

— Honorable seigneur, elle n'est que trop simple au contraire : LORSQU'ON SE COUCHE AVEC DES CHIENS...

— ON SE LÈVE AVEC DES PUCES, continua un autre alguazil.

Nécessité n'a point de loi.

NÉCESSITÉ

N'A POINT DE LOI

Ou encore : *Nécessité contraint la loi*, pour signifier que la nécessité est au-dessus de la loi, et qu'un extrême besoin ou un extrême péril peut rendre excusables des actions que la loi condamne.

Saint Bernard s'est servi de ce proverbe dans la phrase

22

suivante de son Traité sur le précepte et la dispense : *Necessitas non habet legem et ob hoc excusat dispensationem* (Cap. **v**). « *La nécessité n'a point de loi,* et c'est pour cela qu'elle excuse la dispense. » Mais le proverbe est beaucoup plus ancien que saint Bernard, car on trouve dans les controverses de Sénèque : *Necessitas legem frangit* (IX, **iv**). « La nécessité rompt la loi » ; plus ancien encore que Sénèque, puisqu'on lit dans Homère que la nécessité doit faire loi (*Iliade*, XIV).

Les Grecs disaient en outre que les dieux eux-mêmes ne pouvaient lutter contre la nécessité, pensée de Simonide que les Latins employaient proverbialement et que Tite-Live avait reproduite en ces termes : *Pareatur necessitati quam ne dii quidem superant.* « Qu'on obéisse à la nécessité, que les dieux mêmes ne peuvent surmonter. »

Les Espagnols, qui ont le même proverbe que nous, se servent de plus de celui-ci : *La necessedad tiene cara de herege,* — la nécessité a une face d'hérétique, parce que l'hérétique ne reconnaît pas la loi de l'Église. Mais ils appliquent d'ordinaire ce dernier proverbe par plaisanterie, et particulièrement, je crois, lorsqu'ils veulent faire entendre que la raison de la nécessité est indûment alléguée.

Nous disons encore : *A la nécessité cède la justice,* — la nécessité fait dépouiller les autels.

Le dessin de Grandville représente les deux cas les plus pressants de la nécessité, qui exige que toute créature humaine cherche et trouve le moyen de remplir et de vider ce triste sac qu'on appelle le ventre, même à la barbe d'un officier de police.

Il n'y a que la Quinte-Essence de Rabelais qui soit exmpte de ces deux cas, dont le dernier est si sacré qu'il n'en faut parler qu'avec le plus grand respect.

CHAQUE POTIER

VANTE SON POT

Le 15 avril 1844, M. Deslongrais fit appeler dans son cabinet son neveu, Gabriel Maugis.

— Mon ami, dit-il au jeune homme en tirant sa montre, il est midi, et c'est aujourd'hui le 15 avril; tu es majeur depuis un quart d'heure. Je t'aurais fait prier cinq minutes plus tôt de passer dans ce cabinet, s'il ne m'avait fallu ce temps pour liquider mes comptes de tutelle. Toutes

les pièces sont réunies, là, sur ce bureau ; tu peux en
prendre connaissance...

— Oh ! mon oncle !

— Bien, bien ; je sais que tu vas me prier de garder
la direction de tes affaires, et me dire qu'elles ne sauraient
être placées en meilleures mains.

— Vous m'avez deviné.

— Oui, mais je suis un vieil égoïste qui ne me fatigue
pour les autres que lorsqu'il m'est impossible de faire
autrement... Tu as trente mille livres de rente à toi, c'est
dix mille de plus que je n'en ai reçu ; j'ai assez fait travailler tes fonds pour avoir le droit de me reposer. Mais
avant de t'abandonner la direction suprême de tes affaires,
je me permettrai seulement de t'adresser une seule question : As-tu lu *l'Amour médecin ?*

— *L'Amour médecin* de Molière? Oui, mon oncle.

— N'oublie jamais la première scène du premier acte,
mon ami, toute la science de la vie est là-dedans ; le monde
est pavé de M. Josse. Je n'ai pas d'autres conseils à te
donner ; mais pour que tu n'en perdes jamais le souvenir,
je prétends mettre cette morale en action. Suis-moi.

Un quart d'heure après, M. Deslongrais et son neveu
entraient chez un jeune banquier, rue du Houssaie.

— Mon cher Gambier, lui dit l'oncle, nous venons,
mon neveu et moi, vous demander un service.

— Vous qui avez trente mille livres de rente? Votre
neveu qui en a autant?

— Eh ! précisément, ce sont ces maudites trente mille
livres de rente qui nous gênent ! Que faire du capital? Vous
qui êtes dans les affaires, donnez-nous donc un bon conseil.

— Six cent mille francs ! s'écria le banquier. Eh ! mais,
il n'en faut pas davantage pour soumissionner un joli tronçon

de chemin de fer. Placez cet argent chez un capitaliste bien
famé, il le fera valoir dans des entreprises sûres; l'intérêt
vous sera servi à quatre pour cent, vous aurez une part dans
les bénéfices de la maison, et dans dix ans vos capitaux
seront doublés. La banque règne et gouverne aujourd'hui.

— Nous y penserons, mon cher Gambier, dit M. Deslongrais; et, poussant Gabriel du coude, il murmura à son
oreille ces mots : M. Josse !

Bientôt après, tous les deux arrivèrent chez un notaire,
d'âge mûr, qui faisait les contrats de la famille.

— Ah! monsieur Dupuis, dans quel temps vivons-
nous! s'écria M. Deslongrais. Vous connaissez les affaires
de mon neveu, le pauvre garçon ne sait à quel usage
appliquer sa fortune ; nous venons vous consulter.

Le notaire parut réfléchir un instant.

— Ceci est très-délicat, messieurs, dit-il enfin ; les opé-
rations de bourse sont aléatoires, et les prêts sur hypothèque d'une liquidation pénible ; la propriété mobilière
est accablée d'impôts, et les revenus n'en sont jamais
certains. Je crois que le plus sage serait d'acheter une
bonne charge à Paris. Une charge met le titulaire en position de faire un beau mariage ; elle lui assure un rang
honorable dans la société et des bénéfices considérables ;
les charges tiennent à présent le haut du pavé. Je connais
une personne qui, pour des raisons de santé, a quelque
désir de vendre la sienne. Voulez-vous que je lui en parle?

— Parlez-lui-en, reprit M. Deslongrais, et tout bas il
ajouta : La personne malade, c'est encore lui qui se porte
bien. Oh! M. Josse !

Comme ils quittaient la rue Saint-Marc où demeurait
M. Dupuis, l'oncle et le neveu rencontrèrent une de leurs
connaissances qui tournait le coin de la rue Vivienne.

— Eh ! ce cher Dervieu ! s'écria M. Deslongrais, que je suis aise de le voir ! Voilà un homme de bon conseil, et il va tout de suite nous le prouver. Si vous aviez six cent mille francs comptants, qu'en feriez-vous ?

— J'en achèterais tout de suite une terre d'au moins un million.

— Est-ce un bon placement ?

— Merveilleux ! les terres bien cultivées rapportent de trois à trois et demi pour cent; si l'on y applique les nouveaux procédés d'assolement, on arrive à quatre. Et puis la terre reste toujours ; il n'y a pas de banqueroute qui puisse emporter des prés !

— Vous avez peut-être raison. Sauriez-vous par hasard quelque beau domaine en vente ?

— Je n'en connais qu'un, mais il est magnifique. La terre des Futaies, près de Meaux. Je l'ai achetée huit cent mille francs, et j'ai fait faire des réparations considérables aux bâtiments. Je suis obligé de m'en défaire, ma femme voulant se fixer à Toulouse auprès de sa famille. Quand vous voudrez voir le domaine, écrivez-moi, et nous irons ensemble. Mais hâtez-vous : les concurrents sont nombreux. La propriété est un quatrième pouvoir de l'État.

— C'est entendu, répondit M. Deslongrais.

— Ça fait en tout trois M. Josse, ajouta Gabriel en riant.

— Oh ! nous ne sommes pas au dernier.

En quittant le propriétaire, M. Deslongrais et Gabriel Maugis se dirigèrent vers le faubourg Saint-Antoine, où demeurait un certain M. Louis Ferrandin, qui était de leurs parents. M. Louis Ferrandin avait élevé une fabrique de produits chimiques à laquelle il consacrait tout son temps. La visite de ses parents parut le charmer; mais lorsqu'il en connut le motif, il ne put dissimuler sa joie.

— Vous ne sauriez mieux vous adresser, s'écria-t-il ;
ma fabrique a des relations immenses ; je couvre de mes
produits les cinq parties du monde et leurs îles ; mais,
pour donner à mon industrie tout le développement qu'elle
comporte, il me faudrait encore à peu près cinq cent mille
francs. Versez vos fonds dans ma fabrique ; nous nous
associons, et la signature Ferrandin, Maugis et Cⁱⁱ ira
jusqu'aux antipodes. L'industrie est la reine du monde.

— Nous examinerons cela, dit M. Deslongrais. A
bientôt, mon cher Louis.

— Et lui aussi ! s'écria Gabriel. Trouver M. Josse sous
l'habit d'un cousin !

Une invitation à laquelle ils avaient promis de se
rendre conduisit M. Deslongrais et Gabriel chez un agent
de change, rue Laffitte. Quand ils arrivèrent, cinq cents
personnes circulaient dans des salons qui pouvaient bien
en contenir deux cent cinquante ; on en attendait trois
cents encore. Bientôt le bruit se répandit dans le bal qu'un
jeune homme, majeur depuis quelques heures seulement,
cherchait à placer sa fortune et sa personne : six à sept
cent mille francs et un joli garçon, deux choses charmantes auxquelles l'association prête un attrait irrésistible.

— Il faut, mon cher, vous marier, disait un vieux
rentier à Gabriel ; le ménage est un frein qui calmera votre
jeunesse, et vous empêchera de gaspiller votre fortune ; si
j'étais votre père, les bans seraient publiés demain.

— Il a trois filles à pourvoir, le bonhomme, murmura
M. Deslongrais à l'oreille de Gabriel. M. Josse !!!

— Ce n'est point mon avis, continua un employé
supérieur du ministère des finances ; avant de se marier,
un jeune homme doit expérimenter la vie ; quand il aura
vu le monde et ses écueils, et conquis la maturité du ju-

gement par le travail, il sera temps alors qu'il se marie.

— Le bureaucrate a une fille, mais cette fille n'a que douze ans; quand tu auras de l'expérience, elle aura dix-

sept à dix-huit ans, le bon âge pour trouver un époux. Toujours M. Josse!!! dit encore M. Deslongrais.

— Bah! interrompit l'agent de change, le mariage n'est pas l'affaire importante de la vie; on ne doit aujourd'hui songer qu'à la richesse, et la richesse est à la bourse. M. Maugis a une fortune honorable; qu'il la réalise et se lance dans les spéculations. La spéculation est la fée du xixᵉ siècle. Je veux, avant un an, que la coulisse tremble au nom de Maugis.

— Et l'agent de change aura gagné trente mille francs de courtages, si tu en as perdu deux ou trois cent mille sur les chemins de fer.

En achevant ces mots, M. Deslongrais passa son bras sous celui de Gabriel, et ils sortirent du bal pour souper.

— Nous avons justement une bécasse dodue à faire plaisir, dit un garçon du Café de Paris aux deux convives.

— Ah! vous avez une bécasse ? Eh bien, donnez-nous un perdreau! s'écria M. Deslongrais.

Gabriel se mit à rire.

— Tu ris, toi! Cette bécasse est au restaurateur ce que le domaine est au propriétaire, la fabrique à ton cousin, la charge au notaire, la jeune personne au rentier. Il veut s'en débarrasser ; laisse-la manger à d'autres.

— Quoi! un M. Josse en maître d'hôtel !

— M. Josse est partout, M. Josse est immortel ; M. Josse est un proverbe fait homme, et ce proverbe le voici :

CHAQUE POTIER VANTE SON POT.

23

L'occasion fait le larron.

L'OCCASION

FAIT LE LARRON

L'occasion détermine souvent l'action et fait commettre des fautes auxquelles on n'aurait pas songé sans elle, des fautes même contraires aux plans et aux projets qu'on avait arrêtés. « L'occasion dangereuse, dit le père Simon Mars, est un achoppement au péché. Depuis que la nature a été viciée par le péché de nos premiers parents, elle a un si grand penchant au mal que, quand l'occasion se pré-

sente, elle ressent une extrême difficulté de s'en défendre.
De là vient le proverbe qui dit que *l'occasion fait le larron*.
Et on peut le dire de même des autres vices : l'occasion
fait l'ivrogne, l'occasion fait le débauché et l'adultère. »
(*Mystères du royaume de Dieu*, 276.)

On lit dans le recueil des adages des saints pères : *In
arca aperta etiam justus peccat,* — *en coffre ouvert pèche le
juste même;* proverbe qui est passé dans presque toutes les
langues modernes pour enseigner que les plus sages ne
s'exposent pas sans péril à l'occasion du mal, et que le
meilleur moyen, le seul peut-être, de ne pas y succomber,
c'est de la fuir. *Qui évite l'occasion évite le péché,* disent les
Espagnols : *Quien quita la occasio quita el peccado.*

Nous avons encore cet autre proverbe : FACILITÉ FAIT
QU'ON EN USE, par lequel nous exprimons que la fréquente
occasion qu'on a de satisfaire certains penchants ou certains goûts peu honnêtes fait qu'on s'y livre. Cela fait
aussi que le nombre des gens vicieux est toujours beaucoup
plus considérable dans les grandes villes qu'ailleurs, puisqu'elles offrent au vice des moyens extrêmement faciles
de se produire et de se développer. Le fameux père Joseph,
ce grand agent du cardinal Richelieu, avait coutume de
dire sur ce sujet : « Pour être vertueux à Paris, il ne suffit
pas de le vouloir. » Pensée très-vraie qui a été citée par
Mme de Maintenon et qui a peut-être inspiré à Voltaire ces
jolis vers :

> C'est donc en vain que l'on fait ce qu'on peut.
> N'est pas toujours femme de bien qui veut.

MIEUX VAUT MARCHER

DEVANT UNE POULE QUE DERRIÈRE UN BŒUF

PROVERBE CHINOIS

Au village de Tchang-Yo, situé à deux lys de la
porte orientale de Ping-Kiang, chef-lieu du département
de Kiang-Nan, vivait un homme dont le nom de famille
était Hou, et le petit nom Kong. Il descendait d'une lignée
de cultivateurs; mais il s'occupait de littérature, et il avait
composé des vers de sept syllabes, qui auraient figuré

avec honneur parmi les morceaux d'élite rassemblés par Fut-Zee dans le Chi-King, le troisième des Cinq Classiques. Vêtu d'habits très-simples, usant d'une nourriture frugale, mais toujours dans l'aisance et le contentement, il possédait encore du superflu, malgré la modicité de sa fortune, et savait venir au secours des pauvres du village. Aussi le comparait-on à un Printemps mâle pourvu de pieds.

Il avait pour voisin un fermier, non des plus riches, et qui se distinguait seulement par son grand amour pour l'horticulture. Dans son vaste jardin, fermé par des treillages de bambous, il réunissait l'althæa, la balsamine, la ketmie aux fleurs changeantes, la pivoine en arbre, l'amaranthe, le lychnis couronné, le calycanthe, le corchorus, le bouton d'or et beaucoup d'autres plantes non moins rares. Depuis longtemps, cet honnête homme, surnommé dans le pays le Fou des Fleurs (*Hoa-Tchy*), nourrissait le désir secret d'entendre réciter des vers par Hou-Kong.

On voit dans le livre des Dix mille Mots que :

Celui qui chante est une incarnation de Bouddha,
Du Dieu qui répand l'or et l'abondance.

En conséquence, un jour que l'occasion lui parut favorable, le Hoa-Tchy mit ses habits de nouvel an, et alla frapper à la porte de son voisin.

Celui-ci était sous ses arbres, occupé à chanter et à boire du vin de Niao-Tching dans une tasse d'or, présent du vice-roi de la province. Près de lui était une table portant un vase de porcelaine du milieu duquel s'élevait une branche de pêcher couverte de belles fleurs marbrées. A l'aspect de son voisin que lui amenait un serviteur, il

ouvrit ses yeux appesantis par le vin, et lui récita ce vers
avec un accent de joyeuse insouciance :

Je suis ivre, je veux dormir : ainsi, allez vous promener!

Mais le fermier ne se méprit pas à cet accueil si peu
obligeant.

— Le Fou des Fleurs sait bien que telle fut la réponse
du Nénuphar Bleu (du poëte Ly-Pe) quand le comédien
Koueï-Nien allait le chercher de la part de l'empereur;
mais M. Hou-Kong, qui est un homme civil en même
temps qu'un poëte distingué, ne voudra pas repousser
l'humble demande de son plus indigne serviteur.

A ces paroles si convenables, Hou-Kong sentit qu'il
avait affaire à un amateur de poésie; et, se levant, il le
salua d'un tchin-tchin empressé.

— Le vieux Chinois, dit-il ensuite, croit avoir aperçu Votre Seigneurie cultivant des fleurs dans un jardin fermé de bambous.

— Il est vrai, répondit Hoa-Tchy, que j'ai dans un misérable recoin de terre quelques pauvres plantes qui ne méritent pas d'arrêter les regards de Votre Seigneurie; et, pourtant, telle est l'idée que je me fais de ses bontés, que je la crois capable d'y venir passer une heure ou deux, en compagnie de quelques amis, qui, de temps en temps, boivent et composent des vers en écoutant chanter les loriots dans cette pauvre retraite.

— Rien de plus agréable qu'une aussi glorieuse invitation, répliqua Hou-Kong; mais quel jour, s'il vous plaît, permettrez-vous à votre humble serviteur d'assister en silence à cette fête de l'amitié?

— Ce serait, sauf le bon plaisir de l'illustre poëte, le treizième jour de la lune et à l'heure du Mouton.

— J'éprouve un grand désespoir, dit Hou-Kong après avoir réfléchi quelques instants; mais ce jour et à cette heure, je suis attendu chez les examinateurs qui siégent ce printemps pour la province. L'un d'eux, — ajouta-t-il en se rengorgeant, — est Son Excellence Yang-Koueï-Tchong, premier ministre et frère de l'impératrice; l'autre est le duc Kao-Ly-Sse, commandant des gardes impériales. Vous comprenez...

— Je comprends, interrompit le Fou des Fleurs, que M. Hou-Kong ne saurait manquer à d'aussi éminents personnages pour un stupide et illettré paysan comme moi. J'insisterai pourtant, et lui demanderai de venir dans ma pauvre chaumière. Nous nous réunirions plutôt à l'heure du Cheval, et il serait libre de se rendre à Ping-Kiang aussitôt qu'il aurait vidé quelques tasses de mauvais vin.

Hou-Kong ne vit pas le moyen de refuser, sans une grave impolitesse, cette invitation qu'il dédaignait secrètement.

— Votre frère cadet accepte avec transport l'honneur de passer quelques instants en votre compagnie, répondit-il, mais à condition que vous boirez avec lui un peu de cette insignifiante liqueur.

Ils burent ensemble plusieurs tasses de Niao-Tching, et se séparèrent après maintes civilités. Le Fou des Fleurs rentra chez lui fort joyeux; et, le douzième jour, il ne manqua point de renouveler, par un titsee sur papier rouge, l'invitation déjà faite.

Hou-Kong, néanmoins, était fort contrarié; le treizième jour, en passant son habit de cérémonie, il murmurait contre son voisin, dont il accusait la présomption.

— Quel orgueil, disait-il, dans ces petites gens de village! En voici un qui, me sachant invité par les plus grands personnages de l'empire, ne craint pas de m'obliger à me rendre chez lui pour y boire de la piquette, sans doute avec des manants! Ah! si je l'osais, je lui enverrais à ma place une pièce de vers où ses convives et ses loriots seraient tournés en ridicule.

Il se mit incontinent à rédiger cette satire en vers libres, et il en ruminait les derniers traits quand il arriva dans le jardin du Fou des Fleurs.

Le coup d'œil qui s'offrit à lui était aussi charmant que celui du lac Sy-Hou. L'éclat de ce jardin, planté des fleurs les plus rares, était pareil à celui d'un paravent enrichi de mille couleurs. Par des allées de cyprès, on arrivait dans trois salles couvertes, il est vrai, en simple chaume, et meublées en bois uni, mais où tout resplendissait de

24

propreté. On eût balayé le sol sans rencontrer un atome de
poussière.

Quant aux fleurs, soignées par Hoa-Tchy comme autant
de filles chéries, elles étaient d'une abondance et d'une
richesse extraordinaires.

> Le thé qui inspire de belles rimes,
> La vanille qui parfume l'ombre,
> L'hémérocalle toujours debout sur les degrés,
> Le lotus d'argent qui abonde dans les bassins,
> La cannelle qui dérobe son odeur à la lune,
> L'immortelle des eaux, au corps de jade,
> La mussonda aux précieux boutons de diamant,
> La rose panachée, la petite prune yo-ly,
> Surnommée le ballon de soie brodée,

y formaient des berceaux et des guirlandes, des pelouses
émaillées et des buissons odorants. On ne saurait décrire la
magnificence de cette ravissante perspective. Les loriots,
sautillant légèrement au sein des grands arbres, et becque-
tant çà et là les baies parfumées de fleurs, chantaient
d'une voix flexible et harmonieuse.

Les amis du Hoa-Tchy ressemblaient au Sept Sages
de la forêt de Bambous. Ils étaient assis en demi-cercle
sur un épais tapis, auprès d'un massif de pivoines épa-
nouies, où l'on pouvait voir les cinq espèces les plus
remarquables de cette fleur, qui est la reine des parterres :
l'Étage d'or, le Papillon vert, la Richesse du melon d'eau,
le Lion bleu scintillant, et l'Élégant génie doré. A côté de
chacun d'eux était une assiette remplie de beaux fruits,
et une cruche de sam-tsieou préparé avec le plus grand
soin.

A l'aspect de M. Hou-Kong, tous se levèrent et firent deux fois devant lui le ko-toou de cérémonie qu'on réserve aux plus grands personnages. On le contraignit, malgré sa résistance, à occuper la place d'honneur, marquée par des coussins de soie rouge ; puis, afin de lui témoigner leur admiration pour son talent, chacun des assistants récita tour à tour une des pièces de vers composées par lui. Le poëte souriait en s'inclinant à mesure qu'on lui rappelait ainsi les plus beaux ouvrages de sa jeunesse, et son cœur s'enflait de joie ; les fleurs lui semblaient les plus belles qu'il eût jamais vues, et dignes du paradis de l'Occident. Il estimait à la vérité que les oiseaux gazouillaient un peu trop fort et gâtaient le plaisir de ceux qui écoutaient ses vers ; mais plusieurs tasses de sam-tsieou lui firent oublier ce léger chagrin, et il abandonna son cœur au plaisir.

Après l'avoir célébré sur tous les tons, son hôte lui demanda d'honorer la réunion par quelques couplets ; et Hou-Kong, se laissant fléchir après bien des prières, donna l'essor à sa verve poétique. Les belles images, les nobles expressions lui venaient en foule, et il improvisa comme bien d'autres auraient voulu écrire. Le temps s'écoulait pourtant, trop rapide au gré des joyeux buveurs, et l'heure du Mouton était déjà sonnée, lorsque M. Hou-Kong songea que le frère de l'impératrice et le commandant des gardes l'attendaient à la ville. Le Fou des Fleurs et ses amis l'accompagnèrent jusqu'au delà de l'enceinte en le comblant de remercîments et en exaltant le bonheur qu'ils lui devaient.

Tout étourdi de leurs éloges, et la tête un peu entreprise par la liqueur qu'il avait bue, Hou-Kong, cheminant sur sa mule, se serait pris volontiers pour Lao-Tse sur son buffle noir. Il fredonnait des chansons, et composa ces quatre vers :

Quand on a bu trois verres, on a l'intelligence de la Grande Voie ;
Quand on a vidé la bouteille, on est identifié avec elle.
Ce n'est que dans les vapeurs du vin qu'on trouve le vrai bien-être ;
Et, sans s'éveiller de son ivresse, le poëte passe à la postérité.

Peu s'en fallut qu'emporté par le flot de ses pensées, il ne passât sans s'arrêter devant la salle de la belle littérature, où les examinateurs lui avaient donné rendez-vous.

Ces messieurs étaient choqués au plus haut point de ce que le vieux poëte ne fût point encore venu, et qu'il les eût fait attendre au delà de l'heure indiquée. Aussi avaient-ils résolu de l'en faire repentir, et, d'après leurs ordres, on avait commencé la représentation d'une comédie jouée par d'excellents acteurs de Nan-King. Lorsque M. Hou-Kong parut à l'entrée de la salle, un seul domestique était là pour l'introduire sans aucune cérémonie. Les meilleurs siéges étaient occupés par Yang-Koueï-Tchong et Kao-Ly-Sse, qui n'en avaient réservé aucun à leur hôte retardataire. Celui-ci, plein de confiance, avança pourtant jusqu'aux premiers gradins ; mais il vit toutes les banquettes occupées par une foule de lettrés subalternes qui ne firent pas mine de l'apercevoir, et dont aucun ne se leva pour lui offrir une place.

Afin d'attirer les regards, M. Hou-Kong salua profondément et à plusieurs reprises le premier ministre, frère de l'impératrice, qui ne détourna pas seulement les yeux de la scène, et feignit de ne point prendre garde à l'arrivée du nouveau spectateur.

Découragé de ce côté, le poëte saisit un moment favo-

rable, et, surprenant le duc Kao-Ly-Sse, qui le lorgnait
en dessous, il lui adressa une magnifique révérence. Le
duc ne riposta que par un léger signe de tête. Hou-Kong,
déjà mécontent et le cœur serré, mais n'osant toutefois
battre en retraite, chercha un asile sur les gradins les plus
éloignés du théâtre; mais la valetaille qui s'en était em-
parée, voyant un pauvre homme en l'honneur de qui pas
un des lettrés n'avait voulu se déranger, ne prêta aucune
attention à cette manœuvre. Le poëte allait réprimander
un de ces marauds si peu polis, quand, aux premiers mots
qu'il prononça, une rumeur s'éleva du côté des premiers
gradins.

— Silence! disait-on, ce bruit n'est pas tolérable!

— Que les valets se taisent! ajouta le commissaire
impérial en agitant son éventail avec un mouvement de
colère.

Hou-Kong perdit en ce moment le peu d'assurance qui
lui restait encore. Il demeura debout, appuyé contre une
colonne, et sans souffler mot jusqu'à la fin de la représentation. Au moins alors, pensait-il, je serai dédommagé
par des attentions empressées de ces rebuffades involon-
taires.

Mais le premier ministre, en passant devant lui, et
sans s'arrêter autrement, dit à un petit chung-ya qui portait
son ombrelle :

— N'est-ce point là ce Hou-Kong dont on chante les
poésies dans tous les cabarets de Ping-Kiang? Il n'a guère
l'air d'un homme d'esprit.

Et le commissaire impérial, qui suivait, se crut obligé
de renchérir sur l'incivilité de son collègue :

— On devrait, en compagnie honorable, se présenter
à propos et ne point infecter la salle par l'odeur du vin,

s'écria-t-il d'un ton fort emphatique, en regardant Hou-
Kong par-dessus l'épaule.

Le malheureux, confondu de tant de dédains, sortit de
la salle après tous les autres lettrés, et s'empressa de remonter sur sa mule pour retourner au village de Tchang-Yo.

— Hélas! pensa-il, bien fou qui recherche la compagnie des grands et s'expose à leurs caprices plutôt que de
hanter les petits et de recevoir leurs hommages. Dans le
jardin du pauvre fermier, j'étais le plus habile et le plus
honoré, j'y étais heureux ; mais dans la salle de la belle
littérature, quels durs moments j'ai passés ! Les proverbes
ont raison : les oiseaux de même plume doivent habiter
même nid, et d'ailleurs

MIEUX VAUT MARCHER DEVANT UNE POULE
QUE DERRIÈRE UN BŒUF.

Tel maître, tel valet.

TEL MAITRE TEL VALET

Le valet prend les manières habituelles de son maître, et lui ressemble ordinairement, surtout par les mauvais côtés, plus faciles à reproduire que les bons. Il en est en quelque sorte la caricature vivante. De là ce proverbe employé pour flétrir à la fois l'original et la copie.

Il a été littéralement traduit de celui des Latins cité par Pétrone : *Qualis dominus, talis servus*. Mais l'observation qu'il exprime n'appartient pas plus aux Latins qu'aux autres peuples. Elle se trouve dans la plupart des langues, soit en termes identiques, soit en termes analogues. Car il

n'y a jamais eu de pays où l'on ait ignoré que le caractère
du maître déteint toujours plus ou moins sur celui du
valet.

> Du maître, quel qu'il soit, peu, beaucoup ou zéro,
> Le valet fut toujours ou le singe ou l'écho.
>
> PIRON (*École des pères*).

Les Grecs croyaient qu'il en était de certains animaux
domestiques ainsi que des valets, et ils disaient proverbialement : *Il n'y a pas jusqu'aux petites chiennes qui ne
prennent les airs de leurs maîtresses.*

A CHAQUE FOU

PLAIT SA MAROTTE.

Lorsque la mille et deuxième nuit fut venue, le sultan, après avoir fait grâce à Schéherazade, ne manqua pas de lui demander un de ces contes que M. Galland devait si bien raconter quelques siècles plus tard.

« Soleil de mes jours, lune de mes nuits, glaive de justice, trésor de puissance, lui répondit la sultane dans ce style que nous avons tous admiré, je n'ai plus rien à t'apprendre, j'ai vidé mon sac. »

Le sultan, mécontent de cette réponse, regretta de n'avoir pas fait couper le cou à Scheherazade; il eut même

un moment la velléité de se livrer à cette fantaisie pour se
distraire; il résista néanmoins à ce désir en se répétant
ces mots mémorables : « Un sultan n'a que sa parole. »
Cette victoire remportée sur ses passions mérite d'être signa-
lée, surtout chez un monarque aussi absolu que l'était
Schahriar.

Cependant le sultan maigrissait à vue d'œil et restait
plongé dans une mélancolie profonde; son nain favori, son
fou qu'il aimait tant, ne pouvait parvenir à le distraire; le
malheureux fut même exilé de la cour. Les courtisans,
forcés de maigrir comme leur maître et de feindre une
désolation immense, résolurent de tirer leur souverain
d'un état qui pouvait compromettre leur tempérament et
affecter leur intelligence. Les ministres et les grands de la
cour se réunirent en conseil; on y appela la sultane Scheherazade, qui avait déjà réussi une fois à dissiper l'humeur
noire de son époux et dont la réputation de sagesse commençait à se répandre dans tout l'Orient.

Quand le conseil fut réuni autour d'une table recou-
verte d'un tapis vert, selon l'étiquette orientale, le vizir
prit la parole en ces termes :

Messieurs et chers collègues,

Ainsi qu'il convient à des sujets fidèles et dévoués,
nous ne devons pas avoir de souci plus grand que le bonheur de notre maître. (Très-bien.) La santé, s'il faut en croire
le poëte Ferdoussi, est la clef du bonheur (Assentiment); l'ennui, dit le philosophe Al-Fharbi, est la pire des maladies.
Notre maître s'ennuie, donc il est malade. (Sensation.) Si
mes faibles lumières ne me font pas défaut, le problème
que nous sommes appelés à résoudre est celui-ci : Étant

donné un prince qui s'ennuie, quels sont les moyens les
plus propres à le guérir?

UNE VOIX. — C'est cela.

DE TOUS CÔTÉS. — Très-bien ! très-bien !

LE VIZIR. — Je ne vous dissimulerai point, messieurs
et chers collègues, que notre tâche est grave ; mais avec
l'aide du Prophète nous la remplirons courageusement, ne
demandant d'autre récompense que celle d'avoir sauvé le
prince et l'État. (Acclamations prolongées.)

Après ce *speech*, les membres du conseil prirent la parole à leur tour. L'un proposa d'engager Schahriar à apprendre à jouer aux échecs ; l'autre demanda qu'on lui
achetât sept ou huit Circassiennes, et davantage s'il le fallait ; celui-ci voulait qu'on fît venir d'Europe des montreurs
d'ours et des danseurs de polka ; celui-là offrait d'ouvrir
un théâtre où l'on jouerait la comédie et le vaudeville : aucun de ces moyens n'obtint la majorité.

Le vizir, se tournant vers Scheherazade, lui dit alors :

« Madame, soyez assez bonne pour nous donner votre
opinion.

— Volontiers, répondit la sultane ; écoutez-moi avec
la plus grande attention. Il y avait non loin de Bagdad
une chaumière habitée par un pauvre bûcheron. Un jour,
un calender vint frapper à la porte. » . . . .
. . . .

Nous supprimons le reste du conte pour qu'on ne nous
accuse pas d'avoir inventé une mille et deuxième nuit.
Nous verrons bientôt quel fut le moyen de guérison que
Scheherazade fit adopter, grâce à son apologue.

Pendant que le conseil délibérait, Schahriar se disait,
en lançant au ciel l'odorante fumée de son narghilé : J'ai

promis à la sultane de respecter sa vie, mais je n'ai fait
aucune promesse de ce genre au vizir, ni aux ministres, ni
aux grands de la cour; si je leur faisais trancher la tête
pour me distraire? Comme il ruminait en lui-même cette
pensée, les ministres et les grands de la cour demandèrent
à être admis auprès de Sa Hautesse. Schahriar les fit introduire. Le vizir se prosterna la face contre terre, baisa
six fois les babouches de son maître :

« Fils du prophète, s'écria-t-il, cœur de lion, trône de
splendeur, mer de magnificence...

— Assez! assez! interrompit Schahriar, que me voulez-vous?

— Nous voulons, sublime sultan, chasser les nuages
qui volent autour de ton front, ramener le sourire sur tes
lèvres et rendre la sérénité à ton auguste face. Nous avons
découvert un moyen de te distraire.

— J'en ai trouvé un aussi; si le vôtre n'est pas meilleur, je l'emploierai : je suis décidé à vous faire trancher
la tête. »

Un long frémissement parcourut l'assemblée. Le vizir
poursuivit son discours d'une voix entrecoupée; en suppri-
mant les citations, les métaphores, les épithètes oiseuses,
ce discours, qu'on a conservé dans les archives de la cour
de Perse, remplirait encore cinq livraisons de cet ouvrage.
Nous priverons nos lecteurs de ce morceau d'éloquence;
nous leur dirons seulement que Schahriar adopta le moyen
de distraction qu'on lui proposait, ce qui valait à la Perse
environ trente têtes de plus, sans compter celle du grand
vizir.

Ce moyen, dû à l'imagination fertile de Scheherazade,
consistait à faire entreprendre un voyage au sultan dans le
but de découvrir quel était l'homme le plus malheureux

de son royaume. La philanthropie, employée comme passe-
temps, n'est pas une invention aussi moderne qu'on pourrait le croire.

Le premier jour de la lune de Cheval, Schahriar se
mit en route déguisé en marchand arménien, n'emmenant
avec lui que le grand vizir, également travesti en marchand. Vers la treizième heure du jour, qui correspond à
celle où l'on dîne, le sultan, dont la marche et le grand
air avaient aiguisé l'appétit, proposa à son compagnon
de frapper à la première habitation et d'y demander
l'hospitalité. Ils se trouvaient en face d'une chaumière
d'assez mince apparence, et, comme il n'y en avait
pas d'autre dans tout le voisinage, ils furent obligés d'y
entrer.

Assis sur un banc de bois, entouré d'alambics et de
cornues, le maître de la maison s'aperçut à peine de la
présence des voyageurs. Il attisait le feu d'un fourneau
situé au milieu de la salle, et ne perdait pas de vue le réci-
pient placé au-dessus du feu; tout à coup les flammes s'é-
teignirent, un charbon noir remplaça le liquide qui bouil-
lait; l'homme poussa un grand cri et se roula par terre en
s'arrachant les cheveux.

« Qu'avez-vous, mon ami? demanda Schahriar avec
bonté.

— Seigneur marchand, répondit-il, vous voyez le plus
malheureux des hommes. J'ai trouvé le moyen de faire de
l'or; pour me livrer aux expériences nécessaires j'ai aliéné
mon héritage, et ma femme est morte de chagrin. J'allais
recueillir le prix de mes sacrifices; mais l'argent me manquait pour entreprendre l'expérience décisive; alors le démon m'a tenté, et j'ai vendu mon unique enfant à des
marchands d'esclaves. Vous venez de voir échouer ma

dernière expérience, il ne me reste plus rien, pas même de quoi souper. »

Schahriar ordonna au vizir de prendre le nom du chercheur d'or, et, après l'avoir inscrit sur un calepin, ils sortirent. L'alchimiste se nommait Nadir.

« Voilà un homme bien malheureux, dit le sultan.

— Très-malheureux! » répondit le vizir.

En causant ainsi ils rencontrèrent un vieillard qui venait de puiser de l'eau à la rivière. Il marchait péniblement, s'arrêtant à chaque instant pour déposer son vase et le reprendre ensuite; la vieillesse indigente excite la pitié des âmes généreuses; ce spectacle émut Schahriar, il voulut connaître l'histoire du vieillard.

« Je m'appelle Ghaour, dit l'homme à la cruche. Depuis cinquante ans je m'occupe de la nature des choses et de l'essence de l'âme. J'étais riche, et un incendie a dévoré tous mes biens; je ne regrette ni mes palais, ni mes meubles, ni mon argenterie, mais seulement ma bibliothèque. La vérité est dans les livres, comme vous savez, et pour en acheter je suis obligé de boire de l'eau, de manger des racines et de me servir moi-même : je ne puis m'empêcher parfois de me trouver malheureux. »

Le vizir nota le nom de Ghaour sur ses tablettes.

Des sanglots qui partaient d'un bois voisin guidèrent le sultan vers un pauvre paysan qui pleurait abondamment, assis au pied d'un arbre. Schahriar s'informa des causes de sa douleur.

« Hélas! répondit le rustre, j'aimais Fathmé, la plus belle fille du village; en l'épousant, je lui ai fait donation de mes biens; maintenant qu'elle n'a plus rien à attendre de moi, elle me bat, elle me chasse de la maison pour faire chère lie avec d'autres, et quand je veux me plaindre

on me rit au nez : tout le monde se moque du pauvre
Ferruch ! »

. Le nom de Ferruch prit place à côté de celui de Nadir
et de Ghaour. En sortant du bois, ils virent s'avancer vers
eux un individu déguenillé qui marchait en tournoyant
sur lui-même avec une rapidité effrayante : on eût dit un
tourbillon vivant. Schahriar l'appelait en vain depuis plusieurs minutes : l'individu ne se serait point arrêté, si un
obstacle qu'il n'apercevait pas au milieu du chemin ne lui
eût fait faire une cabriole dans la poussière.

« Pourquoi tournez-vous ainsi sur vous-même d'une
façon si bizarre? lui demanda Schahriar en l'aidant à se
relever.

— C'est ma manière de voyager. Je suis le derviche
Ahmet, et, pour une faute que j'ai commise, on m'a condamné à aller ainsi jusqu'à la grande mosquée d'Ispahan.
J'ai encore quinze jours de marche; laissez-moi partir, car
si je n'arrive pas à l'époque fixée, je suis perdu. »

Ahmet reprit sa course, en laissant le sultan et le vizir
aussi surpris qu'affligés d'une telle infortune.

Nous ne parlerons pas des autres malheureux que rencontrèrent nos voyageurs philanthropes. Schahriar, embarrassé pour décerner le prix du malheur, résolut de les
réunir à sa cour, de les interroger séparément, afin de
prononcer avec connaissance de cause. Le sultan rentra
dans Bagdad, et son premier soin fut de donner des ordres
pour faire arrêter Ahmet partout où il tourbillonnerait.

Au jour fixé pour l'épreuve, Schahriar, entouré de
toute sa cour, ayant à son côté Scheherazade, ordonna
qu'on fît entrer successivement les malheureux qu'il avait
découverts dans sa tournée; aucun d'eux ne répondit à
l'appel. Nadir avait vendu sa cabane, et, sûr de réussir

avec cet argent, les plaisirs de la cour ne pouvaient tenter un homme qui allait faire de l'or. Ghaour, sur le point de découvrir l'essence de l'âme, n'avait pas le temps d'interrompre ses méditations. Ferruch avait pardonné à sa femme; il l'aimait trop pour la quitter un seul instant. Ahmet, saisi au passage, s'était échappé des mains des gardes, disant qu'il aimait mieux mourir que de renoncer à un pèlerinage qui devait lui assurer le ciel. Les autres malheureux mirent en avant des prétextes semblables pour ne pas renoncer à leur malheur.

Schahriar commençait à trouver que pour se distraire il aurait mieux valu faire couper la tête au vizir, aux ministres et aux grands de la cour, lorsque Scheherazade se tourna vers lui, et lui dit avec cette voix douce que les poëtes lauréats de Bagdad comparaient au murmure d'une fontaine : « Prince, que ceci vous serve de leçon ; il n'y a de malheureux que ceux qui n'ont pas de désirs : alchimie, philosophie, amour, dévotion, tout ce qui remplit le cœur contribue à la félicité.

— Ces gens-là ne se trouvent pas malheureux, reprit Schahriar au comble de l'étonnement; mais ils sont fous!

— A CHAQUE FOU PLAIT SA MAROTTE, s'écria un petit homme contrefait qui s'était glissé au milieu des courtisans; rends-moi la mienne, si tu veux que je vive. »

En même temps le nain favori se jeta aux pieds du sultan. Schahriar réfléchit pendant quelques instants, puis il daigna sourire à toute la cour. « Il faut, dit-il, une passion à l'homme, j'ai déjà choisi la mienne. » Un témoin oculaire de cette histoire raconte qu'en prononçant ces mots il regarda tendrement la sultane.

Ce que femme veut, Dieu le veut.

CE QUE FEMME VEUT

DIEU LE VEUT

Il n'y a pas moyen de résister à la volonté des femmes. Ce qu'elles veulent doit s'accomplir comme si Dieu le voulait.

En attribuant ainsi à l'opiniâtre vouloir du beau sexe une force égale à la puissance divine, on n'a fait que prêter une nouvelle forme à une pensée fort ancienne qu'on trouve dans le 185ᵉ vers du IXᵉ livre de l'*Énéide* de Virgile :

26

..... *Sua cuique deus fit dira cupido*
Chacun se fait un dieu de son brûlant désir.

Et dans le passage suivant des *Troyennes* d'Euripide :
« Toutes les folles passions des mortels sont pour eux autant de Vénus. » (980e vers.)

Les Latins avaient deux proverbes analogues qu'ils
appliquaient aux hommes comme aux femmes : *Nobis
animus est Deus :* « Notre esprit est un Dieu pour nous. »
— *Quod volumus sanctum est :* « Ce que nous voulons est
saint et sacré. » Le premier est rapporté en grec par Plutarque, et le second est cité par saint Augustin.

On connaît ce vers charmant de Lachaussée :

Ce que veut une femme est écrit dans le ciel.

Il est issu de notre proverbe comme une fleur de sa
tige.

Le dessin de Grandville offre une scène de la vie privée, où l'on voit un marchand tenant un cachemire, un
mari lisant la facture avec une espèce de contorsion qui
signifie que madame doit renoncer au précieux tissu, et
celle-ci pressant sur son sein le bras du Père Éternel dont
le geste commande la soumission au mari récalcitrant.
Toutes les circonstances sont très-bien caractérisées, tous
les détails sont rendus d'une manière fort jolie. Mais il est
à regretter que l'artiste n'ait point songé à faire paraître
dans un coin le diable en tapinois riant du Père Éternel,
qui a la bonhomie de soumettre sa volonté à celle de la
femme.

LES CONSEILS DE L'ENNUI

SONT LES CONSEILS DU DIABLE

Brémond est-il arrivé? demandait un matin à une
femme de chambre un monsieur chauve qui venait de
monter au deuxième étage d'une maison de la rue Saint-
Honoré.

— Entre donc, monsieur Bruneau, repartit une voix
de l'intérieur; et, presque aussitôt, on vit paraître au milieu de l'antichambre un gros bonhomme au teint fleuri,

qui tenait d'une main un rasoir et de l'autre un pinceau.

— Eh bien, as-tu réussi dans tes projets?

— Lorsque Athanase-Désiré-Jacques Brémond se charge d'une affaire, est-il dans l'habitude de ne pas réussir?

— Ainsi, ta fille est fiancée? reprit M. Bruneau après s'être assis dans un fauteuil, sa canne entre ses genoux et son chapeau sur sa canne.

— Ma Lucile est fiancée, et mon futur gendre arrive aujourd'hui même avec son père, M. Christophe Deschamps, d'Elbeuf.

— Et ta fourniture?

— Elle est certaine; les fonds sont prêts; ma femme est l'amie de madame Ducornet, dont le mari, chef de division au ministère de la guerre, a promis de présenter le traité à la signature de Son Excellence. Madame Brémond le portera à madame Ducornet, apostillé d'une pièce de satin de Chine, qui nous est arrivée de Pékin, et dont notre protectrice a la plus grande envie pour paraître au bal de la cour. Ainsi tout est arrangé : le ministre signe le traité ce soir; ce soir, nous signons le contrat, et tu vas m'accompagner pour acheter la corbeille de noces.

— Justement, j'ai une citadine à ta porte.

— Alors partons.

— Partons!... Mais n'as-tu rien à dire à ta femme?

— Bah ! elle est maussade ce matin.

— Qu'a-t-elle donc?

— Elle s'ennuie.

— Hein! que dis-tu? elle s'ennuie !

— Eh bien, oui, elle s'ennuie ! De quel air me regardes-tu ?

— Mon ami, sais-tu bien ce que c'est que l'ennui?

— Quelle question! parbleu, oui, je le sais. L'ennui…
Eh bien ! c'est l'ennui.

— Tu te trompes, monsieur Brémond; l'ennui, c'est le
diable. Quand madame Bruneau s'ennuie, j'ai peur.

A ces mots, M. Brémond regarda M. Bruneau, haussa
les épaules, prit son chapeau et sortit.

Or, tandis que les deux amis montaient en citadine,
madame Brémond, à demi couchée sur un sopha, dans son
boudoir, laissait flotter ses rêveries au hasard. A quoi
pensait-elle ? Dire qu'elle ne pensait à rien, c'est dire
qu'elle pensait à tout. Madame Brémond était une femme
à qui ses amies donnaient trente-neuf ans; elle en avait
donc trente-deux ou trente-trois. Les molles clartés qui
filtraient par les persiennes voilées de stores noyaient les
lignes charmantes de son visage, et teignaient d'une lueur
rose les plans nacrés de ses épaules. Ce matin-là madame
Brémond s'ennuyait. Pourquoi? Sa cameriste, tout au plus,
aurait pu le deviner. Elle-même l'ignorait certainement.

Pour ouvrir le cœur d'une femme à l'ennui, il est mille
raisons; pour le fermer, il n'en est qu'une. Or madame
Brémond était mariée depuis dix-sept ans.

Au bout d'une heure, n'entendant pas la sonnette de
sa maîtresse, la cameriste entra. — Il est bientôt midi,
dit-elle, madame veut-elle que je la coiffe?

— Comme vous voudrez, Suzette.

Tandis que Suzette présidait à ces mille détails où les
femmes déploient plus de diplomatie que des ambassadeurs
dans un congrès, un violent coup de sonnette retentit à la
porte.

— Madame, dit presque aussitôt une femme de chambre
en passant sa tête derrière une portière, il y a là un monsieur qui demande à vous parler.

— Mais je ne puis recevoir personne...

— Personne, excepté un beau-père, interrompit une grosse voix; et presque aussitôt un monsieur, gras, grand, vermeil et joufflu, se présenta au seuil du boudoir.

— M. Christophe Deschamps, dit-il en s'annonçant lui-même.

Madame Brémond s'inclina en s'efforçant de sourire.

— Je vous surprends dans l'asile des Grâces, Madame; mais bah! un beau-père a ses petites entrées partout. Parbleu! j'en ai vu bien d'autres à Elbeuf! Une belle ville, ma foi! Connaissez-vous Elbeuf? Non? Après le mariage de mon fils, je vous y conduirai. C'est moi qui suis l'adjoint de l'endroit; vous verrez ma fabrique et mon casimir. Par le chemin de fer, c'est une bagatelle que ce voyage; une petite maîtresse fait ça entre son déjeuner et son dîner. C'est plus difficile à moi qui fais mes cinq repas par jour. Mais bah! en voyage comme à la guerre!... Mais, Madame, ne vous gênez pas pour moi; continuez; voyez, j'en agis sans façon, moi; je m'installe.

Cette tirade avait été débitée tout d'une haleine, et, avant que madame Brémond eût trouvé le temps de glisser un mot, M. Deschamps s'était assis carrément sur l'ottomane de satin. En toute autre circonstance, madame Brémond aurait ri de tout son cœur; c'était une femme d'esprit qui s'amusait des ridicules plus qu'elle ne s'en offensait; mais en ce moment elle s'ennuyait.

Ses sourcils se froncèrent, et une moue dédaigneuse se dessina sur sa bouche; à ce flux de paroles, elle ne répondit que par un regard glacial.

Mais M. Deschamps n'était pas homme à se déconcerter pour si peu; il se répondit à lui-même, et la conversation recommença sous forme de monologue.

— Parbleu! s'écria-t-il encore, j'ai grand'faim; le voyage et le grand air m'ont mis en appétit. Nous allons déjeuner ensemble ; ce sera fort gai ; quand M. Brémond rentrera, il nous trouvera à table à côté l'un de l'autre. Eh ! eh ! il verra que nous avons fait connaissance sans lui.

— Merci, Monsieur ; je ne déjeune jamais, répondit d'un ton sec madame Brémond.

— Jamais ! s'écria le Normand ébouriffé.

— Jamais à midi. Suzette, donnez ordre qu'on serve à monsieur un pâté, quelque poulet froid, deux ou trois biftecks ; la moindre des choses enfin.

— Au moins me tiendrez-vous compagnie? reprit M. Deschamps.

Au moment où madame Brémond allait répondre, la femme de chambre vint annoncer que M. Alfred de Lespars attendait madame au salon.

— Veuillez m'excuser, Monsieur, dit vivement madame Brémond; c'est pour une affaire importante qui ne souffre aucun retard.

M. Deschamps, un peu étourdi, passa dans la salle à manger, où le pâté et le poulet lui firent oublier la moitié de sa déconvenue.

Or, l'affaire qui ne souffrait aucun retard n'était rien moins que l'offre d'un billet pour le bal de la liste civile.

M. Alfred de Lespars était éloquent ; mais madame Brémond était ennuyée.

— La valse vous distraira, disait le dandy.

— Mais je n'ai pas de robe, répondait la dame.

Les femmes, eussent-elles mille robes, n'en ont jamais une la veille d'un bal.

— Voilà justement une pièce de satin d'un dessin mer-

veilleux ; je suis sûr que votre faiseuse de modes est
femme à tailler une robe dans une nuit.

— C'est vrai, dit nonchalamment madame Brémond.

— Croyez-moi , Madame , reprit le dandy insinuant ,
il faut combattre l'ennui par le plaisir ; le spleen est dangereux pour une jolie femme.

Madame Brémond sourit , hésita un instant ; mais la
main de M. de Lespars avait déjà saisi le cordon de la sonnette. Suzette entra et reçut ordre de porter tout de suite
le satin chez la couturière.

Madame Brémond avait tout à fait oublié son amie,
madame Ducornet.

M. Deschamps parut à cet instant à la porte du salon ;
sa présence acheva d'irriter les nerfs de madame Brémond.

— Je ne vous dérange pas , j'espère ? dit le fabricant.

— Oh! mon Dieu, non; mais voilà justement M. de Lespars qui me priait d'aller choisir des bracelets pour sa sœur, chez Janisset. Me permettez-vous de l'accompagner?

— Faites, Madame, répondit M. Deschamps, qui semblait avoir perdu toute sa loquacité et sa joyeuse humeur.

Dix minutes après, madame Brémond, emmaillottée dans un cachemire, montait en calèche avec M. de Lespars. Au bois de Boulogne! cria le valet de pied au cocher; et la calèche partit.

M. Christophe Deschamps entendit la voix sonore du laquais; il tressaillit, frappa de sa canne sur le parquet, enfonça son chapeau sur sa tête, et sortit avec fracas.

Vers le soir, M. Brémond et son ami M. Bruneau revinrent à la maison de la rue Saint-Honoré. Dix commissionnaires les suivaient, chargés de caisses et de cartons.

— Madame Brémond? demanda M. Brémond à la cameriste.

— Madame n'est pas rentrée; mais voici deux lettres pour vous.

— L'écriture de mon ami Deschamps! A quelle heure est-il arrivé?

Monsieur, il est parti à quatre heures.

— Parti! qu'est-ce à dire?

— Lis, et tu le sauras, fit observer M. Bruneau.

M. Brémond ouvrit précipitamment la lettre.

« MON CHER CORRESPONDANT,

Je retourne à Elbeuf. Votre femme est peut-être charmante, mais elle n'a pas voulu se donner la peine de me le prouver. Je ne veux pas être pour elle un sujet de contrariété; et, pour lui épargner l'ennui d'une présence trop assidue, je renonce pour

mon fils à l'honneur d'entrer dans votre famille. Comptez toujours néanmoins sur mon amitié et mon crédit.

« CHRISTOPHE DESCHAMPS. »

— A l'autre, dit M. Brémond; et une seconde fois il
rompit le cachet.

« MON CHER MONSIEUR,

« Madame Ducornet a vainement attendu madame Brémond
toute l'après-midi; je regrette infiniment que son absence ne
m'ait pas permis de faire pour vous ce dont j'avais cru pouvoir
vous donner l'espérance; mais, vous le savez, une lettre était
indispensable et cette lettre que je devais soumettre à M. le
ministre, je ne l'ai pas reçue. Dans la pensée que peut-être vous
aviez renoncé à solliciter la fourniture, j'ai dû présenter un autre
soumissionnaire, et Son Excellence vient de signer le traité.

« Madame Ducornet se rappelle au souvenir de madame Brémond, et la remercie de son offre obligeante. Elle a trouvé pour
le bal de la cour une étoffe propre à remplacer la pièce de satin
dont madame Brémond lui avait parlé.

« Votre tout dévoué,

« B. DUCORNET. »

— Que signifie tout cela? s'écria M. Brémond en froiss-
sant les deux lettres. Un mariage rompu et une fourniture
manquée!

— Mon ami, ta femme s'ennuyait; elle a suivi les
conseils du diable. La voilà justement qui rentre avec
M. Alfred de Lespars. Tu n'as plus qu'à prier Dieu pour
que son ennui s'en tienne maintenant à la fourniture manquée et au mariage rompu.

Abondance de biens ne nuit pas.

ABONDANCE DE BIENS

NE NUIT PAS

Proverbe dont on trouve l'analogue dans la phrase suivante de saint Augustin : « Les jurisconsultes ne disent-ils pas : *Le superflu ne saurait nuire?* » (*Cité de Dieu*, IV, 27.)

Voltaire a fort spirituellement enchéri sur cette idée par ce joli vers qui est aussi devenu proverbe :

Le superflu, chose très-nécessaire.

Mais il n'est pas absolument vrai que l'abondance ne nuise point. A l'exception de certains cas où elle a des

avantages incontestables, elle amène presque toujours une
foule d'inconvénients bien autrement fâcheux que ceux
que Grandville s'est amusé à signaler dans son plaisant
dessin. Les sages l'ont regardée de tout temps comme contraire au bonheur qui ne se rencontre guère, suivant l'expression de Fléchier, que dans un état frugal entre la
pauvreté et les richesses, et leur opinion a été formulée
par de nombreux proverbes dont voici les principaux :

Abondance produit fâcherie.

Abondance engendre nausée.

Ne quid nimis, — rien de trop.

Ogni troppo si versa, — tout ce qui est de trop se
répand.

Le surplus rompt le couvercle.

Le sac trop plein crève.

May val ras que comol, — *mieux vaut ras que comble.*
C'est-à-dire, mesure pleine vaut mieux que mesure qui
déborde.

Magna fortuna magna servitus, — grande fortune
grande servitude.

Ajoutez cette maxime persane : « Les grands besoins
naissent des grands biens; et souvent le meilleur moyen
de se donner les choses qu'on n'a pas est de s'ôter celles
qu'on a. »

Remarquez en outre que le superflu n'existe, en général, que dans l'imagination de ceux qui le convoitent. A
peine a-t-on acquis ce qu'on jugeait tel, qu'il cesse de
l'être par suite de nouveaux besoins qu'on éprouve. Il
ne diffère plus alors du nécessaire, et il devient même
insuffisant: Il en est de ce prétendu superflu comme de
l'argent du diable qui se fond, coule et disparaît entre
les mains de celui qui l'a trouvé.

A COLOMBES SOULES

CERISES SONT AMÈRES

Il y a quelques années, les journaux signalèrent l'existence d'un club des Suicides, établi, disaient-ils, dans une ville d'Allemagne.

Ceci parut à tous les gens d'esprit une plaisanterie d'un goût médiocre, et ils ne concevaient pas bien comment un candidat, — à moins de s'y présenter à l'instar de feu saint Denis, sa tête à la main, et d'établir ainsi qu'il s'était préalablement coupé la gorge, — pouvait jus-

tifier de ses titres et mériter les suffrages d'une assemblée
que sans doute ils supposaient composée de trépassés.

Pour se créer des difficultés il suffit d'appartenir à la
classe, hélas! si nombreuse, des gens d'esprit. Les trois
quarts du temps, — comme feu Gribouille, qui, pour éviter la pluie, se jetait dans la rivière, — ces honnêtes dupes
du scepticisme s'appliquent à ne rien croire de ce qui est
vrai pour arriver à douter de ce qui est faux ; — et à
ceci, par parenthèse, elles ne réussissent pas toujours.

Donc, cette fois encore, les gens d'esprit se trompaient ;
le club des Suicides a existé, où, pour mieux dire, failli
exister... un jour seulement, il est vrai ; mais enfin ce jour-
là mérite qu'on en parle. Sur lettres de convocation, dûment
scellées et distribuées, plusieurs individus, de tout pays et
de tout âge, se réunirent certain jour de certain mois, dans
certaine maison de certaine rue, à Berlin ou ailleurs, pour
y former le club en question.

La compagnie n'était pas nombreuse ; en revanche, on
n'en eût pas trouvé facilement de plus choisie. Presque tous
les membres étaient venus en carrosse et avaient laissé aux
portes une livrée nombreuse. La plupart d'entre eux portaient les insignes de quelque chevalerie; énervés par les
joies sensuelles, presque tous exhalaient les parfums exci-
tants du musc; et les cinq sixièmes marchaient à grand'-
peine, attardés par la goutte, cette maladie des million-
naires.

Une telle assemblée ne pouvait se passer d'un président
anglais. Le plus morose et le plus jaune des nababs, Frédéric-James Mordaunt, de Calcutta, ex-payeur général de
la Compagnie des Indes, fut porté au fauteuil par un vote
unanime et par quatre grands *Lascars* à face cuivrée.

Pour tout remercîment, il croisa ses bras sur sa poi-

trine à la manière des idoles de Jaggernaut; et un interprète habile, qui ne le quittait jamais, se chargea de
traduire ce geste en bon français ; — on ne s'exprime
jamais autrement dans une réunion cosmopolite.

« Messieurs, dit-il, l'honorable esquire vous remercie
de lui avoir décerné les honneurs de la présidence, et vous
offre à chacun, — pour vous témoigner sa gratitude —
deux onces du meilleur opium qui se récolte dans le haut
Assam. Il désire seulement que la pensée qui vous réunit
et l'opération qui doit en être la conséquence... »

Cet euphémisme gracieux excita un murmure d'approbation.

« Qui doit en être la conséquence, répéta l'orateur, ne
soient obscurcies par aucun nuage, ni marquées par aucun
désordre. Tout doit se passer décemment, avec entière connaissance de cause, à loisir, comme il sied à des gentlemen
à qui la vie est devenue assez indifférente pour qu'une
heure ou deux de plus à passer dans ce bas monde leur
semble une bagatelle tout à fait insignifiante.

« Et, comme les honorables membres du club glorieux
que vous allez instituer acceptent une véritable solidarité
de principes, il est bon que chacun d'eux fasse agréer à
ses futurs collègues les motifs de sa résolution suprême.
Le président invite donc les candidats qui réclament leur
admission à expliquer sommairement, l'un après l'autre,
en commençant par le plus jeune, les raisons qu'il a de
renoncer à l'existence. On statuera par un scrutin séparé
sur le mérite de chaque candidature. »

La motion du président fut accueillie avec faveur, et
les clubistes aspirants s'entr'examinèrent pour savoir qui
parlerait le premier. Ce fut un Français qui se leva. Jehan
Marcotteau avait dix-neuf ans, de trop longs cheveux et

aussi peu de mollets qu'une élégie moderne en comporte.

« Je veux me tuer, dit-il, procédant en vrai romantique par petites phrases courtes et saccadées. J'ai vécu un
siècle en quelques jours. Tout homme m'est antipathique.
Aucune femme ne me réjouit plus. Sardanapale était un
innocent, au prix de votre serviteur ; Alcibiade, un épicier;
don Juan et Lovelace, deux crétins. Puis j'ai fait un drame,
messieurs. Je vous le jure, une œuvre cyclopéenne ! On l'a
fort goûté, par malheur. J'espérais une lutte, des orages,
quelque chose de grand, enfin, sur quelque mont Sinaï,
couronné d'éclairs et de tonnerres. Mais on m'a traité
comme le premier vaudevilliste venu. J'ai dû subir les bravos furieux de plusieurs centaines de croquants. Fatal et
méprisable triomphe ! Ils m'ont souffleté de leurs applaudissements. Ils m'ont craché mon succès à la face. Donc je
fus médiocre, ou du moins on peut dire de moi : Il fut
médiocre un tel jour. N'est-ce point assez pour en mourir ?
Qu'en pensez-vous, messeigneurs ? »

Les sages de l'assemblée se regardèrent sans mot dire à
cette bizarre interpellation ; puis on alla au scrutin, et le
candidat fut exclu par un vote significatif. Silvio, bel Italien aux cheveux noirs, prit alors la parole.

« Je supplie, dit-il, vos excellentissimes Seigneuries d'é-
couter en toute faveur leur humilissime esclave. Les femmes,
— que j'aime passionnément, — ont toujours fait le tour-
ment de ma vie. Jadis, c'était par leurs rigueurs ; le tyran
de Paphos jetait ses flèches de plomb à toutes les beautés
dont le regard faisait couler dans mes veines le poison
subtil de l'amour. Aujourd'hui les choses ont changé de
face. Comment vous dire, Excellences, sans blesser la
modestie, que je suis le trop heureux objet de trois préfé-
rences, dont la moindre est bien au delà de mes faibles

mérites, et suffirait à combler mes vœux? Il en est pourtant
ainsi : trois *zentil donne*, toutes trois accomplies en mérite
et en vertus singulières, ont abaissé leurs yeux sur moi.
Pareil aux captifs de Mézence, mon pauvre cœur, tiraillé à
droite et à gauche, comme par des cavales indomptables,
est chaque jour prêt à se rompre. Folles querelles, jalousies insensées, ardeurs inquiètes, de tous côtés me minent
et m'assiégent. A une journée sans repos succède une nuit
orageuse; à la tempête nocturne, un jour rempli d'alarmes.
Autrefois j'avais trois ressources contre le désespoir d'a-
mour : l'opéra, l'atelier, les *dolci*. Mais, hélas! l'une de
mes amantes est *prima donna;* la seconde, modèle en
renom, a ses libres entrées chez tous les peintres; la troisième tient le seul magasin de *mustacciuoli* et de pain
d'Espagne où un honnête homme puisse aller se distraire.
Elle seule a le dépôt des *raviuoli* de Santa-Chiara et des
struffoli de San-Gregorio-Armeno. Ce fut même là, s'il
m'en souvient, ce qui lui valut mes imprudents hommages. A présent que faire, sinon aller chercher aux sombres
bords le repos qui me fuit ici bas? Ce que me refuse le fils
de Cypris, Pluton me l'accordera peut-être. Qu'en pensez-
vous? »

Pour toute réponse, le président fit un signe à son interprète, et celui-ci alla demander à Silvio, le plus discrè-
tement qu'il sut le faire, s'il n'aurait point sur lui par
hasard les portraits de ses trois persécutrices. Silvio portait
l'un à l'épingle de sa cravate, le second en médaillon, et le
troisième en bracelet. Le président, après les avoir exami-
nés, crut devoir les faire passer sous les yeux des assistants.
C'étaient trois têtes charmantes, celle de la pâtissière surtout. Elles décidèrent la question contre le malencontreux
Silvio, que le vieux Frédéric-James Mordaunt foudroyait

de sa muette indignation. Pour se consoler du vote spon-
tané par lequel on le mettait au ban du suicide, le bel
Italien se fit apporter un *poncio spongato*, et savoura lentement ce délicieux sorbet.

« Le non-moi finit presque toujours par tuer le moi,
s'écria d'une voix creuse mynheer Ulrichs Kupferherg,
professeur allemand, dont le tour était venu... Et même
quand le subjectif s'exécute lui-même, il n'est que l'agent
de l'objectif. Supposons un exemple : si la trois fois heureuse assemblée, à qui je fais l'honneur de m'expliquer
devant elle, parvenait à me comprendre et m'admettait dans
son sein ; si, ensuite, détruisant les conditions de mon être
individuel, je rentrais dans les vagues domaines de l'infini,
quelle serait la cause de cette dissolution, de ce divorce
amiable, prononcé entre mon corps et mon âme? Une
cause seconde, une fortuite, pas autre chose ; un simple
malentendu de ce πρόπρωτον mystérieux que le vulgaire
appelle Providence. Pourquoi m'a-t-il placé, moi voyant,
dans un milieu de ténèbres? Pourquoi m'a-t-il donné, —
j'établis à regret ce fait qui vous désobligera peut-être, —
la perception interne de mon ineffable supériorité sur tous
les êtres créés avant ou en même temps que moi ? Est-ce
ma faute si je suis investi de facultés inouïes dont l'exercice
m'est interdit? Voici ce qui m'arrive. A force de travailler
la raison pure et les idées innées, non-seulement j'ai con-
staté ce fait important que l'âme est un être multiple, mais
je suis parvenu à dédoubler mon moi. Je puis le transmettre
à un autre sans cesser pour cela de le posséder, et
prouver par là même que l'âme humaine n'est pas identi-
que, ainsi que l'enseignent les ânes bâtés de l'École fran-
çaise. J'ai donc tout simplement mis la main sur la pierre
philosophale du monde métaphysique. J'ai en poche la plus

nouvelle de toutes les vérités connues, et probablement la
solution de tous les problèmes à venir. Ce n'est point, vous
le pensez, un bonheur médiocre. Maintenant, depuis que
je suis en possession de ce merveilleux dictame, je n'ai pu
ni l'expérimenter pour moi-même, ni l'appliquer de manière à convaincre les autres. La faute en est à mon siècle,
qui ne me fournit pas un être égal à moi. Or le contenant
ne peut pas être plus petit que le contenu. Mon âme ne

saurait entrer dans un autre vase intellectuel, si ce vase n'a
point la même capacité, les mêmes moyens d'abstraction,
de généralisation, etc., etc., qui m'ont été trop généreu-
sement départis ; et j'ai acquis à mes dépens la triste
conviction que pas un être humain n'est assez vaste pour
servir à mes projets. Un esprit où l'orgueil régnerait en
maître serait particulièrement flatté de cette circonstance;
mais le vrai savant ne saurait supporter un isolement
pareil. Donc, si bornés que le ciel vous ait faits, vous com-

prendrez que je ne puisse point habiter une sphère trop
étroite, dont mon œil a dépassé les limites. Je pars, géant
désolé de vivre parmi des nains, et vraiment malheureux
d'avoir deux ou trois siècles d'avance sur ma déplorable
époque. Vous ne voudriez pas, je pense, vous opposer à
ce grand acte de justice distributive, à cet ostracisme nécessaire. »

Personne ne répondit ! et cela par une raison majeure,
c'est que tout le monde était endormi. On eut grand'peine
à réveiller assez de votants pour exclure l'ennuyeux pédant
qui venait de parler. Il sortit de la salle en se frottant les
mains, et on l'entendit se féliciter d'être inintelligible,
malgré tous les efforts qu'il avait faits pour se mettre au
niveau de son auditoire.

L'épreuve continua trois heures, absolument comme
elle avait commencé. Ambitieux trop promptement satisfaits, ou bien désappointés par une victoire incomplète ;
Crésus dégoûtés de la richesse par la satiété qu'elle entraîne ; voluptueux fatigués de l'amour par de trop faciles
plaisirs, tous ces convives se plaignaient de la vie comme
d'un banquet trop riche et trop abondant. Aussi, pas un
d'eux ne trouva grâce devant ses juges, et le résultat final
du scrutin laissa le président isolé dans son fauteuil, en
face d'une quadruple rangée de banquettes vides.

Cette conclusion, tout à fait imprévue, le contraignit à
s'examiner lui-même avec plus de sévérité qu'il n'avait
fait jusque-là.

— Damn'ye ! s'écria-t-il, s'adressant à son interprète,
je ne suis pas très-certain de n'être pas aussi absurde que
ces impudents camarades. La seule bonne raison que j'aie
de m'envoyer dans l'autre monde, c'est que je ne puis plus
digérer l'excellent curry dont mon cuisinier parsis possède

seul la recette, et que j'aime par-dessus toute chose. Peut-
être n'est-il pas tout à fait raisonnable de se tuer parce
qu'on a le meilleur cuisinier des cinq parties du monde.

— Si Votre Honneur me demande mon avis là-dessus,
répliqua le docile truchement, je lui apprendrai que je
connais cent cinquante millions d'hommes très-heureux
de vivre, et qui jamais n'ont mangé autre chose que du
riz bouilli sans sel ni poivre. Mais tout dépend des circonstances, et une trop grande prospérité gâte bien des choses.
Comme l'a dit un sage derviche,

A COLOMBES SOULES CERISES SONT AMÈRES.

Les fous inventent les modes, et les sages les suivent.

LES FOUS INVENTENT LES MODES

ET LES SAGES LES SUIVENT

Mais de loin, ajoute une glose qui a passé quelquefois dans le texte, et cette addition a été approuvée par les
moralistes.

En effet, si les sages suivent les modes pour ne pas se
singulariser, ils ne courent pas après elles de peur de se
rendre ridicules. Ils savent ici, comme ailleurs, rester entre

l'excès et le défaut. Molière a très-bien dit, dans l'*École des Maris* (acte I, scène 1) :

> Toujours au plus grand nombre il faut s'accommoder,
> Et jamais il ne faut se faire regarder.
> L'un et l'autre excès choque, et tout homme bien sage
> Doit faire des habits ainsi que du langage :
> N'y rien trop affecter et sans empressement
> Suivre ce que l'usage y fait de changement, etc.

Voilà ce qu'exigent les lois de la bienséance auxquelles on a toujours tort de se soustraire. Suivant La Bruyère : « un philosophe se laisse habiller par son tailleur. Il y a autant de faiblesse à fuir la mode qu'à l'affecter. » Fénelon veut aussi qu'une personne raisonnable se conforme à l'usage dans son extérieur et qu'elle satisfasse à la mode comme à une servitude fâcheuse.

> La mode est un tyran dont rien ne nous délivre ;
> A son bizarre goût il faut s'accommoder ;
> Mais, sous ses folles lois étant forcé de vivre,
> Le sage n'est jamais le premier à les suivre,
>   Ni le dernier à les garder.
>
> (Pavillon.)

Le cardinal de Bernis, dans son poëme de *la Religion vengée* (ch. IX), a fait de la mode un portrait dont les deux vers suivants sont devenus proverbiaux :

> La mode assujettit le sage à sa formule.
> La suivre est un devoir, la fuir un ridicule.

Les Anglais ont ce proverbe : *better out of the world than out of the fashion* — *mieux vaut hors du monde que hors de la mode.* Ce qui a inspiré le vers suivant d'un auteur français :

Il faut suivre la mode ou quitter le pays.

Le proverbe danois exprime la double recommandation que voici : *Man skal æde efter sin egen, men klæde sig efter andres viis.* — *Il faut manger selon son goût, et s'habiller au goût des autres.*

Terminons ce commentaire par une anecdote :

Le roi de Salé (ville du Maroc) ayant parmi ses esclaves un peintre qui avait beaucoup voyagé, lui ordonna de représenter dans sa galerie les divers peuples qu'il avait vus, de manière que chacun d'eux pût être facilement distingué des autres à son air et à son habillement.

L'artiste les revêtit tous d'habits conformes à la mode régnante chez eux, mais il laissa le Français tout nu avec une pièce d'étoffe sur le bras, et il dit au roi qui lui en

29

demandait la raison : Celui-ci change si souvent de mode que, ne pouvant lui donner un costume exact, il a fallu me contenter de lui fournir le drap avec lequel il pourra s'habiller à sa guise.

QUI M'AIME

AIME MON CHIEN

Mon ami Auvray est-il chez lui ?

— Non, monsieur, il est sorti ; mais Murph y est ; et si vous désirez le voir...

— Comment! si je le désire ? mais c'est un devoir, une obligation... Ce cher Murph! trop heureux vraiment qu'il veuille bien me recevoir!...

Mon ami Auvray est fort élégamment meublé, comme tous les gens qui ont un tant soit peu de goût et beaucoup d'argent. Après avoir traversé une pièce dans le style Re-

naissance, une autre dans le style Louis XV, j'arrivai dans
une dernière pièce qui n'est d'aucun style, mais où l'on a
réuni tout ce qui peut flatter les goûts d'un chien gastro-
nome et blasé : coussins, oreillers, massepains, pâtes,
confitures. Comme j'espérais trouver Murph au gîte, j'avais
eu soin de me munir d'avance de pralines à l'ananas ; c'est
un bonbon entièrement inédit, et dont je voulais lui offrir
la première édition.

Je plaçai sur son oreiller deux ou trois pralines qu'il
contempla pendant quelques instants d'un air pensif, en
clignotant de la prunelle, avec une impertinence adorable.
Enfin il se décida à toucher une des pralines d'une langue
mélancolique et languissante ; il finit par en croquer une,
puis deux ; je m'aperçus que la praline à l'ananas était
comprise, et, tandis qu'il achevait le sac, je me mis à considérer les portraits qui garnissaient le boudoir. Murph
avait été représenté dans toutes les attitudes, à l'huile, au
crayon, à la gouache, à l'aquarelle. Les glaces multipliaient son image.

Tandis que j'étais absorbé dans cette contemplation,
mon ami Auvray rentra ; il m'indiqua d'un air d'abatte-
ment l'ottomane sur laquelle Murph était couché.

— Voici trois grands jours, me dit-il, qu'il n'a quitté
ce coussin ; il ouvre à peine les yeux quand il me voit ; je
ne sais même pas s'il me reconnaît... Il n'a absolument
voulu prendre depuis ce matin qu'une tasse de café, une
douzaine de biscuits de Reims, plusieurs tranches de baba
au rhum, du gâteau de fleur d'oranger, des meringues à
la vanille, quelques verres de chocolat glacé, de la gelée
de cédrat et des framboises de Bar...

— Et des pralines à l'ananas, ajoutai-je en poussant un
profond soupir.

— Ah! c'est vous qui les lui avez apportées, reprit Auvray; et en a-t-il goûté?

— Il vient d'achever la demi-livre.

— Merci, merci, me dit-il d'un ton pénétré en me serrant la main; il n'y a que vous au monde avec moi qui le compreniez. Je l'ai quitté pendant quelque temps; car vous savez que je passe tous les jours trois ou quatre heures à la bibliothèque du Roi, où je rassemble les documents qui me sont nécessaires pour dresser son arbre généalogique... J'ai découvert que Murph n'avait guère une origine moins ancienne que nous autres Français, qui descendons tous, comme vous le savez, de Francus, fils d'Hector. Nous descendons des Troyens; mais Murph descend des Grecs par le chien d'Ulysse, qui vint mourir aux pieds du héros, à son retour dans l'île d'Ithaque... J'ai lu une dissertation insérée dans les Mémoires de l'Académie des Inscriptions et Belles-Lettres, dans laquelle un savant archéologue prouve clairement que ce chien d'Ulysse ne pouvait être qu'une chienne; il appuie son opinion sur des raisons au moins aussi solides que celles de Zadig quand on l'accuse d'avoir volé l'épagneule de la reine sur les bords de l'Euphrate. Cette chienne, avant de mourir, avait mis bas afin de ne point laisser périr sa race, et son rejeton a dû être un des ancêtres de Murph. Pour s'en convaincre, on n'a qu'à jeter les yeux sur le quadrupède antique trouvé dans une corniche d'Herculanum, et connu dans l'archéologie sous le nom du *petit-fils de la chienne d'Ulysse;* c'est absolument le poil, le regard, le crâne, le museau de notre chère idole. J'enverrai une note à ce sujet à l'Annuaire historique.

Comme Auvray achevait sa dissertation, un domestique entra et lui annonça que quelqu'un désirait lui parler.

— Je n'y suis pas ! dit-il brusquement en continuant à contempler Murph.

— Mais, Monsieur, il s'agit d'une affaire très-grave...

Auvray fit un geste d'impatience et sortit brusquement, se promettant bien de congédier promptement l'importun qui venait ainsi l'arracher à la plus délicieuse des extases.

J'entendis aussitôt dans l'antichambre s'élever la voix d'Auvray, qui paraissait en proie à une émotion violente. Son accent s'abaissait par moments, mais pour s'élever bientôt de plus belle. Je ne pus m'empêcher d'être inquiet ; quant à Murph, sa tête, ses pattes, ses oreilles, ne témoignèrent pas la moindre émotion ; tout son corps conserva sa pose indolente et égoïste. Une telle froideur chez un être enveloppé de tant de sollicitude et de sucreries commençait à m'exaspérer, lorsque heureusement Auvray rentra dans le boudoir. Je ne pus me défendre d'un sentiment de compassion en jetant les yeux sur lui : il était pâle, haletant, aussi hérissé que Murph était lisse et calme.

— Voyez, me dit-il en me présentant un papier timbré, voyez ce qui m'arrive. Ah ! je n'y survivrai pas ; ils ont juré de me tuer !

Il se laissa tomber sur l'ottomane où reposait Murph au milieu d'un rempart de dragées. Je lus le papier, c'était une assignation pour paraître devant le juge de paix, à l'effet de s'entendre avec une certaine marquise de Saint-Azor, qui réclamait un chien à elle appartenant, connu maintenant sous le pseudonyme de Murph, mais dont le vrai nom était Fortuné. Ce chien avait été dérobé par un domestique qui avait dû le vendre, sous un faux nom, à un marchand de chiens sur le boulevard Beaumarchais, dans la boutique duquel le maître actuel l'avait sans doute trouvé.

— Eh bien, puisqu'elle le veut, nous plaiderons! s'écria Auvray quand j'eus achevé de lire l'assignation; mais ils m'arracheront l'âme plutôt que de m'arracher Murph!

— Oui, nous plaiderons! m'écriai-je en m'associant à son transport; et je ne pus m'empêcher de songer aux plaidoiries de Petit-Jean et de l'Intimé; mais je me gardai bien de laisser paraître sur mes traits le moindre symptôme facétieux.

— Ce qu'il y a de pis, ajouta Auvray, c'est qu'on exigera sans doute que Murph paraisse en justice, et le médecin a expressément défendu qu'on l'exposât au grand air; il est horriblement enrhumé du cerv..., du museau...

Pour calmer ses inquiétudes, je m'engageai à voir moi-même cette marquise de Saint-Azor et à faire tous mes efforts pour arranger l'affaire à l'amiable. J'eus le bonheur de réussir dans ma négociation diplomatique, et je revins annoncer à Auvray que l'ancienne maîtresse, ou plutôt l'ancienne esclave de Murph dit Fortuné (c'était le langage de la marquise), consentait à couper le différend par la moitié.

— Couper Murph en deux? interrompit Auvray; mais c'est donc le jugement de Salomon!

— Non, lui dis-je, vous conserverez Murph tant qu'il voudra; mais madame de Saint-Azor exige que, lorsque le chien ira visiter le royaume des ombres, vous lui remettiez son corps... Elle veut le faire *gannaliser*...

— Gannaliser! reprit Auvray, Murph! N'importe, j'y consens; qu'on dresse l'acte, je le signerai puisqu'il faut que je me résigne à placer mes affections en viager et à voir gannaliser un jour la plus chère moitié de moi-même.

Quelque temps après cette affaire, un mariage des plus avantageux s'offrit pour Auvray. Il n'avait guère que trente mille livres de rente; l'héritière qu'on lui proposait en avait plus de soixante, sans compter les oncles atteints d'hydropisie, les tantes asthmatiques, les grands parents paralytiques et goutteux, et beaucoup d'autres maladies que dans les familles on est convenu d'appeler des *espé-rances*.

Les amis d'Auvray comptaient sur cette union pour le détacher un peu de Murph; mais cette liaison était de celles qui ne se dissolvent que par quelque événement plus miraculeux que ne l'est un mariage. Auvray se décida à aller faire sa cour, à condition toutefois que son chien ne le quitterait pas. Le médecin avait consenti pour cela à lever la consigne; il répondait des influences atmosphé-riques, mais non pas des influences morales qui, chez les chiens impressionnables, sont indépendantes du baromètre.

Auvray se présenta chez sa future avec un bouquet de fleurs à la main droite, et son chien Murph sous le bras gauche. On voulut bien adresser au chien quelques com-pliments pour la forme, auxquels celui-ci ne répondit que par un grognement sourd et disgracieux. Auvray s'ap-procha de sa prétendue et commença à lui adresser de ces douceurs officielles qui sont le prologue obligé de tout hymen intéressé ou non. Mais à peine eut-il commencé à prendre une attitude galante, que Murph, qui était d'une jalousie extrême et ne pouvait comprendre que son maître adressât à un autre que lui ses attentions et ses préve-nances, se mit à pousser des cris d'Othello si perçants, qu'il fit trembler les vitres et rendit bientôt tout dialogue impossible. On chercha à l'apaiser, on lui fit respirer des

sels anglais, on lui bassina les tempes avec du vinaigre
de la reine Pomaré; rien ne put calmer ses cris ni ses
nerfs. Le coup était porté, et Auvray vit bien que le plus
court parti était de l'emmener. Il fit approcher une chaise
à porteurs jusque sous le vestibule, et placer sur la banquette de derrière l'infortuné Murph, qui continuait ses
gammes chromatiques.

Le soir même de cette scène, Murph fut pris d'une fièvre violente qui ne fit qu'augmenter d'heure en heure
pendant la nuit; et le lendemain, au point du jour, il se
trouva si accablé, si affaibli, qu'on désespéra de le sauver.
On eut beau lui prodiguer les remèdes les plus empressés
et les plus tendres, on ne put parvenir à renouer la trame
de ses destinées; quelques heures après, Murph était devenu la proie de la Parque et de M. Gannal.

Je n'ai pu savoir en détail ce qui se passa dans la
maison d'Auvray pendant les premiers jours qui suivirent
la mort de son chien; je sais seulement que sa porte fut
fermée à tout le monde. J'étais de tous ses amis le seul
qu'il eût conservé; moi seul comprenais Murph; moi seul
avais su respecter cette étrange passion. Mais le désespoir
d'Auvray était si profond, que ma vue seule eût irrité ses
peines; comme la Matrone d'Éphèse, il était résolu à se
laisser mourir dans une solitude complète.

Murph était mort depuis trois mois, et je me croyais à
jamais séparé du sensible et malheureux Auvray, que je
regardais comme enseveli dans son deuil, lorsqu'un matin
je reçus un billet de notre ami commun, l'illustre et spirituel docteur B..., qui m'invitait à me rendre chez Auvray
sur-le-champ.

Je fus introduit dans le boudoir où Murph avait coulé
jadis des jours filés de sucre et de vanille. Quel fut mon

30

étonnement lorsqu'en entrant je m'aperçus que tous les portraits du chien avaient disparu et se trouvaient remplacés par les armures orientales, les boucliers, les flèches et les pipes turques, qui garnissaient les murailles de cet asile avant que Murph n'eût remplacé tous les goûts dans le cœur de son maître, même le goût du tabac!

— Il est guéri, entièrement guér., me dit le docteur B... du plus loin qu'il m'aperçut, et c'est surtout à vous que nous devons cette cure; vous avez compris que cette monomanie si étrange, que dans la médecine moderne nous appelons la *Cynophilie*, devait avoir son cours. Ce qui la rend si souvent incurable, c'est que, lorsqu'une personne idolâtre quelque caniche ou quelque épagneule, presque toujours on la heurte, on veut la railler, tandis qu'il faudrait au contraire entrer dans sa passion.

— Oui, je sais tout! s'écria Auvray en sortant précipitamment d'une pièce voisine : C'est vous, ô le modèle des amis! qui avez inventé toutes sortes de stratagèmes pour amuser à la fois et guérir ma faiblesse. J'aimais un chien, et vous m'aimiez encore !... Mais où donc avez-vous puisé tant de complaisance et d'abnégation?

— Tout simplement, lui répondis-je en souriant, dans le Livre des Proverbes, où j'ai trouvé une vieille phrase qui m'a paru être une excellente recette contre votre folie.

— Quelle est cette phrase?

— Eh! vous la connaissez mieux que moi, mon cher Auvray; ne m'avez-vous pas répété cent fois du vivant de Murph :

QUI M'AIME, AIME MON CHIEN.

i

Qui trop embrasse mal étreint.

QUI TROP EMBRASSE

MAL ÉTREINT

Proverbe dont on se servait en langue romane, *mal sarra qui trop abrassa,* — *mal serre qui trop embrasse,* et dont la signification est que celui qui entreprend trop ne réussit pas ou ne réussit qu'imparfaitement, et que la première condition du véritable succès consiste à mesurer ses entreprises à ses forces ou à ses moyens.

Plus les bras sont étendus, plus leur action est bornée :
ils ne saisissent bien que les objets autour desquels ils se
replient facilement. Il en est des facultés de l'esprit comme
des bras : les exercer sur trop de matières à la fois, c'est
les affaiblir. Il faut qu'elles soient concentrées pour avoir
toute leur énergie. Le savant Musschenbreck disait : *Dum
omnia volumus scire, nihil scimus :* « En voulant tout savoir, nous ne savons rien. »

Pluribus intentus minor est ad singula sensus.

« Le sens intellectuel appliqué à plusieurs choses devient
moindre pour chacune d'elles. »

Voyez dans la carrière de l'instruction les gens qui af-
fectent l'universalité des connaissances, et dans la carrière
de l'industrie ceux qui emploient de divers et nombreux
expédients : on dit des premiers qu'ils savent tout en
abrégé et rien à fond, et des seconds, qu'*ils ont douze métiers et treize misères.*

On avait érigé à Buffon une statue avec cette inscrip-
tion : *Naturam amplectitur omnem.* « Il embrasse la nature
entière. » Un plaisant y ajouta : *Qui trop embrasse mal
étreint.* Buffon alors fit supprimer l'éloge et la critique.

Grandville a fait l'application du proverbe à la puissance britannique, dont le système colonial s'est étendu sur
les cinq parties du globe ; et, pour nous montrer avec son
crayon que cette puissance porte dans son extension dé-
mesurée la cause de sa ruine future, il l'a représentée sous
la forme d'un géant militaire faisant tous ses efforts pour
retenir dans ses bras les objets symboliques d'une grandeur
si colossale, sous les yeux d'un homme d'État qui, le menton appuyé sur ses mains croisées, paraît réfléchir profondément aux éventualités que le temps doit amener.

BREBIS COMPTÉES

LE LOUP LES MANGE

Sur les bords du Lignon, ce beau fleuve au cours tor-
tueux et sentimental près duquel tant d'amants ont vécu
de soupirs et de larmes, un jeune berger menait paître ses
brebis. Il n'avait rien de commun avec les bergers de l'*Astrée*; il ne s'appelait ni Lindamor, ni Sylvandre, ni Alcidore,
ni Artamène; il s'appelait Guillot tout court, et ne portait
ni rubans à sa houlette ni rose à son chapeau. Il avait dix-

huit ans, et ce bouquet-là en vaut bien un autre; deux yeux noirs, brillants comme deux soleils, et au milieu de tout cela un air d'innocence et de naïveté qui ne nuisait pas à la beauté de son visage.

Les jeunes bergères du voisinage, qui passaient leur temps à courir le long du fleuve en cueillant des fleurs et en récitant des vers, lui disaient sans cesse :

— Viens avec nous, Guillot; viens t'asseoir sous ces arbres touffus; nous raconterons tour à tour quelque histoire d'amour, et quand nous aurons achevé nos récits, nous nous mettrons à danser, et tu nous joueras tes plus jolis airs sur ta musette.

— J'ai bien le temps vraiment, répondait Guillot, d'aller avec vous danser et me divertir! et mes brebis, qui les gardera ? Savez-vous bien que si je m'écarte un seul instant le loup peut venir et m'emporter la plus belle?

A peine avait-il prononcé ces mots, qu'il aperçoit sur la crête de la montagne voisine une brebis noire qu'il reconnaît pour être une des siennes. Il veut la rappeler, la contraindre à rejoindre le troupeau ; mais il est déjà trop tard : le loup paraît, l'emporte et s'enfuit de l'autre côté de la montagne. Pauvre Guillot!

— Maudit loup! que ne m'emportes-tu avec ma brebis! s'écrie-t-il.

Le soir, il revint à la ferme abattu, consterné; Robin le fermier ne plaisantait pas quand il s'agissait de son troupeau : Guillot eut beau se jeter à ses genoux en pleurant, lui jurer que, si le loup avait emporté une de ses brebis, ce n'était pas faute de les avoir comptées ; tout cela n'empêcha pas que Robin ne l'attachât à un arbre et ne lui donnât autant de coups de bâton qu'il y avait de brebis dans le troupeau. Le pauvre Guillot n'entendait rien au calcul; mais il connut bien ce soir-là le nombre de ses brebis : ce fut là sa première leçon d'arithmétique.

Le lendemain, il était sur pied avant le jour, non pas pour voir lever l'aurore, mais pour panser ses meurtrissures. Il se rendit tout boitant, tout perclus, le long du Lignon, à sa place ordinaire, à l'endroit où l'herbe était la plus épaisse et la plus touffue. Il marchait tristement derrière ses brebis; mais quand les nymphes et les autres bergers, tous accoutumés aux mœurs de l'églogue, virent paraître Guillot avec un bras en écharpe, un bandeau sur l'œil et un emplâtre à la place du cœur, ils furent saisis d'indignation. Le fameux Céladon proposa de punir le fermier Robin en le traitant comme Virgile traita Mévius, c'est-à-dire en composant contre lui des vers satiriques que l'on graverait sur l'écorce de tous les hêtres d'alentour.

— Hélas! dit Guillot, le mieux est encore, je crois, de bien compter mes brebis.

Il aperçut dans les environs une grotte profonde, et il imagina, à l'imitation d'un de ses confrères, le fameux berger Polyphème, dont il n'avait assurément jamais entendu parler, de faire entrer dans cette grotte ses brebis une à une, afin de les compter plus à l'aise et de les garder ensuite en se plaçant en sentinelle à la porte. Il en fit entrer une, puis deux ; mais comme il allait en faire entrer une troisième, le loup, qui se trouvait blotti dans le fond de la grotte, s'élança tout à coup en tenant la première brebis dans sa gueule.

Guillot voulait se précipiter dans le Lignon ; les autres bergers lui firent remarquer qu'il n'aurait de l'eau que jusqu'à mi-jambe, et qu'il serait à la fois plus doux et plus poétique de se laisser mourir de mélancolie et d'essayer de se noyer dans les larmes. Qui sait! peut-être quelque

divinité favorable finirait-elle par le changer en fontaine.

En attendant cette métamorphose, Guillot regagna la
ferme à la nuit tombante; et Robin, qui la veille avait eu
le soin de ne le fustiger que sur le côté droit afin de se
réserver tout le côté gauche en cas de récidive, ne tarda
pas à établir le plus juste équilibre entre les étrivières de
la veille et celles du jour. Guillot passa la nuit à compter
ses brebis sur ses cicatrices.

Le soleil levant lui suggéra un autre stratagème : il
emprunta à Hylas, un des bergers les plus tendres et les
plus littéraires du Lignon, des tablettes sur lesquelles celui-
ci avait l'habitude d'inscrire des devises et des madrigaux.
Guillot, qui avait de bonnes raisons pour n'avoir pas la
fibre poétique très-développée, employa ces tablettes à fabriquer des numéros qu'il attacha au cou de chacune de
ses brebis, afin d'en rendre le dénombrement plus facile.
Mais ces numéros furent pour le loup comme un point de
mire.

Guillot achevait à peine de numéroter la dernière, et
la tenait encore entre ses jambes, quand le loup, qui s'é-
tait mis en embuscade derrière un bouquet de bois, s'élança
d'un bond. Guillot poussa un cri, mais trop tard : le n° 13
était déjà dans la gueule du ravisseur, qui regagna la forêt
après avoir donné cette autre leçon de soustraction au
pauvre Guillot.

Le soleil se coucha sur les nouvelles contusions du
jeune berger; mais le lendemain, quand il conduisit son
troupeau le long du fleuve, on eût cru voir en lui un tout
autre berger. Lui d'ordinaire si triste, si grave, qui ne cessait d'avoir les yeux attachés sur ses brebis, les comptant
et les recomptant sur ses doigts tout le long de la journée,

semblait maintenant avoir livré aux zéphyrs du Lignon
ses soucis et ses calculs ordinaires.

Il cueillit dans les bois voisins autant de fleurs sauvages qu'il en eût fallu pour illustrer plusieurs livres aussi
gros que la fameuse *Guirlande de Julie,* qui était sous
presse en ce moment : il mit à son chapeau, à son côté, à

son front, à sa ceinture, toutes sortes d'emblèmes odori-
férants qui répandaient autour de lui les plus suaves halei-
nes de l'aube et de la rosée. Il alla ensuite prendre place
au milieu des bergers et des bergères qui se trouvaient autour d'une fontaine rangés en décaméron, et il raconta une

31

histoire des plus longues et des plus langoureuses. Quand
les danses se formèrent, il fut des premiers à y prendre
part. Les nymphes, qui ne l'avaient vu jusqu'alors que sous
les tristes couleurs de l'arithmétique pastorale, le félicitè-
rent sur sa métamorphose; l'une d'elles lui proposa de visiter avec elle le village de *Petits-Soins,* l'autre de naviguer
sur le fleuve du *Tendre.*

Quand Guillot eut ainsi passé la journée à danser et à
se divertir, il ne douta pas qu'il ne dût lui manquer au moins
trois ou quatre brebis, car il n'avait pas même jeté les yeux
sur son troupeau ; mais il avait pris d'avance son parti.

— Puisqu'en comptant mes brebis, s'était-il dit, j'en
trouve toujours quelqu'une de moins, je ne cours aucun
risque à ne les pas compter; et si je suis sûr d'être battu en rentrant à la ferme, autant vaut-il m'être diverti le long du jour.

Mais quelle fut sa surprise lorsque le soir, en faisant
son dénombrement il s'aperçut que pas une ne manquait
à l'appel ! Robin, le fermier, le complimenta de ce qu'il
avait enfin appris à faire bonne garde.

Le lendemain, les choses allèrent de même ; Guillot résolut de ne s'occuper que de danses, de tendres propos et
de chansons, sans même s'inquiéter si le loup venait ou
non rendre visite à ses brebis. Cette nouvelle manière de
garder son troupeau lui réussit également ; mais il comprit
bientôt pourquoi le loup était devenu tout à coup si humain. Un jour qu'il jouait de la musette au milieu des
autres bergers, s'étant retourné par hasard, il aperçut derrière un arbre voisin le loup qui se tenait les pattes croisées, la tête inclinée, dans une attitude d'extase et de dilet-
tantisme, prêtant l'oreille aux jolis airs que jouait le jeune
berger. La musette de Guillot le transportait dans le troisième ciel ; pouvait-il songer à croquer ses brebis ?

Guillot rentrait chaque soir à la ferme couronné de
fleurs et de rubans que lui donnaient les nymphes du
Lignon ; on l'eût pris pour un dieu, tant il était vif, aimable,
brillant. Lui, naguère pauvre et triste compteur de brebis,
gardait maintenant son troupeau comme Apollon avait autrefois gardé celui d'Admète, avec des vers et des chansons.

Robin le fermier avait une fille très-jeune et très-belle
nommé Gillette, qui devint éperdument éprise de Guillot,
et finit par déclarer à son père qu'elle n'aurait jamais que
lui pour époux. Robin, qui avait depuis longtemps renoncé
à donner des coups de bâton à Guillot et qui savait qu'il
est impossible de contrarier les inclinations des filles du
Lignon, n'essaya pas, suivant l'habitude des pères, de s'opposer aux sentiments de Gillette. Il craignait d'ailleurs les
madrigaux, les chansons, les devises tendres qui couraient
le pays, et préféra envoyer Guillot et Gillette droit à l'église,
afin de les soustraire à l'influence de l'églogue.

Peu de temps après ce mariage, le fermier mourut ;
il laissa sa ferme à Guillot, qui eut des bergers à son tour,
mais qui leur recommanda surtout de ne jamais compter
ses brebis, sachant par expérience ce qu'il en coûte pour
faire ce compte. A force de passer son temps avec Astrée
et Céladon, il avait fini par exprimer ses pensées sous une
forme mythologique : — Le mieux, disait-il, est de recommander son troupeau à Pan, à Palès et aux autres
divinités champêtres.

Guillot devint le plus riche fermier du Forest et en
outre le plus heureux des époux ; Gillette effaçait toutes
les autres fermières par sa beauté et sa fécondité : chaque
année elle mettait au monde une fille, si gracieuse et si
jolie qu'avant qu'elle eût atteint l'âge de sa première dent,
les autres bergers lui avaient déjà adressé des sonnets et

toutes sortes de galanteries champêtres. Guillot eut ainsi
successivement d'année en année jusqu'à neuf filles, qui
furent comparées aux neuf Muses et baptisées sous des
noms poétiques.

Mais, une année après avoir mis au monde la dernière,
Gillette mourut, et Guillot se trouva seul, ayant à élever
et à surveiller neuf merveilles, neuf astres, neuf divinités, dont une seule eût suffi pour devenir l'Hélène du
Forest et bouleverser ces lieux fabuleux et enchanteurs
que nous appelons aujourd'hui le département de la Loire.

Guillot laissa grandir ses filles et parvint à un temps
où la plus jeune avait treize ans à peine et où l'aînée n'en
avait pas vingt-cinq. Plus que tout autre, il tenait à ce
que ses filles conservassent leur sagesse et fussent à l'abri
de la médisance. Mais il eut recours à un moyen singulier
et auquel Fénelon n'avait certainement pas songé dans
son livre sur l'*Éducation des Filles* : il les laissa courir
librement le long du Lignon, sans jamais chercher à observer leurs démarches, se fiant entièrement à leur candeur,
ne leur demandant compte ni des compliments que l'on
semait sous leurs pas, ni des déclarations en vers et en
prose que le zéphyr leur apportait : Guillot savait que les
choses n'iraient jamais plus loin que l'allégorie.

Cependant un des seigneurs du voisinage voulut, à la
fête du pays, qu'on lui désignât la fille la plus sage pour
lui décerner de ses mains la couronne de rosière. Ce fut
à qui lui indiquerait les neuf filles du fermier Guillot, qui
avaient eu le mérite d'être restées toujours pures et ver-
tueuses au milieu des bergers les plus tendres.

Le seigneur regretta de n'avoir pas à distribuer neuf
couronnes; mais, pour éviter que la jalousie se mît entre
ces charmantes sœurs, il sépara la couronne en neuf par-

ties égales et remit à chacune une rose blanche. Guillot
était vieux alors, et comme il regardait avec attendrisse-
ment cette cérémonie, le seigneur, qui faisait des rosières
pour se consoler d'avoir vu sa fille aînée s'échapper récemment d'un couvent très-austère sous la conduite d'un page
d'Anne d'Autriche, dit au fermier :

— Maître Guillot, pour conserver ainsi vos neuf filles
si pures, si sages, vous avez dû prendre de grands soins,
les surveiller nuit et jour ?...

— Point du tout, monseigneur, répondit Guillot avec
naïveté; je les ai au contraire laissées entièrement libres ;
je me suis contenté d'invoquer un vieux proverbe dont
j'ai reconnu la vérité quand j'étais berger, et qui m'a
appris par expérience que :

BREBIS COMPTÉES, LE LOUP LES MANGE.

Il faut hurler avec les loups.

IL FAUT HURLER

AVEC LES LOUPS

Il faut s'accommoder aux mœurs, aux manières des gens avec lesquels on vit, avec lesquels on se trouve lié, quoiqu'on ne les approuve point. — Proverbe tiré du proverbe latin employé par Plaute dans ce vers des *Bacchis* (acte IV, scène IV) :

Versipellem frugi convenit esse hominem quod pectus sapit
« Il convient qu'un homme sage et avisé change de peau. »

Le mot *versipellis* (qui change de peau) désignait chez les Romains le loup-garou, c'est-à-dire l'homme à qui la superstition populaire attribuait le pouvoir de se transformer en loup et de reprendre ensuite sa première forme. Ainsi, quand on dit, *il faut hurler avec les loups,* c'est à peu près comme si l'on disait : *il faut savoir se faire loup-garou.*

On sent qu'un tel proverbe ne saurait être approuvé par la morale, qui ne permet pas de partager les vices des personnes qu'on est obligé de fréquenter, ni même d'en feindre les apparences, car la feinte peut se changer facilement en réalité ; et il est bien rare que l'habitude de *hurler avec les loups* n'entraîne pas celle de mordre et de dévorer comme eux.

Ce proverbe ne doit donc être considéré que comme une maxime de politique, à laquelle la nécessité de ne pas irriter le monde contre nous veut que nous nous conformions, sans manquer à ce que le devoir exige.

On dit aussi : IL FAUT ÊTRE FOU AVEC LES FOUS, pour signifier que lorsqu'on se trouve en compagnie des fous, il ne faut pas afficher un rigorisme déplacé, car c'est s'exposer à bien des inconvénients que de vouloir se montrer sage tout seul, et il y a une certaine sagesse à savoir à propos contrefaire le fou.

« Sembler fou, c'est un heureux secret du sage. » (Eschyle, *Prométhée enchaîné*, scène IV.)

« Les hommes sont si nécessairement fous, que ce serait être fou par un autre tour de folie que de ne pas être fou. » (Pascal, article XVI, pensée LXVIII.)

« On n'est sage qu'autant qu'on est fou de la folie commune. » (Fontenelle.)

La raison même a tort quand elle ne plaît pas.

(La Chaussée.)

Les Arabes expriment la même pensée par ce proverbe : *Si tu passes dans le pays des borgnes, tiens un
œil fermé.*

Le troubadour P. Cardinal, dans un de ses sirventes
politiques, a montré par une fiction très-originale ce qui
arrive à ceux qui veulent paraître sages parmi les fous.
Voici la traduction fidèle de cette fiction, également belle
de poésie et de moralité :

« Une ville fut, je ne sais laquelle, où tomba une
pluie telle que les hommes qu'elle atteignit en perdirent
tous la raison.

« Tous, à l'exception d'un seul, sans autre, qui
échappa parce qu'il dormait chez lui quand le prodige eut
lieu.

« La pluie ayant cessé et cet homme s'étant éveillé, il
sortit en public et trouva tout le monde faisant des folies.

« L'un était vêtu, l'autre nu ; l'un crachait contre le
ciel, l'autre lançait des pierres, l'autre des traits ; un autre
déchirait ses habits.

« Celui-ci frappait, celui-là poussait ; cet autre, s'ima-
ginant être roi, se tenait majestueusement les côtes ; cet
autre encore sautait par-dessus les bornes.

« Tel menaçait, tel maudissait, tel autre parlait ne
sachant ce qu'il disait ; un autre célébrait ses propres
louanges. Qui fut émerveillé, si ce n'est l'homme resté dans
son bon sens ? Il s'aperçoit bien vite qu'ils sont fous ; il
regarde en bas, il regarde en haut pour voir s'il décou-
vrira quelqu'un de sage ; mais de sage il n'y en a pas un.
Il continue à s'émerveiller d'eux ; mais eux-mêmes s'é-

32

merveillent encore plus de lui et s'imaginent qu'il a perdu la raison.

« C'est ce qu'ils font qui leur paraît raisonnable, et ce que le pauvre sage fait autrement ils le jugent insensé.

« Ils se mettent alors à le battre : l'un le frappe sur la joue, et l'autre sur le cou, qu'il lui rompt à moitié.

« Qui le pousse, qui le repousse; il songe à fuir d'au milieu d'eux, mais l'un le tire, l'autre le déchire; il reçoit coup sur coup, il tombe, se relève et retombe.

« Toujours tombant, toujours se relevant, toujours fuyant, il atteint enfin sa maison et s'y jette d'un saut, couvert de fange, battu, à demi mort et pourtant joyeux d'avoir échappé. »

Cette fiction est l'image de ce qui se passe ici-bas : la ville inconnue c'est le monde rempli de folie, car aimer, craindre Dieu et observer sa loi, est pour l'homme la sagesse par excellence. Mais cette sagesse est aujourd'hui perdue, une pluie (merveilleuse) est tombée; elle a fait germer une cupidité, un orgueil, une méchanceté qui se sont emparés de tous les hommes; et si Dieu en a épargné quelqu'un, tous les autres le tiennent pour insensé. Ils le huent et le maltraitent parce qu'il n'est pas sage à leur sens; l'ami de Dieu les juge insensés en ce qu'ils ont abandonné la sagesse de Dieu; eux, à leur tour, le trouvent insensé en ce qu'il a renoncé à la sagesse du monde.

A CHAQUE SAINT

SON CIERGE

De toutes les académies la plus illustre est sans contredit celle de Pékin ; elle fut fondée environ six mille ans
avant la nôtre, ce qui ne l'empêche pas de travailler
encore à un dictionnaire de la langue chinoise : nous
aurions tort, on le voit, d'accuser la lenteur de nos académiciens. Cette académie se compose, du reste, de quarante membres qui prennent de leur vivant le titre d'im-
mortels ; ils ont en outre le droit de porter des palmes

vertes sur leur robe, et d'entrer sans passe-port dans les musées. Il n'est pas absolument nécessaire d'avoir du génie pour faire partie de l'académie de Pékin. En beaucoup de points cette académie se rapproche de celle de Paris.

L'immortel Hiu-Li venait de mourir. Ce Hiu-Li avait fait un bon mot à l'âge de quarante ans. Ce bon mot avait été raconté chez le gouverneur de la province, qui le répéta à une soirée du premier ministre, qui en parla à l'empereur. Sa Majesté ayant daigné rire, Hiu-Li fut proclamé un des hommes les plus spirituels de la Chine, et l'académie n'hésita pas à l'appeler dans son sein. Hiu-Li vécut sur ce bon mot, et mourut sans en avoir fait d'autre.

Quelques jours après la mort de Hiu-Li, un écrivain dont la réputation est sans doute venue jusqu'à vous, le célèbre Fi-Ki, rédacteur de la *Revue de Pékin*, s'adressa la harangue suivante :

« MON CHER FI-KI,

« Voilà bientôt dix ans que tu tiens le sceptre de la critique dans un des recueils les plus estimés de la Chine, et par conséquent de l'univers. Tu as dit tour à tour du bien et du mal de toutes les écoles; tu as su distribuer l'éloge avec une sage profusion; il faut voir maintenant combien l'encens rapporte. Tu deviens vieux, le public commence à se lasser de tes articles; le moment est venu de faire une fin; tâche d'entrer à l'académie : une fois immortel, c'est bien le diable si l'on ne te nomme pas bibliothécaire; tu achèveras ainsi ta vie au sein d'une médiocrité dorée, comme dit un de ces poëtes de l'Occident dont je parle déjà, comme si j'étais académicien, sans les connaître. »

Fi-Ki trouva son raisonnement fort juste. Il se fit faire la queue, mit une plume neuve à son bonnet, endossa sa plus belle robe, et loua un palanquin à l'heure pour aller faire ses visites.

A Pékin, comme à Paris, les candidats à l'académie sont obligés de se présenter individuellement chez chacun de leurs futurs collègues, et de leur déclarer qu'ils sont les seuls dignes de leur choix. Fi-Ki se rendit d'abord chez l'académicien Fank-Hou. C'était un bonze, qui avait publié un recueil d'homélies et d'oraisons funèbres.

— Seigneur, lui dit-il, mon nom ne vous est peut-être pas inconnu. Je suis Fi-Ki, un des rédacteurs habituels de la *Revue de Pékin*, et je viens solliciter votre suffrage pour être de l'académie.

— Vous voulez remplacer le fameux Hiu-Li, l'homme le plus spirituel de la Chine?

— Hélas! j'ai bien peu de droits, je le sens, à un tel honneur; mais je me consolerai de ma défaite si j'obtiens votre voix. L'éloquence de la chaire est, selon moi, la plus importante branche de la littérature, et, de l'avis de tout le monde, vous êtes le premier de nos orateurs religieux; je sais que de soi-disant critiques contestent ce fait; mais je ferai justice dans la *Revue de Pékin* de leurs sottes prétentions.

— Quand paraîtra votre article? demanda Fank-Hou.

— Après l'élection, répondit Fi-Ki; et il se retira en saluant humblement. Il se fit conduire chez Hang-Hong.

Hang-Hong, autrefois capitaine dans les Tigres de la garde impériale, était l'auteur d'une vingtaine de volumes de poésies fugitives; il célébrait perpétuellement les jeux, l'amour et les ris, et sablait parfaitement l'opium, qui est le champagne de la Chine.

— Salut, dit Fi-Ki en entrant, au plus grand poëte de l'Empire Céleste !

— Qui êtes-vous? demanda Hang-Hong, mécontent d'être dérangé au moment où il allait fumer sa pipe.

— Un sectateur ardent de la poésie fugitive, un de vos plus profonds admirateurs, un humble critique qui sait vos vers par cœur.

— Vous savez mes vers par cœur? répondit Hang-Hong radouci.

— Qui ne retiendrait pas cet impromptu charmant que vous avez adressé à mademoiselle All-Mé, qui vous demandait son épitaphe :

> Sur l'écorce d'un noir cyprès
> Vous voulez en vain que je trace
> Votre épitaphe et nos regrets ;
> L'amour sans cesse les efface
> Avec la pointe de ses traits.
> Crois-tu, dit-il, qu'à son aurore,
> All-Mé, plus brillante que Flore,
> Ait rendu le dernier soupir?
> Le premier même est à venir ;
> Mon ami, je l'attends encore.

Et ces stances pleines d'une grâce si douce?

> L'amour vrai se plaît dans les larmes,
> Et nous adorons la beauté,
> Peut-être encor moins pour ses charmes
> Que pour sa sensibilité.
> Si la rose aux jardins de Flore
> Fixe les regards amoureux,
> C'est lorsqu'elle brille à nos yeux
> Couverte des pleurs de l'Aurore.

— Ah! je le vois, s'écria Hang-Hong attendri, vous comprenez la poésie fugitive. Hélas! le nombre de ses fidèles décroît tous les jours!

— Je sais qu'il est des imbéciles qui se moquent du madrigal et du couplet ; mais leurs railleries ne prévaudront pas ; déjà une réaction se manifeste en faveur de la poésie fugitive ; l'académie devrait s'y associer en me nommant à la place de feu Hiu-Li ; à mes yeux, il n'y a pas d'autre poésie que la poésie fugitive.

— Votre nom?

— Fi-Ki, rédacteur de la *Revue de Pékin,* qui deviendra l'organe de la réaction fugitive.

— C'est bien. Comptez sur ma voix.

Décidément, pensa Fi-Ki, ma manière de solliciter est la meilleure ; voilà ma candidature en bon chemin. Allons maintenant chez Nung-Po.

A cette époque, l'académie chinoise était divisée en deux camps bien distincts : les classiques et les romantiques.

Nung-Po représentait la tradition ; il avait fait jouer dans sa jeunesse une tragédie, et il mettait en ce moment la dernière main à un poëme en trente-quatre chants, intitulé *la Kong-Fu-Tzéide.* Il avait à cœur de répondre aux littérateurs étrangers qui reprochaient à la Chine de n'avoir pas de poëme épique. Nung-Po recommençait pour la vingtième fois l'indispensable invocation à la Muse, lorsqu'on lui annonça que M. Fi-Ki, rédacteur de la *Revue de Pékin,* demandait à le voir.

C'est un journaliste, se dit Nung-Po, qui était prudent comme tous les tragiques ; qu'il entre.

— Que l'illustre Nung-Po me pardonne de troubler ses méditations ; mais les grands hommes sont indulgents.

— Que voulez-vous, jeune homme ?

— Vous demander un conseil.

— Parlez.

— J'ai l'intention de publier dans la *Revue de Pékin*
une série d'articles sur les tendances de l'école dramatique
moderne ; je voudrais remettre en lumière quelques gloires
qu'on oublie depuis trop longtemps. Qui mieux que le
célèbre Nung-Po peut m'être utile dans cette grande entreprise ? Je prétends terrasser le romantisme.

— Nos ennemis sont puissants, audacieux.

— On doit s'attendre à tout de la part de gens qui ont
brisé la césure.

— Qui ne reculent devant aucune monstruosité, pas
même devant l'enjambement.

— Qui violent toutes les unités.

— N'importe, illustre Nung-Po, avec votre appui je les
combattrai, et j'espère les vaincre ; je crains seulement une
chose.

— Laquelle ?

— C'est que cette polémique ne nuise à ma candidature
à l'académie.

— Vous voulez remplacer Hiu-Li ?

— J'ai déjà la voix de votre ami Hang-Hong.

— Vous aurez la mienne, jeune homme ; il faut se-
conder ceux qui veulent mettre en lumière les gloires
oubliées ; vous serez des nôtres. Venez me voir demain ;
en attendant, je vous promets mon appui.

Fi-Ki remonta en palanquin et se fit descendre devant
la porte de Nou-Fou. Nou-Fou était le chef de l'école
romantique ; Fi-Ki le connaissait de longue date ; il avait
puissamment contribué à sa gloire ; c'était lui qui s'était
placé à la tête de cette troupe de mineurs littéraires qui

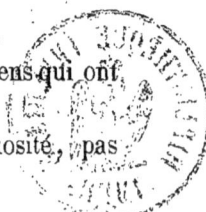

avaient fait sauter devant Nou-Fou les portes de l'académie. Pas un jour ne s'était écoulé depuis une dizaine d'années sans que Fi-Ki eût fait pour son chef de file un de ces articles d'éloges qu'en Chine on appelle *réclames;* c'était bien le moins que Nou-Fou se montrât reconnaissant. Fi-Ki l'aborda de la manière suivante :

— Comment se porte notre grand Nou-Fou?

— Et le plus spirituel de nos critiques, répondit celui-ci, comment va-t-il?

— Il est malade.

— Qu'a-t-il donc?

— Une candidature à l'académie.

— Si jeune, et déjà vous songez à mourir !

— L'école moderne est menacée; la tragédie relève la tête; il faut payer de sa personne : voilà pourquoi je me présente. On m'a fait des propositions de la part de Nung-Po si je voulais passer aux classiques avec la *Revue de Pékin.*

— Qu'avez-vous répondu?

— Que jamais je ne changerais de drapeau, et que mes amis sauraient bien me faire entrer à l'académie. Je veux rester fidèle aux idées et au drame modernes; je mourrai sur la brèche du lyrisme dans l'art. Jugez si je pouvais consentir à voir la *Revue de Pékin* arborer sur sa bannière un autre nom que celui de notre grand, de notre gigantesque, de notre pyramidal, de notre formidable Nou-Fou?

— Je n'attendais pas moins de vous, cher ami. A quand l'élection?

— Au premier jour de la lune nouvelle.

— C'est bien. Vous serez immortel.

Fi-Ki visita successivement tous les académiciens, et

33

employa auprès de chacun d'eux le procédé dont nous
venons de voir quelques échantillons. Quoiqu'il eût pour
concurrents le plus fameux romancier et le plus grand
philosophe de son temps, il fut nommé au premier tour de
scrutin. Comme un de ses amis lui adressait des félicitations quelque peu mêlées de surprise, Fi-Ki lui répondit
par ce distique allégorique :

Min po have mi-li
Fug-nam keg-mi no

que M. Abel Rémusat traduit de la façon suivante :

A CHAQUE SAINT SON CIERGE.

Jeu de main, jeu de vilain.

JEU DE MAIN, JEU DE VILAIN

Les jeux de main ne conviennent qu'à des gens mal élevés, parce que presque toujours ils font oublier la politesse et donnent lieu à des querelles. Ce n'est d'abord que pure plaisanterie, il est vrai ; mais la plaisanterie blesse l'amour-propre ; on se pique au jeu, on s'échauffe,

on se fâche tout rouge, on se dit des injures, on éclate en
menaces, on se porte même des coups, et il en résulte des
haines irréconciliables qui souvent poussent à répandre le
sang.

Ludus enim genuit trepidum certamen et iram;
Ira truces inimicitias et funebre bellum.

« Le jeu, en effet, a produit la dispute emportée avec la
colère ; et la colère a suscité les terribles inimitiés suivies de la
mortelle guerre. »

Les anciens gentilshommes s'abstenaient soigneusement
des jeux de main qui pouvaient compromettre leur dignité,
et ils les regardaient comme le partage exclusif des vilains.

Lacurne de Sainte-Palaye remarque dans son *Glossaire*
manuscrit que le proverbe *jeu de main jeu de vilain* est
venu de ce que la lutte ou le combat à coups de poing
était le seul moyen de vider un différend que notre ancienne
jurisprudence laissât aux vilains dans le duel judiciaire.

Le même proverbe existe chez les Espagnols et chez
les Italiens. Ceux-ci disent, en outre, d'une manière facé-
tieuse : *Il giocar di mani dispiace fino a' cani,* ou *fino ai
pidocchi — jouer des mains déplaît même aux chiens* ou
même aux poux.

Mais il paraît que ce jeu n'offre rien de déplaisant aux
personnages que Grandville a mis en scène. Voyez-vous le
rire triomphant du jeune ouvrier tenant dans sa main
comme dans un étau la main de la jeune ouvrière qui rit
aussi en s'efforçant d'échapper aux étreintes de son vainqueur, tandis que la vieille mère, les regards fixés sur le
couple folâtre, semble rêver au plaisir qu'elle eut jadis à
se livrer à de si joyeux ébats ?

HABILLE-TOI LENTEMENT

QUAND TU ES PRESSÉ

Il y avait à la cour de France, dans le siècle dernier, un homme qui faisait l'étonnement de tous ceux qui le fréquentaient, et cet homme connaissait beaucoup de monde. Dès sa plus tendre jeunesse, il avait montré une grande prudence unie à une extrême finesse. Dans les occasions les plus délicates, loin de se troubler, il déployait

une présence d'esprit et une habileté incroyables. Aucune
circonstance ne pouvait le prendre en défaut, ni même l'é-
mouvoir : qu'on lui annonçât son déjeuner ou la perte
d'une bataille, c'était du même air qu'il recevait la nouvelle.

Versailles était alors le lieu du monde où l'on se donnait le plus de mouvement pour réussir ; les courtisans
étaient toujours sur pied, tout prêts à mouler leur physionomie sur le visage du maître, et se pressant le plus possible pour se devancer les uns les autres.

Le duc de P..., ainsi s'appelait notre personnage,
suivait une méthode contraire. Alors que toute la cour
était bouleversée par le changement du ministère ou le
renvoi de la favorite, on le voyait toujours calme et
serein ; aux nouvelles les plus imprévues il gardait son
sang-froid imperturbable ; et, lorsque la foule des grands
seigneurs se pressait autour du roi, à la veille d'un
événement considérable, il s'étendait sur un sofa ou s'en
allait dans son carrosse faire un tour à Paris.

Un vieux courtisan avait mal auguré de cette habitude.
« Le pauvre duc n'ira pas loin, dit-il quelque temps après
la présentation de M. de P... à Versailles ; le moindre
cadet lui passera sur le corps. »

Mais au bout de peu d'années il se trouva que le duc
de P... avait obtenu en honneurs, en dignités, en faveurs,
plus que les plus habiles et les plus persévérants. Il ne
demandait rien et gagnait tout ; on ne le voyait pas solliciter, et il arrivait à des emplois que les plus ambitieux
n'osaient espérer.

Cette fortune et cette conduite semblaient inexplicables.
Comme on était au temps des Cagliostro et des Saint-Ger-
main, quelques personnes s'avisèrent de croire que le duc
de P... avait un anneau constellé ou quelque secret magique

pour commander au sort. Quand on lui faisait part de ces soupçons, M. de P... haussait les épaules et répondait que son secret était à la portée de tout le monde.

On sait qu'il n'y a pas de terrain plus glissant que la cour. Là les destinées n'ont rien d'assuré, et, quand on jouit de la faveur il faut se presser d'en profiter; le lendemain est rarement semblable à la veille. M. de P... ne paraissait pas se douter de cette vérité; il agissait en toute chose comme si sa fortune eût dû être éternelle. Le fait est que la constance de son bonheur faisait mentir l'axiome. Quand une débâcle suivait le renversement d'un cabinet, bien loin de perdre son emploi, le duc en gagnait un supérieur; si la favorite succombait sous la beauté d'une rivale, M. de P... obtenait de la nouvelle maîtresse plus encore qu'il n'attendait de l'autre; et ce qu'il y avait de plus merveilleux, c'est que tous ces miracles s'accomplissaient sans fatigue. M. de P... était fort gourmet et fort paresseux, et jamais, dans aucune circonstance, pour si grave qu'elle fût, on ne lui vit retarder l'heure de son souper ou avancer celle de son lever.

Le duc de P... avait un neveu, garçon alerte, intelligent, spirituel et ambitieux. M. de T... était fort jeune encore lorsque son oncle occupait déjà une position éminente à la cour. Il passait chez son parent la majeure partie de son temps, et se plaisait dans sa conversation, où il trouvait sans cesse mille sujets de méditations. Mais ce qui l'étonnait encore plus que l'esprit, le grand sens et le scepticisme élégant de son oncle, c'était l'apparente indolence de son caractère. Sur ce chapitre-là ses surprises étaient de tous les instants.

Un jour M. de T... apprit de la bouche même d'un duc et pair, qui avait toute la confiance du roi, une nouvelle

assez importante pour changer toute la politique de la
France : on n'en pouvait prévoir les conséquences. M. de
T..., qui comprenait à demi-mot le but de cette confidence,
quitta Versailles en toute hâte et tomba chez M. de P...
comme la foudre. M. de P... lisait un pamphlet dans son
cabinet, un cabinet où il ne faisait jamais rien. M. de T...
raconta bien vite ce qu'on lui avait soufflé tout bas.

— Mon carrosse est à la porte, ajouta-t-il ; dans deux
heures la cour sera dans une confusion extrême ; courez.

— Nous aurons tout le temps de causer de cette affaire
après souper ; va faire dételer tes pauvres chevaux que tu
as failli crever, et repose-toi. Demain on verra.

Le lendemain M. de P... fut revêtu d'une charge plus
importante qu'aucune de celles qu'il avait jamais occupées.

— M. de P... se servait quelquefois de M. de T... comme
de secrétaire, M. de T... ayant gagné sa confiance par la
dextérité de son esprit ; M. de P... lui reprochait seulement de céder trop promptement aux impressions de son
cœur ou de son jugement.

— Mais, mon oncle, lui disait alors M. de T..., le premier mouvement est comme une voix intérieure qui crie la
vérité ; c'est une flamme qui éclaire.

— Ce sont là des phrases bonnes à mettre en vers, lui
répondait le duc de P... ; mais en simple prose je t'engage
à te méfier du premier mouvement, non point tant parce
qu'il est quelquefois bon que parce qu'il engage.

Après une bourrasque de cour devant laquelle le ministère succomba, au moment où chacun croyait M. de P...
entraîné dans la chute d'un cabinet avec lequel on connaissait ses relations intimes, le duc fut chargé par le roi du
poids des affaires. Il ne l'accepta que sur l'ordre impératif
du souverain, et après s'en être longtemps défendu.

M. de T... resta près de lui et s'occupa de réunir quelques jeunes gens habiles et discrets pour le travail confidentiel du cabinet.

L'un d'eux montra bientôt une grande aptitude; sa correspondance était irréprochable, et ses rapports témoignaient d'une rare intelligence des matières diplomatiques. Cependant un matin, M. de T... apprit que le jeune secrétaire avait été congédié la veille par M. de P...

— Avait-il commis quelque indiscrétion? lui demanda-t-il.

— Non pas.

— S'était-il trompé dans un travail important?

— Point.

— Avait-on quelque crainte sur sa moralité?

— Aucunement.

— Mais qu'a-t-il donc fait? s'écria enfin M. de T...

— Il avait trop de zèle.

Avant le terme de sa carrière le duc de P... avait occupé les emplois les plus considérables et obtenu les dignités les plus enviées; on l'avait vu tour à tour lieutenant de police, surintendant des finances, grand écuyer, ministre, ambassadeur; il était décoré des ordres de Sa Majesté, et tous les monarques de l'Europe se plaisaient à le couvrir de croix et de colliers.

Quand M. de P... paraissait à la cour, ses moindres paroles étaient recueillies avec un soin extrême et commentées de mille manières : il est vrai qu'il parlait fort peu. On lui supposait le don de prévoir les événements et, quand il lui arrivait d'éviter un homme en place, chacun tournait le dos au pauvre gentilhomme, bien convaincu qu'il allait être destitué; le plus souvent l'avenir se chargeait de réaliser ces muettes prédictions.

34

— Comment donc vous y prenez-vous pour si bien prévoir les choses? lui demandait un jour M. de T...

— J'attends et j'écoute.

Un jour M. de T... vantait très-fort l'habileté et l'ardeur d'un gentilhomme qui, voulant se pousser à la cour, ne mettait jamais qu'une heure à faire ce que d'autres ne pouvaient ébaucher qu'en trois. M. de P... sourit. — Je ne me suis jamais pressé, dit-il, et je suis toujours arrivé à temps.

M. de T... se plaignait parfois de la rapidité avec laquelle les heures passent. — Pour avoir le temps de tenir tête à tout, disait-il, il faudrait que les jours eussent quarante-huit heures.

— Ce serait quatre fois trop, répliqua le duc; réduis le jour à la moitié, et il en restera toujours assez pour que les neuf dixièmes des hommes trouvent encore le loisir de se casser le cou.

M. de P... était dans toute sa faveur quand la mort arriva; mais elle ne put le surprendre : il était prêt. Avant d'expirer il fit approcher son neveu :

— Voilà, lui dit-il, l'instant de te prouver mon amitié. Tu es jeune et ambitieux; dans le chemin de la politique, on peut tomber si l'on n'a pas l'œil et le pied sûrs. Prends ce portefeuille; j'ai eu le soin d'y tracer les conseils que mon expérience me donne le droit de te recommander; suis-les toujours, et tu arriveras. Va, tu es le mieux partagé de mes héritiers; je te laisse le fruit de quatre-vingts ans d'études.

Quand M. de P... fut mort, M. de T... ouvrit le portefeuille. Sur la première feuille on lisait ce proverbe, écrit de la main du duc :

HABILLE-TOI LENTEMENT QUAND TU ES PRESSÉ.

Toutes les autres feuilles étaient blanches. M. de T...
suivit le conseil à la lettre, et sa fortune sous la révolution,
le consulat, l'empire, la restauration et le gouvernement
de juillet, lui prouva que M. de P... avait raison.

Chien qui aboie ne mord pas.

CHIEN QUI ABOIE

NE MORD PAS

Il ne mord pas sans doute pendant qu'il aboie, mais après ? — Cependant c'est un fait reconnu qu'il mord beaucoup moins que celui dont la colère est muette ; et cela suffit pour confirmer le proverbe que nous avons emprunté aux anciens. Quinte-Curce nous apprend, dans son *Histoire d'Alexandre le Grand*, qu'il était usité chez les Bactriens : *Apud Bactrianos vulgo usurpabant canem timidum vehementius latrare quam mordere*. (lib. VII). Il s'emploie dans le sens figuré pour signifier que ce ne sont pas ceux qui font le plus de bruit qui sont les plus à craindre. — *Tel menace qui a peur*, suivant un autre proverbe qu'on trouve dans le roman de Jaufre : *Tals menassa c'a paor*.

Les Basques disent sans métaphore : *Mehaxu porusuac gupida ditu escuac,* — celui qui menace à grand bruit veut épargner ses mains.

La menace à grand bruit ne porte aucune atteinte,
Elle n'est qu'un effet d'impuissance ou de crainte.

(CORNEILLE.)

Les Allemands expriment la même idée en ces termes : *das Lœwenmaul hat ein Hasenherz. — L'homme à gueule de lion a un cœur de lièvre.*

Les Arabes ont cette sentence : *Les chiens aboient et la caravane passe,* qu'ils emploient moralement pour signifier que les clabaudages des méchants ne doivent pas arrêter les gens de bien qui marchent dans les voies de l'honneur et de la religion.

Grandville a fait l'application de notre proverbe à l'Angleterre, et la manière dont il l'a mis en scène offre un des nombreux épisodes de ces mauvais jours où la fierté britannique, enivrée de ses succès, attaquait dans ses journaux le chauvinisme français qui ripostait vivement dans les siens.

DE MAIGRE POIL APRE MORSURE

EXTRAIT DE MÉMOIRES INÉDITS

J'avais gagné quelque argent au jeu. Il s'agissait de me meubler ; plusieurs de mes amis me conseillèrent de m'adresser à Niccolo Gritti, jeune tapissier qui venait de s'établir. J'en parlai à Casanova de Seingalt, le célèbre aventurier ; il haussa les épaules.

— Je ne conseille personne, me dit-il ; mais le mois dernier j'ai garni un casino, et c'est au vieux Velo que je me suis adressé.

— Tout le monde assure que Velo est horriblement cher.

— Tout le monde a raison ; pourtant je gagerais bien que votre Gritti le sera davantage.

— Cent personnes m'ont dit le contraire, répondis-je, et volontiers j'en ferai l'épreuve.

Sur ce, je me fis donner en détail la description du casino en question, le nombre exact des glaces, des lustres en cristal de roche, de girandoles, des trumeaux peints, des lambris ciselés en or moulu, des paresseuses, des tentures de soie à fleurs, des tapis veloutés, des chambranles de marbre, etc., etc. Mons Gritti fut appelé, reçut mes ordres en toute joie et en toute humilité, me promit le plus grand luxe et la plus grande économie, m'assura que j'aurais toutes ces choses à un grand tiers de rabais sur le prix de son illustre confrère, et, peu de jours après la livraison des meubles, m'apporta une note dont le total était effrayant.

J'allai trouver dès le lendemain le spirituel chevalier. Il déjeunait seul par aventure, mais en homme comme il faut. Le chocolat préparé remplissait la chambre d'une forte odeur de vanille ; à côté de deux flacons vides, qui avaient contenu d'excellent scopolo, mon ami dépêchait les restes d'une salade de blancs d'œufs, assaisonnée à l'huile de Lucques et au vinaigre des Quatre-Voleurs.

— Je sais ce qui vous amène, s'écria-t-il, comme si mes nombres me l'avaient dit ; et, en effet, il ne faut pas être grand cabaliste pour cela. Je vous ai donné un conseil ; vous ne l'avez pas suivi ; votre homme vous a volé?

— Je le crains, répliquai-je.

— J'en suis sûr, reprit le chevalier, et je suis sûr aussi que vos sequins s'en vont rondement d'un autre côté. La Tonina était d'une gaieté folle hier soir au Ridotto.

— Eh bien, demandai-je, non sans un peu de confusion tant bien que mal déguisée, qu'y a-t-il de commun?

— Je vais vous dire, interrompit-il ; nous avons un proverbe infaillible : *Donna che ride, borsa che piange.* Vous avez gagné trois mille ducats la semaine dernière ; vous avez soupé deux fois avec cette petite danseuse ; elle rit au nez de tout ceux qui la regardent ; gageons que les deux tiers de votre gain sont déjà mangés.

— Voilà, répondis-je, une conjecture fort indiscrète. Pour en revenir à Gritti...

— N'achevez pas ; je vais encore vous dire comment vont les choses de ce côté. Vous avez sa note en poche ; celle de Velo dans ce secrétaire ; nous les comparerons si vous voulez, et je parie votre jabot de point d'Alençon contre cette bague en brillants, que la différence en moins du côté de Gritti ne va pas à plus de dix sequins. Je parie encore que, nonobstant cette différence en moins, il gagne six fois plus que son confrère, plus habile, plus riche et plus renommé que lui. Je parie, sans l'avoir vu, que tout ce qui est chez moi damas de Lyon, chez vous est taffetas de Vicence, que vous avez des cristaux de pacotille aux pendeloques de vos lustres, des bronzes mal dorés à vos girandoles, des marbres défectueux sur vos cheminées. Maintenant, autre différence : vous espériez peut-être quelque rabais et quelque crédit. Velo prend mes billets à trois mois, et je lui ai fait subir, suivant l'usage du beau monde qu'il sert, une diminution notable ; votre maraud de Gritti veut, j'en suis sûr, être payé séance tenante, et, quand vous lui avez parlé d'une estimation, il vous a menacé d'un procès.

J'étais atterré ; car, de point en point, le chevalier avait deviné juste.

35

— Souffrez, reprit-il après avoir joui de mon embarras, souffrez qu'on instruise votre jeunesse. Laissons là votre tapissier, qui est un friponneau, et qu'il faudra rouer de coups de canne quand vous lui aurez jeté son argent à la figure; puis dites-moi, s'il vous plaît, quel maladroit ami vous a guidé dans nos coulisses? Autant aurait valu tout d'abord vous mener en pleine Calabre. Cependant il y a danseuse et danseuse, comme il y a tapissier et tapissier, comme il y a bandit et bandit : — par quels motifs avez-vous préféré la Tonina?

— Eh ! mais, repris-je, a-t-on des motifs?...

— Avoués ou secrets, on en a toujours. Comme je ne vous vois pas très-disposé à vous confesser, je vais continuer mon rôle de nécroman. Lorsque vous avez porté votre hommage à cette petite fille, brune et maigre comme un clou de girofle, vous n'avez cédé ni à l'attrait fort médiocre de sa danse effrontée, ni à celui de ses petits yeux noirs passablement dépareillés. Vous n'aviez pas l'ombre d'un penchant pour elle, et je n'en veux d'autre preuve que la belle ardeur dont vous brûliez naguère pour la véritable déesse de nos fêtes, cette veuve milanaise, *bionda e grassotta,* autour de laquelle vous avez rôdé tout bas pendant plus d'un an. Donc il a fallu que certains calculs, certaines considérations, dont vous-même n'avez pas conscience, vous fissent agir en sens inverse de votre instinct naturel. Vous vous êtes dit,.... n'allez pas vous fâcher... qu'une pauvre débutante, arrivée à Venise il y a deux mois, dédaignée jusqu'à présent, fort mal en point dans ses affaires, portant des robes fanées et des colliers de fausses pierres, devait être plus facilement abordable et (passez-moi le mot) d'un usage plus économique qu'aucune de ses compagnes gâtées par la prospérité, qui vous éblouissaient de leurs atours insolents. Le malheur de ce raisonnement, si juste en apparence, est d'être constamment démenti par les faits. Vous n'avez trouvé la Tonina ni moins vaniteuse ni plus accommodante que ses camarades les plus à la mode. Du moment où elle vous a vu tenter fortune auprès d'elle, cette pécore a fait la renchérie, comme si elle n'était pas endettée jusqu'aux oreilles, couverte de mauvais haillons, et, faute de crédit, réduite les trois quarts du temps à dîner par cœur. Tous ces désavantages, elle les aura présentés avec adresse comme autant de mérites singuliers. Dieu sait si elle aura fait sonner haut son titre de débutante! Dieu sait quels contes elle vous aura bâtis sur sa vie passée! Et, quant aux dédains dont elle a été l'objet depuis son arrivée ici, elle n'a pas manqué sans doute de les attribuer à sa vertu farouche qui décourageait toute tentative. Voyons, *carissimo*, n'est-ce point cela ou à peu près?

Il m'eût fallu plus d'aplomb que je n'en avais alors pour contredire messer Casanova. Sa perspicacité n'avait omis aucun détail, et l'on eût dit qu'il avait prêté l'oreille à tous mes entretiens avec la Tonina.

Voyant que ses conjectures tombaient juste, il reprit sur un ton d'ironie encore plus marqué :

— Après que votre divinité s'est entourée ainsi de tous les prestiges qu'elle a pu réunir, trouvant en vous la noble crédulité d'un galant homme qui n'a pas encore été dupe, elle a profité largement d'une occasion qu'elle n'aurait osé attendre. Elle vous a vendu de simples espérances, — et quelles espérances, grands dieux! — au prix des plus séduisantes réalités. — Convenez-en, la moitié de la somme que vous avez donnée à ce maraud de Gritti a été dépensée pour tirer de son galetas l'inflexible objet de vos

vœux. Un sourire indulgent, où tout au moins un chaste
soupir a payé ce généreux sacrifice. Il y a mieux : Tonina,
cédant à vos instances, vous a permis de lui donner à
souper, mais à la condition que la hideuse matrone dont
elle se dit la fille assisterait, pour empêcher la glose, à cet
innocent festin. Je vous connais assez, et je vous vois rou-
gir de trop bon cœur pour douter que les choses se soient
passées comme elle l'a voulu. Grande chère, vins de choix,
service magnifique, le tout assaisonné de mystère, et vous
en avez eu pour vos cinquante ducats tout au moins. Peut-
être commenciez-vous à vous repentir ; mais il était trop
tard, et depuis lors, spéculateur aventureux, vous courez,
comme on dit, après votre argent. Plus elle vous voit engagé, plus cette laideron vous tient la dragée haute, toute
fière de vous trouver docile à ses moindres caprices. Je
vous fais bien mon compliment du costume dans lequel
nous l'avons vue au dernier bal masqué ; son habit de
velours rose, brodé en paillettes d'or, était d'une richesse
extrême; le solitaire qu'elle avait au doigt vous coûte, je m'y
connais, de cent trente à cent cinquante ducats. Sa baüté
de blonde noire était d'une beauté remarquable pour la
finesse et le dessin. D'ailleurs n'a-t-elle pas pris grand soin
de vider ses poches devant nous ? Tabatière d'or, étui d'or,
bonbonnière entourée de perles fines, lorgnette superbe,
breloques étincelantes de petits diamants, rien ne manquait à cet ajustement magnifique dont je ne veux pas
vous rappeler la valeur, pour ne pas ajouter à vos déboires.
Mais si je ne vous dis pas ce qu'il vous a coûté, je puis
au moins vous dire ce qu'il vous rapporte ; c'est le très-
sincère mépris du petit monstre pour lequel vous vous rui-
nez. Tonina, maintenant que, grâce à vous, elle fait une
espèce de figure, trouverait charmant de vous planter là

sans vous avoir rien accordé, pour un homme qui n'attendit pas sa fortune d'un coup de dé ou d'un heureux paroli.

En revanche, — et c'est le plus piquant de votre histoire, — avec beaucoup moins de tourments et de dépenses, jeune et bien fait comme vous l'êtes, vous pouviez aspirer aux plus beaux succès. La comtesse, oui, la comtesse elle-même, — bien qu'elle ne soit pas à vendre, — eût accepté vos soupirs si, courageux à propos, vous eussiez fait pour elle, au carnaval dernier, la moitié des folies auxquelles vous a induit une créature qu'il ne faut pas même songer à lui comparer. Remarquez que je ne vous parle point de la Baletti, de la Ramon, de la Steffani, de la Papozze ; quels que soient leur vogue et leur renom, la plus huppée d'entre elles sait trop bien ce qu'elle vaut au fond pour imposer des conditions très-sévères. Avec une pluie d'or comme celle qui vous a ouvert les portes du grenier où végétait Tonina, je me serais fait fort de pénétrer chez toutes les Danaés du corps de ballet.

Casanova, se levant alors de son fauteuil, se promena par la chambre en agitant son mouchoir imprégné d'essence.

— Sachez, *carino*, continua-t-il d'un ton protecteur qui me déplut horriblement, sachez une fois pour toutes que, dans la vie, on se trouve toujours bien d'avoir affaire aux marchands enrichis, danseuses ou non ; leur position faite les rend moins avides. Au contraire, quiconque a toute sa fortune à créer marche vers ce but *per fas et nefas*. Si vous craignez les comptes d'apothicaire, n'appelez jamais le notaire qui vient d'acheter sa charge, n'entrez jamais chez l'aubergiste récemment établi, tenez-vous à l'écart de ces jeunes praticiens en tout genre qui débarquent sur la

scène du monde, les poches vides, l'œil au guet, les mains
en avant. Dans tout ventre creux la conscience est au
large; il n'est guère de scrupule que le besoin n'apaise.
Moins on a, plus on veut avoir; et, suivant un vieil adage
dont j'ai reconnu la justesse, il faut toujours attendre.

DE MAIGRE POIL APRE MORSURE.

Dis-moi qui tu hantes, je te dirai qui tu es.

DIS-MOI QUI TU HANTES

ET JE TE DIRAI QUI TU ES

Ce proverbe, si remarquable dans sa simplicité originale et concise, existe chez la plupart des peuples modernes ; mais il est plus ancien chez les Arabes que chez les autres, car il se trouve textuellement dans le *Recueil des sentences* d'Ali-Ben-Abou-Taleb, cousin et gendre de Mahomet, le prophète.

Quant à la pensée qu'il exprime, elle est d'une très-haute antiquité. Les premiers sages savaient fort bien qu'on prend les mœurs des personnes qu'on fréquente assi-dûment, et ils avaient pour maxime qu'*on devient bon avec les bons et méchant avec les méchants.*

La communication, en effet, a tant d'influence sur l'homme, qu'elle ne lui permet pas d'avoir un caractère à soi. Elle le modifie et lui pétrit une âme sur le moule de ses liaisons. Elle nourrit Achille avec la moelle des lions chez les Centaures, et l'habille en femme parmi les courtisans de Lycomède.

On ne saurait donc se tromper en préjugeant de la moralité d'un individu d'après celle de ses intimes. Ils le caractérisent, et c'est en eux qu'il faut le chercher, s'il prend le parti de dissimuler. On doit à coup sûr l'y trouver tel qu'il est.

> *Noscitur ex socio qui non cognoscitur ex se.*

« Celui qu'on ne connaît point par lui-même se fait connaître par son compagnon. »

Puisqu'il est avéré de temps immémorial que les actions humaines sont généralement déterminées moins par la raison que par un penchant naturel à l'imitation, il s'ensuit que la règle la plus importante de l'éducation est de n'offrir à la jeunesse que des exemples dignes d'être imités. Ces exemples peuvent animer d'une généreuse émulation les natures les plus apathiques. Les Persans disent, dans un proverbe formulé par Saady : *Le chien des sept dormants, enfermé avec eux dans la même caverne, finit par devenir un homme;* fait merveilleux que des commentateurs du Koran ont ajouté à la légende chrétienne qui rapporte que sept nobles jeunes gens d'Éphèse, pour se soustraire à la persécution de l'empereur Dèce, se cachèrent dans la cavité spacieuse d'une montagne et y restèrent miraculeusement endormis jusqu'à l'avénement de Théodose le Jeune, c'est-à-dire durant cent soixante-dix-sept ans [1].

1. Le Koran dit trois cent neuf ans, dans son chapitre XVIII, intitulé *la*

Malheureusement les bons exemples n'excitent trop
souvent qu'une admiration stérile, tandis que les mauvais
ont une contagion dont la force agit même sur les esprits
qui semblent les plus propres à y résister par la solidité de
leurs principes. C'est une remarque très-fine et très-judi-
cieuse de Chamfort que, quelque importuns, quelque insup-
portables que nous paraissent les défauts de ceux avec qui
nous vivons, nous ne laissons pas d'en prendre une partie ; être la victime de ces défauts étrangers à notre caractère n'est pas même un préservatif contre eux.

Caverne, où il donne la célèbre légende, sans parler de la métamorphose du
chien, et il ajoute que, pendant ce temps, Dieu retournait les sept assoupis,
tantôt à droite et tantôt à gauche : sur quoi les moins éveillés des musulmans
ouvrent de grands yeux d'admiration et glorifient Allah du soin qu'il prenait
pour empêcher ses créatures de moisir.

TIRER LE DIABLE PAR LA QUEUE

NE MÈNE LOIN JEUNES NI VIEUX

Proverbe, que me veux-tu? D'où viens-tu? Qui es-tu?
Qu'entend-on au juste par ces mots-là : « Tirer le diable
par la queue? » Cherchons.

Ce proverbe voudrait-il dire qu'on est avec le diable
sur un pied d'intimité? A-t-on dit, par exemple, du fameux
docteur Faust, qui était, comme chacun sait, à la fois le
compère, l'hôte, l'ennemi intime et le séide de Méphisto-
phélès, qu'il tirait le diable par la queue pour exprimer
qu'il était avec le diable comme les deux doigts de la
main? Mais cette étymologie nous semblerait bien tirée
par les cheveux, pour ne pas dire plus.

Ou bien ce proverbe aurait-il été inventé à l'occasion de cet autre personnage fantastique de la chanson de Gœthe : *l'Élève du sorcier?* L'élève d'un magicien a retenu certaines paroles cabalistiques à l'aide desquelles son maître se fait servir par le diable. En l'absence de son maître, l'élève imagine de faire paraître le diable devant lui, et lui ordonne d'aller lui chercher de l'eau. Malheureusement il a oublié les paroles à l'aide desquelles on l'arrête, et le diable lui apporte coup sur coup tant de seaux d'eau, que bientôt la maison est inondée ; au moment où le diable s'élance pour apporter encore de l'eau, l'élève se précipite sur ses pas et l'arrête... Je pense que ce ne put être que par la queue, car le diable ne se laisse guère saisir que par là.

Tirer le diable par la queue voudrait donc dire alors agir inconsidérément, sans réflexion, et risquer de tomber dans un abîme ou de se voir submergé comme l'élève du sorcier?

Cherchons encore.

« Rien de plus simple, nous dit un homme déjà sur le retour et qui a connu intimement feu M. de la Mésangère : tirer le diable par la queue signifie tout bonnement vivre dans la gêne, porter des culottes râpées, un parapluie rouge, des besicles en cuivre, des gants de peau de lapin et des épingles sur sa manche, — voilà ce qu'on appelle tirer le diable par la queue.

— Halte là, monsieur, je vous arrête, car votre définition est insuffisante... Et ce diable que vous oubliez, ce diable qui a fait le proverbe, qui en est, on peut le dire, le chef et l'âme, croyez-vous donc qu'on puisse l'omettre? Remarquez que le proverbe ne dit pas tirer l'existence par la queue; tirer l'argent, la destinée, le crédit, la misère

par la queue, il dit le diable... le diable, monsieur, entendez-vous?... Comment ce diable ne vous a-t-il pas sauté
aux yeux? »

Quoi! une jeune fille travaille du matin au soir et est
citée comme un ange de résignation et de sagesse! Il est
vrai qu'elle est très-pauvre, mais qu'importe, puisqu'elle
ne doit son existence qu'au travail de ses doigts, que son
économie suffit à tout?... Et vous osez dire de cette pauvre
innocente qu'elle tire le diable par la queue, elle qui n'a
même jamais vu ses cornes?

On ne met généralement pas à la caisse d'épargne
quand on tire le diable par la queue.

A plus forte raison n'obtient-on pas le prix Montyon,
attendu que le diable n'a pas reçu jusqu'à ce jour de prix
de vertu.

Mais sans vouloir en aucune façon faire ici l'apologie
du désordre ni du décousu dans la vie ordinaire, je soutiens
que, pour tirer le diable par la queue, il faut ne point avoir
les mœurs épicières; il faut surtout comprendre l'imagination, l'imprévu, la fantaisie, enfin la vie d'artiste.

Vous ne direz jamais d'un musicien qui a une fois par
mois cinquante mille livres de rente pendant vingt-quatre
heures, ou de la danseuse qui a un coupé et trois termes
en souffrance, qu'ils sont au-dessous de leurs affaires,
qu'ils sont sur le point de faire faillite, qu'une liquidation,
une assemblée de créanciers est nécessaire... Fi donc! ils
tirent le diable par la queue, c'est bien plus poétique.
« Cher diable, toi qui as inspiré tant de grands génies, toi
qui as su ranger parmi tes apôtres Dante, Michel–Ange,
Callot, Hoffmann, Panurge, Scapin, Figaro, sans compter
tous les poëtes qui se donnent à toi vingt fois par jour
pour attraper la rime et quelquefois le bon sens, inspire-

moi donc quelque heureuse et nouvelle idée pour adoucir
la férocité de mes dettes; rogne-leur les griffes; lime-leur
les dents, fais-leur faire, s'il se peut, patte de velours... »

Mais le diable souvent reste sourd à de pareils appels que
tant de personnes lui adressent de tous les côtés, et il faut
bien qu'il se fasse un peu tirer... non pas seulement l'o-
reille, mais par ce que nous disions, et on conçoit enfin
que, malgré toute sa bonne volonté, la queue du diable ne
puisse répondre à tout le monde à la fois.

Écoutez, mon ami, vous êtes aujourd'hui un des riches
notaires de Paris; votre maison est des plus recherchées;

chaque soir votre table est garnie de convives; le matin, votre étude est assiégée de clients de toute espèce.

Mais vous souvenez-vous du temps où nous étudiions, ou plutôt où nous n'étudiions pas ensemble? Vous rappelez-vous la fameuse lettre que vous écrivîtes à votre oncle de Louviers, peu de temps après les journées de Juillet, lettre colossale et patriotique datée du Panthéon, que nous composâmes à quatre, et dans laquelle vous annonciez à votre oncle l'intention de figurer dans la garde citoyenne et de prêter *l'appui de votre bras* à l'ordre public et à la charte?

.Vous comptiez sur l'envoi de bank-notes; mais votre oncle, qui était la sagacité même, jugea à propos de vous envoyer seulement un énorme paquet contenant un équipement complet, qui permît à vos instincts patriotiques de ne plus battre sous l'enveloppe du *péquin*..

Vous m'avez souvent raconté qu'à une certaine faction, de minuit à deux heures, vous eûtes comme un vertige : vos yeux se fermèrent à demi, et vous vîtes distinctement paraître devant votre guérite un personnage enveloppé d'un domino et couvert d'un masque noir, que vous avez déclaré ne pouvoir être que le diable en personne. Ce personnage se mit, avec la main la plus mignonne et la plus blanche du monde, à détacher lestement, une à une, toutes les pièces de votre uniforme, vos épaulettes, votre sabre, votre ceinturon; il cacha le tout dans sa robe et s'enfuit à toutes jambes sans qu'il vous fût possible de le rejoindre.

Comment se fit-il que, le lendemain de cette singulière aventure, tout votre équipage se trouva chez un fripier du voisinage? Adieu la gloire! tout était vendu, et de votre équipement il ne vous resta absolument qu'un billet de garde! -

Quel dîner nous fîmes à Montmorency avec votre habit, votre houppelande, votre bonnet à poil et votre plumet! Et vos buffleteries, votre fusil et le reste de votre fourniment, n'est-ce pas là ce qui vous permit d'assister à la première représentation de *Napoléon, ou les Cent Jours*, toujours avec le diable de la guérite?

Mais que devint votre oncle de Louviers lorsque, arrivé à Paris à l'improviste, il voulut se procurer la satisfaction d'aller, sans vous prévenir, vous contempler à une des grandes revues? Hélas! il vit vainement défiler devant ses yeux les chasseurs, les artilleurs, les grenadiers; il vous chercha, je crois, jusque parmi les sapeurs. Mais quelle fut sa douloureuse consternation lorsque, en montant la rue Saint-Jacques, il aperçut à l'étalage d'une friperie un uniforme complet, que son coup d'œil d'habitant de Louviers lui fit aisément reconnaître! L'uniforme, les buffleteries, le bonnet, le tout avait été placé sur un mannequin dont la figure de carton souriait à votre oncle de l'air du monde le plus bête. Votre oncle fut sur le point de prendre au collet son mannequin de neveu; mais il se contint et préféra quitter Paris le soir même, sans vouloir vous voir. Quelques jours après, une lettre datée de Louviers vous arriva, lettre fulminante, écrasante.

Mon ami, avouez que le diable était alors à peu près votre seul client. Que d'affaires n'avez-vous pas faites avec lui! Il vous rendait souvent visite, et cependant ses visites n'avaient pour vous rien d'importun. Vous n'étiez pas obligé, comme maintenant, d'étouffer ces bâillements nerveux que produit en vous le récit de certaines affaires qu'on vous rebat périodiquement depuis plusieurs années.

Le diable était de toutes nos parties de plaisir. Dans le

carnaval, ne pouvions-nous pas dire à la lettre, et sans nous offenser, que le diable nous emportait?

Il arrivait souvent que nous avions reçu, quelques jours avant, la visite du tailleur du Havre ou de Taïti, qui s'était présenté à notre hôtel avec de grandes révérences et une longue queue passant sous son justaucorps, mais que nos yeux inexpérimentés ne nous permettaient pas d'apercevoir. Ce tailleur nous faisait changer nos meilleurs vêtements contre des foulards tartares, des pipes turques, des camées du Vésuve, du vin de Tokay, des pantoufles des îles Marquises, etc.

Le même personnage reparaissait le lendemain, mais entièrement couvert de grelots; et, pour réparer la perte de nos nippes, il nous apportait un choix unique de déguisements impayables.

Dites vous-même si le diable en personne n'avait pas mis la griffe à nos costumes de carnaval. Quels turbans! quels casques! et quelle danse! La nuit, le bal, l'ivresse; le quadrille ordinaire était bouleversé par nous de fond en comble; les autres faisaient la queue du chat, mais nous, c'était bien la queue du diable.

Proverbe, heureux proverbe! que d'autres te haïssent; que d'autres te prennent en mépris; moi je dis que si l'on est homme il faut savoir te goûter et te comprendre. Je te réhabilite, et je soutiens que, malgré les images de dénûment, et j'ose même dire de débine que tu réveilles aux yeux du vulgaire, il y a malgré tout en toi quelque chose d'oriental et de délirant qui suffit bien pour compenser les grandes ou petites misères que tu peux traîner derrière toi. Je te salue donc, ô proverbe! car tu es de plus le roman pratique, réel, sans faux détours, sans symbole. N'est-ce pas toi qui nous as enseigné que le seul et vrai roman était

37

celui qui, à l'exemple du diable, se laissait prendre par la queue?

N'est-il pas vrai, mon cher notaire, vous à qui je dédie ce *travail* sur ce vieux proverbe, à qui nous avons autrefois tant sacrifié ensemble, qu'on ne doit pas, comme on le fait souvent, le regarder d'un mauvais œil, et que, pour ne pas éprouver l'ennui et la satiété au sein de l'abondance, pour ne pas devenir enfin un lourd et assommant Crésus, d'un charmant et bienheureux pauvre diable qu'on était autrefois, il faut peut-être avoir commencé l'existence par :

TIRER LE DIABLE PAR LA QUEUE.

NOTE. « Il est des cas où l'on doit procéder, dans l'explication de certaines formules proverbiales, comme au jeu du baguenaudier. Elles sont tellement enchaînées l'une à l'autre, rentrent si bien l'une dans l'autre, qu'on ne peut avoir la clef de celles qu'on cherche si l'on n'a pas la clef de celles qui les précèdent. Ainsi, pour arriver à l'origine du dicton *Tirer le diable par la queue,* il faut partir d'un proverbe antérieur qui nous apprend que le *diable,* c'est-à-dire le malheur personnifié dans l'être infernal, *est souvent à la porte d'un pauvre homme.* Ce proverbe a fait supposer entre le diable et le pauvre homme une lutte dans laquelle celui-ci, n'osant attaquer de front son adversaire, sans doute à cause des cornes et des griffes, le saisit par derrière afin de l'éloigner de son logis ; et l'inutilité de ses efforts a été exprimée par une métaphore empruntée de ces bêtes récalcitrantes qui s'obstinent à avancer au lieu de reculer quand on les tire par la queue.

Le mitron qui tire le diable par la queue est un symbole de la lutte incessante de l'homme contre le malheur et du travail opiniâtre auquel il est condamné pour se procurer sa subsistance.

On connaît cette phrase originale que l'auteur de *Lucrèce Borgia,* M. V. Hugo, a mise dans la bouche de Gubetta : « Il faut que la queue du diable lui soit soudée, chevillée et vissée à l'échine d'une manière bien triomphante pour qu'il résiste à l'innombrable multitude de gens qui la tirent perpétuellement. »

Le comte de Conflans plaisantait un jour le cardinal de Luynes de ce qu'il se faisait porter la queue par un chevalier de Saint-Louis. L'Éminence, piquée au jeu, répondit que tel avait été toujours son usage, et que, parmi ses caudataires, il s'en était même trouvé un qui prenait le nom et les armoiries de Conflans. — Il n'y a rien d'étonnant en cela, repartit le comte avec gaieté : dans ma famille, on a été réduit plus d'une fois à tirer le diable par la queue. » (*Dictionnaire des proverbes,* etc., par P.-M. Quitard, 1842.)

Ce qui vient de la flûte s'en retourne au tambour.

CE QUI VIENT DE LA FLUTE

S'EN RETOURNE AU TAMBOUR

Allusion à la conduite des ménétriers qui, en général, dépensent vite à manger et à boire le produit des gains qu'ils ont faits en jouant de leurs instruments. Le sens rigoureux du proverbe est qu'on dépense facilement ce qu'on a gagné sans peine.

Les Espagnols expriment la même idée en disant : *El dinero del sacristan cantando se viene y cantando se va.* — *L'argent du sacristain* (chantre) *vient en chantant et s'en va en chantant.*

Nos vieux écrivains se servent souvent d'un proverbe analogue emprunté des gens de guerre qui ne sont pas plus économes que les ménétriers. Voici ce proverbe que le capitaine Bayard avait l'habitude d'employer en parlant des officiers de son corps d'armée toujours pressés de dissiper leur butin en joyeuses orgies : *Ce que le gantelet* ou *le haubergeon gagne, le gorgerin le despend.* Ici le mot gorgerin et, plus haut, le mot tambour paraissent avoir été mis à double entente. Le gorgerin rappelle la gorge, ou le gosier, par où passe tout ce que le gantelet ou le haubergeon a gagné, comme le tambour rappelle le ventre gonflé par l'absorption des produits venus de la flûte.

Les deux proverbes, ayant étendu avec le temps leur signification primitive, ont fini par s'appliquer aux profits illicites dont on ne tire guère un avantage durable. Ils ont, en ce sens, des analogues dans toutes les langues. Je n'en citerai que deux fort originaux, l'un est italien : *Farina del diavolo si riduce in crusca.* — *Farine du diable se réduit en recoupe* ou *en son.*

L'autre est anglais : *What is got over the devil's back is spent under his belly.* — *Ce qui est gagné sur le dos du diable est dépensé sous son ventre.*

La manière dont Grandville a mis en scène le proverbe est si naturelle qu'on pourrait penser qu'elle en retrace l'origine ; mais elle n'en est qu'une application, et ne doit être prise que pour une charmante plaisanterie. Du reste, on peut signaler une rencontre curieuse entre le joli dessin qu'on a sous les yeux et une ancienne estampe faite pour parodier un autre proverbe bien connu, dont le texte, IL FAUT DÉPOUILLER LE VIEIL HOMME ET REVÊTIR LE NOUVEAU, se lisait au bas de cette estampe représentant une femme galante donnant jusqu'aux habits de son amant en titre à son amant secret [1]. La situation des

---

1. Ce proverbe tiré textuellement de l'épître de saint Paul aux Éphésiens (iv, 22) signifie qu'il faut renoncer aux inclinations d'une nature corrompue, se défaire de ses vieilles et mauvaises habitudes pour en contracter de bonnes.

personnages se trouve à peu près la même dans les deux
compositions, j'en fais la remarque, sans prétendre le
moins du monde que Grandville ait pris ailleurs que dans
son esprit ses inspirations toujours si originales.

C'est une allusion à la coutume des néophytes, qui déposaient leurs vêtements
ordinaires et en mettaient de nouveaux. Tous les mystères antiques prescri-
vaient cette coutume symbolique à l'entrée du sanctuaire.

QUI QUITTE SA PLACE

LA PERD

La scène se passe ou à Berlin, ou à Munich, ou à Stuttgard,
ou à Francfort, ou à Cassel, ou à Dresde.

ACTE PREMIER.

LE CHŒUR. — Voici venir l'étudiant Stenn, plus amoureux que jamais de la belle Dorothée, la fille de Liebmann,
le riche marchand de draps. C'est l'heure où ils causent
ensemble au comptoir. N'est-ce point aussi l'étudiant An-

38

selme qui se dirige du même côté? Il marche en composant
un sonnet pour la charmante Dorothée. Lequel des deux
est le préféré? Nous ne tarderons pas à l'apprendre, sans
doute. Anselme a reconnu Stenn; les deux rivaux se sont
jeté un coup d'œil foudroyant. Anselme cependant ne s'est
pas arrêté devant Dorothée. Il reviendra tout à l'heure,
gardons-nous d'en douter. N'effarouchons point Stenn et
Dorothée. (Le chœur se met à l'écart.)

STENN. — Bonjour, mademoiselle Dorothée.

DOROTHÉE. — Bonjour, monsieur Stenn.

STENN. — Comme ce bonjour est froid! Je vois que
vous ne m'aimez pas, mademoiselle Dorothée; vous me
préférez Anselme.

DOROTHÉE. — M. Anselme est un bon garçon; mais
ce n'est pas à moi de décider si je le préfère. Je ferai ce
que mon père ordonnera.

STENN. — Jamais d'autre réponse. Quoi! pas un mot
d'amour?

DOROTHÉE. — Partez! voici mon père. (Stenn sort; survient
Anselme.)

ANSELME. — Bonjour, mademoiselle Dorothée.

DOROTHÉE. — Bonjour, monsieur Anselme.

ANSELME. — Votre père vient de sortir, et je profite du
moment pour vous offrir ce sonnet, qui mieux que toutes
mes paroles vous dépeindra les tourments que j'endure;
car je souffre pour vous, cruelle, et vous ne m'aimez pas.
Sans doute vous me préférez Stenn?

DOROTHÉE. — M. Stenn est un bon garçon; mais c'est
mon père qui doit choisir entre vous deux. Le voici qui
rentre; fuyez.

ANSELME. — Hélas! hélas ! vous me désespérez.
(Il sort.)

LE CHŒUR. — Stenn n'était pas content quand il a
quitté Dorothée ; la figure d'Anselme n'exprimait pas non
plus une grande satisfaction. Il est évident que l'éternelle
réponse de la jeune fille commence à les fatiguer tous deux.
De la résolution qu'ils vont prendre dépendra leur succès.
Tâchons de savoir ce qu'ils méditent. (Stenn rentre.)

STENN. — Décidément il faut en finir. Mon moyen est
excellent. J'irai, s'il le faut, jusqu'au suicide.

LE CHŒUR. — Fichtre !

STENN. — Qui me parle?

LE CHŒUR. — C'est nous, ami Stenn, nous sommes le
chœur antique ; notre emploi est de consoler, de raffermir
le héros et de lui donner d'excellents conseils.

STENN. — C'est le ciel qui vous envoie. Figurez-vous
que j'adore mademoiselle Dorothée , la fille de Liebmann,
le riche marchand.

LE CHŒUR. — Connu.

STENN. — J'ai un rival qui se nomme Anselme. La
petite ne veut pas se prononcer entre nous ; j'ai trouvé une
ruse qui l'y forcera.

LE CHŒUR. — Voyons.

STENN. — Je quitte la ville dès ce soir, et je vais
m'établir à une vingtaine de lieues d'ici. Chaque jour
j'écrirai une lettre à Dorothée. Je commencerai par des
plaintes tendres, je continuerai par des lamentations, et je
terminerai par des menaces de mort. Il faut effrayer les
jeunes filles pour en être aimé. Dorothée ne résistera pas à
mon éloquence ; elle donnera en plein dans le roman ; sa tête

s'exaltera, et je l'épouserai. Que pensez-vous de ce projet?

LE CHŒUR. — Euh! euh! euh!

STENN. — Merci de votre approbation. Je cours le mettre à exécution. (Il sort. — Anselme entre.)

ANSELME. — Cela ne peut durer davantage; il faut absolument qu'avant huit jours je sache à quoi m'en tenir.

LE CHŒUR. — Eh! parbleu; voilà l'étudiant Anselme.

ANSELME. — Qui êtes-vous?

LE CHŒUR. — Nous sommes le chœur antique; notre emploi est...

ANSELME. — De consoler, de raffermir le héros et de lui donner d'excellents conseils. Mon professeur de rhétorique me l'a appris. Sachez donc, puisque vous m'offrez vos services, que je suis amoureux, à en perdre la rime, de mademoiselle Dorothée, la fille de Liebmann, le riche marchand. J'ai un rival qui se nomme Stenn; la friponne hésite entre nous deux : j'ai découvert un moyen de forcer son choix.

LE CHŒUR. — Lequel?

ANSELME. — Je cultiverai la connaissance du vieux Liebmann. Une fois dans la maison, j'entourerai la fille de petits soins et de délicates attentions. On ne réussit que par la patience auprès des femmes. Je serai sans cesse auprès d'elle, elle s'habituera à moi, et je deviendrai son mari. Quel est votre avis là-dessus?

LE CHŒUR. — Eh! eh! eh!

ANSELME. — Je vous comprends parfaitement. Je cours me faire présenter chez le vieux Liebmann. (Il sort.)

LE CHŒUR. — Le projet de Stenn me paraît bon; mais le moyen d'Anselme n'est pas mauvais. L'un s'adresse à

l'imagination, l'autre à l'habitude; lequel des deux triom-
phera? Attendons; les drôles commencent à devenir amu-
sants.

ACTE DEUXIÈME.

DOROTHÉE (seule). — Pauvre Stenn! il passe sa journée
dans les bois à gémir sur mes rigueurs. Sa lettre m'a vivement touchée. La voix du rossignol lui rappelle ma voix;
les fraises des bois n'ont pas, dit-il, un parfum plus doux
que mon haleine, et l'azur du lac sur les bords duquel il
va rêver est moins pur que mes yeux. Il m'aime bien,
celui-là, j'ai presque envie de lui écrire de revenir. (Entre
Anselme.)

ANSELME. — Ainsi que votre père me l'a permis, ma-
demoiselle Dorothée, je viens vous chercher pour vous
conduire à la fête.
DOROTHÉE. — Déjà!
ANSELME. — Craindriez-vous de vous ennuyer?
DOROTHÉE. — Non, partons. (Ils partent.)

LE CHŒUR. — La lettre de Stenn a eu beaucoup de
succès. Nous avons vu des larmes tomber des yeux de Dorothée en la lisant. Anselme pourrait bien être enfoncé.
Allons à la fête. (Il sort.)

DOROTHÉE.—J'ai à peine la force de détacher les fleurs
de mes cheveux, mes paupières se ferment presque malgré
moi. Quelle fatigue! mais aussi comme je me suis amusée!
Anselme est charmant. Que de prévenances! que d'attentions! Et puis comme il valse bien! Il faut qu'il soit bien

amoureux pour se montrer si dévoué. Comme il a bien répondu à cet officier qui soutenait m'avoir engagée! La voix du rossignol!... la valse... le parfum des fraises... Stenn... Anselme... Je m'endors!

LE CHOEUR. — Anselme fait des progrès effrayants. Dorothée, pendant la valse, se pressait d'une façon très-tendre contre lui. Stenn pourrait bien perdre la partie.

ACTE TROISIÈME.

DOROTHÉE. — Une nouvelle lettre! c'est la huitième que je reçois. La dernière était pleine de reproches et de menaces. Il m'écrit qu'un feu intérieur le consume et que la vie lui semble un désert. Il finit par me rendre triste à mon tour, si triste que je suis bien obligée de chercher des distractions quelque part. Un mot de moi le consolerait; mais si ses lubies allaient le reprendre!.. Quelle différence avec Anselme! Celui-là ne vous aborde jamais que le sourire sur les lèvres; s'il ouvre la bouche, c'est pour raconter quelque histoire amusante; il ne songe qu'aux plaisirs des autres. Certainement, comme le disait hier mon père, il serait le meilleur des maris... Lisons la lettre de Stenn.

CHÈRE DOROTHÉE,

A l'heure où vous recevrez cette lettre, mon âme se sera envolée vers les régions du bonheur éternel. Vos dédains m'avaient blessé, la balle d'un pistolet m'a guéri. Je n'ai plus que quelques jours à vivre; plaignez-moi, car je meurs sans vous voir!

STENN.

Grands dieux! il s'est tué pour moi! Je le sens bien, c'est lui que j'aime. (Survient Anselme.)

Anselme. — Qu'avez-vous, mademoiselle Dorothée? je vous trouve bien pâle.

Dorothée. — Moi, je n'ai rien; mais vous, pourquoi ce bras en écharpe?

Anselme. — Une simple égratignure que j'ai reçue de cet officier qui voulait danser par force avec vous. Mais ce ne sera rien, et je viens vous offrir mon autre bras pour vous conduire au théâtre où jouent les acteurs français.

Dorothée, à part. — Que faire? Si je reste à la maison pour regretter celui-là, celui-ci aura raison de se plaindre. En définitive, c'est pour son plaisir que Stenn s'est tué, tandis que c'est pour moi qu'Anselme a exposé sa vie. (Haut.) Partons, monsieur Anselme.

ACTE QUATRIÈME.

Stenn. — Me voilà de retour. J'étais fou de croire qu'elle allait accourir auprès de moi; elle ne pouvait raisonnablement braver à ce point les convenances : son père en serait mort de chagrin. N'importe! le coup est porté; j'ai enfoncé l'amour dans son cœur avec la douleur. Quel effet je vais produire tout à l'heure lorsque je lui dirai : « Mon adorée, le désir de te revoir m'a fait vivre; c'est ta main qui m'a ramené des portes du tombeau! » Elle me répondra : « O ciel! n'est-ce point un songe? C'est lui! » Elle tombera dans mes bras, et dans huit jours elle sera madame Stenn. Pour se tirer d'affaire dans ce monde, il suffit d'un peu d'imagination. (Une troupe de musiciens traverse la place en chantant.) Où vont donc tous ces musiciens?

Le chœur. — Ils vont jouer une sérénade sous les fe-

nêtres de la belle Dorothée, la fille du riche marchand
Liebmann, qui se marie aujourd'hui.

STENN. — Avec qui?

LE CHŒUR. — Avec l'étudiant Anselme.

STENN. — Elle n'a donc pas su que je m'étais brûlé la
cervelle?

LE CHŒUR. — C'est au contraire ce qui l'a décidée.

STENN. — Malheur sur moi! il ne me reste plus qu'à
me tuer pour tout de bon.

LE CHŒUR. — Nous t'empêcherons bien de commettre
cette folie. Fais trêve un moment à tes lamentations afin
que nous puissions adresser quelques mots au public.

MESSIEURS ET MESDAMES,

Le rôle du chœur antique, outre l'obligation de consoler, de raffermir le héros et de lui donner d'excellents
conseils, lui impose encore le soin de résumer la morale de
la pièce; c'est pourquoi nous croyons devoir terminer par
l'aphorisme de circonstance :

QUI QUITTE SA PLACE LA PERD.

La petite aumône est la bonne.

LA PETITE AUMONE

EST LA BONNE

Proverbe très-bien expliqué par ce passage de l'Évangile : « Jésus, étant assis un jour près du tronc des pauvres, regardait de quelle manière le peuple y jetait de l'argent. Il vit plusieurs riches qui y en mettaient beaucoup; il vit

39

aussi une pauvre veuve qui y déposait deux petites pièces
de monnaie de la valeur d'un quart de sou. Et il appela
ses disciples, et il leur dit : « En vérité, je vous le dis,
cette pauvre veuve a mis plus que tous les autres, car tous
les autres ont mis ce dont ils abondaient ; mais elle a mis
ce dont elle manquait, tout ce qu'elle avait pour vivre. »
(S. Marc, ch. XII. — S. Luc, ch. XXI.)

C'est par allusion à ce fait que nous appelons DENIER
DE LA VEUVE ce que le pauvre donne par charité en le
prenant sur son nécessaire, c'est-à-dire la bonne, la meilleure aumône : car le mérite de l'aumône se mesure sur le
sacrifice qu'elle a imposé.

La libéralité du pauvre est la meilleure libéralité (Prov.
arabe).

« Les Provençaux, dit M. Mistral, appellent *aumône
fleurie, aumorno flourido,* celle que le pauvre qui l'a reçue
donne à un autre pauvre; poétique locution qui signifie
par extension un rare bienfait. » (Note du poëme de *Mi-
reillo,* ch. XII.)

J'ajouterai que cette locution s'employa primitivement
au propre pour désigner les palmes et les branches d'arbrisseau bénites du dimanche des Rameaux ou de Pâques-
fleuries, parce que c'était autrefois un usage pieux, non
entièrement abandonné aujourd'hui dans nos contrées mé-
ridionales, de suspendre à ces branches des tourteaux, des
oranges et d'autres comestibles ou fruits qu'on distribuait
aux desservants de la paroisse et aux enfants de la maison, après avoir prélevé la part du bon Dieu pour les
pauvres.

L'expression d'*aumône fleurie* offre d'ailleurs quelque
analogie avec cet adage ingénieux usité en langue romane :
LA BONA ALMOSNA DEU ESSER FLOR ET GRA, *la bonne aumône*

doit être fleur et grain, c'est-à-dire qu'elle doit être faite avec bonne grâce et que sa valeur matérielle doit être rehaussée par des égards et des ménagements délicats pour l'infortune de celui qui la reçoit. Le *Coral* des Indiens, ouvrage philosophique et religieux, rédigé en sanscrit, dit à ce sujet : « Si précieuse que soit l'aumône, la douceur des paroles la surpasse. » Ce qui se retrouve dans ces mots de l'Ecclésiastique : *Verbum melius quam datum.* « La parole vaut mieux que le don. »

Nous avons, en français, une trentaine de proverbes sur l'aumône, tous remarquables par la pensée et par l'expression. Qu'on me permette d'en citer trois ou quatre, quoiqu'ils n'aient point un rapport direct à ceux que je viens de commenter. Je les ai enchâssés dans les vers suivants :

O riches, de Booz renouvelant l'exemple,
Ordonnez qu'en vos champs toujours les moissonneurs
Laissent quelques épis pour les pauvres glaneurs;
Et vos champs produiront une moisson plus ample.
L'aumône à qui la fait porte un solide gain :
Donner, c'est s'enrichir, nous dit un saint apôtre,
Et quand deux grains de blé par une bonne main
Sont jetés à l'oiseau qui souffre de la faim,
Il en prend un, et Dieu fait un épi de l'autre.

L'ANE DE PLUSIEURS

LES LOUPS LE MANGENT

Comme il est gentil, Jacquot! comme il s'ébat joyeusement au milieu des prés! Il va, il vient, il court, il saute.
Le voilà qui s'arrête au bord du ruisseau; son gros œil
rond se fixe sur le courant d'un air curieux. Tout à coup

ses oreilles se dressent droites et immobiles : il a vu son
ombre et il a peur. Mais bientôt il reprend courage; il se
met de plus belle à cabrioler, à se rouler sur l'herbe
épaisse et tendre, dont il tond à chaque instant un peu
plus que la largeur de sa langue. Les enfants du meunier
le poursuivent, et lui, cet autre enfant, il joue avec eux et
mange dans leur main.

Vous auriez beau parcourir tous les moulins, toutes les
fermes des environs, nulle part vous ne trouveriez un âne
aussi joli, aussi gracieux que Jacquot. Sa robe est grise, le

bout de son museau blanc comme le lait; ses quatre
jambes sont traversées par une raie noire, juste à l'endroit
où la jeune meunière attache ses jarretières; sa queue est
terminée par une magnifique touffe de poils frisés et
soyeux; il a ce qu'il faut d'oreilles à un âne de bonne
condition. Certainement l'âne qui inspira à M. de Buffon
son fameux chapitre n'était ni mieux fait ni plus beau que
notre Jacquot.

Jusqu'ici on l'a laissé libre, il a pu sans contrainte se
livrer aux joies bruyantes de l'enfance ; mais le jour est
arrivé où il doit faire son entrée dans le monde. Quelle
belle journée ! comme les foins sentent bon ! quelle douce
saveur ont les fleurs de la luzerne ! Jacquot n'a jamais été
plus vif, plus espiègle, plus coquet ; on dirait, à voir sa
légèreté, qu'il court après les papillons qui voltigent autour de lui. Sois heureux, Jacquot ; jouis une dernière fois
des charmes de cette matinée de printemps. L'enfance,
c'est la liberté, c'est l'insouciance, c'est le bonheur ; dans
un moment tu diras adieu à tout cela. Le meunier s'avance,
tenant la bride d'une main, de l'autre le bât ; Jacquot le
laisse approcher sans défiance. L'éclat des pompons rouges
le séduit : « Voilà, pense-t-il, une parure qui ne me messiéra
point, j'irai tantôt me mirer dans l'onde voisine. » La bride
est passée, le bât est sanglé ; Jacquot ne se possède pas de
joie, il veut s'élancer du côté de la rivière ; mais un poids
inconnu retient son élan, la pression du fer sur sa bouche
lui fait pousser un cri de douleur. Voilà Jacquot bien
étonné d'être obligé d'aller où il n'a nulle envie de se
rendre, c'est-à-dire au moulin.

Le malheur donne une prompte expérience ; Jacquot ne
tarda pas à comprendre la vanité de ses espérances. Déjà
les maudits pompons qui l'avaient séduit ont perdu leur
éclat ; porter le blé au moulin ou la farine chez les pratiques, se lever à l'aube, se coucher à la brune, rester enfermé le dimanche, ne plus aller au pré que pendant quelques jours de printemps, et encore n'y rester qu'à la
condition d'être attaché à un vil poteau : tel est le sort de
Jacquot. Cependant son excellent naturel ne s'est point
altéré dans l'esclavage. Après tout, se dit-il, en comparant
ma situation avec celle des autres ânes mes confrères, je ne

dois pas me trouver trop malheureux ; ils travaillent comme des forçats, on les nourrit mal, et on les accable de coups. Je travaille comme tout âne honnête homme doit le faire ; ma paille est tendre et ma litière fraîche ; les enfants de mon maître, qui ont été mes camarades d'enfance, m'aiment et m'apportent de temps en temps quelques friandises dont je me régale ; le meunier lui-même m'estime, et j'en suis quitte avec lui pour quelques bourrades qu'il m'administre lorsqu'en revenant de la ville il s'est arrêté un peu trop longtemps à la porte d'un cabaret.

Raisonnable comme nous le voyons, Jacquot aurait dû mourir au moulin, regretté de tous comme un membre de la famille. Le meunier, sa femme et ses enfants y comptaient bien ; mais tout à coup un grand changement s'est opéré dans le caractère de Jacquot. Lui, que nous avons vu si docile, si résigné, si bon garçon, il est devenu rétif, ombrageux ; il se met à braire à chaque instant, sans rime ni raison. S'il porte des sacs au moulin, il feint de faire un faux pas, et il laisse tomber sa charge ; si le meunier l'enfourche, il choisit à dessein l'endroit le plus raboteux pour se mettre à trotter ; si les enfants lui apportent une poignée d'avoine ou l'écorce fraîche et appétissante d'un melon, il dédaigne ces marques d'amitié qui lui étaient autrefois si précieuses, et répond par des ruades aux caresses de ses amis. Sans doute quelque vieux mendiant en haillons, jaloux d'entendre partout l'éloge de Jacquot, lui aura jeté un sort en passant le soir devant le moulin.

Ce n'est point un maléfice qui tourmente Jacquot ; ou plutôt c'est le plus grand, le plus terrible, le plus funeste de tous les maléfices : l'amour, puisqu'il faut l'appeler par son nom. Jacquot n'a pu se soustraire à l'universelle loi, une invisible flèche a percé son cœur, il est amoureux fou d'une jeune ânesse qui demeure à une lieue de chez lui, l'ânesse du curé. Elle est blanche, elle est grasse, elle est potelée; quand elle monte au moulin, elle tient constamment les yeux baissés sans prendre garde aux ruades d'admiration, aux braiments d'enthousiasme que sa présence excite de tous côtés. Comment Jacquot pouvait-il résister à tant d'innocence et de candeur?

Dans un état de civilisation où l'on tiendrait plus compte que dans le nôtre des intérêts du cœur, Jacquot serait devenu l'époux de Jacqueline (c'était le nom de l'ânesse); mais par un sot orgueil on la maria à un cheval. En apprenant cette nouvelle, Jacquot devint fou de désespoir; quand on voulait lui mettre son bât, il se roulait par terre; si on le conduisait à la ville, il quittait brusquement le grand chemin et courait comme un insensé dans la campagne, recherchant la solitude des forêts pour braire à l'écho le nom de son Amaryllis. Il en fit tant et tant que le meunier le vendit pour s'en débarrasser...

Son nouveau maître était un loueur d'ânes de Montmorency. Le temps et l'éloignement rendirent à Jacquot une partie de son ancien calme. La condition dans laquelle il se trouvait n'était pas trop mauvaise. On n'avait pas pour lui les mêmes soins ni les mêmes attentions que dans la famille du meunier; le bourgeois était grossier, mal parlant, et très-prompt à se mettre en colère; il n'entendait plus la meunière lui dire de sa douce voix : Allons, Jacquot, du courage. Mais quelquefois des grisettes de Paris caressaient sa crinière courte et épaisse; elles tendaient leur tablier devant lui pour que sa grande bouche vînt y saisir quelque bon gros morceau de galette ou de pain d'épice; puis elles montaient sur son dos et couraient dans les bois, riant, folâtrant, causant de leurs amours; tout cela rappelait à Jacquot sa blanche Jacqueline, il songeait aux lieux qui l'avaient vu naître, au moulin, et il ne se trouvait plus aussi malheureux qu'il avait craint de l'être quand on l'amena pour la première fois à Montmorency.

Rien n'est durable sur cette terre, pas même ces semblants fallacieux qu'on est bien forcé, faute d'autre chose, de prendre pour le bonheur. L'été avait été pluvieux, les amoureux s'étaient vus forcés de rester à la ville; quand vint l'hiver, le loueur d'ânes fut obligé de réduire son personnel. Il céda Jacquot à un saltimbanque; celui-ci désirait remplacer par un âne son chien savant qui venait de mourir.

Voilà Jacquot obligé d'étudier les sciences occultes, afin d'être un jour en état de prédire de bons mariages aux jeunes filles et aux jeunes garçons. Jacquot était un âne fort intelligent, et il n'eut pas beaucoup de peine à se mettre au courant de sa profession. Le jour de ses débuts il obtint un succès colossal; la place publique était trop étroite pour contenir la foule. — Jacquot, quelle heure est-il? — Jacquot, quel est le plus laid de la société? — Et les rires d'éclater, les gros sous de pleuvoir. Le saltimbanque encaisse une recette d'au moins 7 fr. 50 cent. Ma fortune est faite, se dit-il; évidemment cet âne a du Munito dans l'esprit; il jouera aux dominos comme un chien.

Malgré cela, notre ami Jacquot n'était pas dans une position trop brillante; après avoir travaillé tout le jour, il ne trouvait au logis qu'une maigre prébende. En route, il portait le bagage de son maître, son costume de sauvage, ses cymbales, sa clarinette, ses gobelets, son épée pour arracher les dents, son tapis et sa boîte à onguents; souvent il en était réduit à jeuner ou à brouter l'herbe coriace qui croît au bord des fossés; quelquefois, en le voyant racler

piteusement le sol, son maître partageait avec lui un morceau de pain noir.

En somme, Jacquot, avec sa philosophie accoutumée,
se serait fait à sa situation. Je suis exilé de mon pays; il
me serait trop dur de voir Jacqueline aux bras d'un autre;
il n'y a plus assez de grisettes et d'amoureux pour faire
vivre les loueurs de Montmorency; il pouvait m'arriver pire
que de tomber sur ce saltimbanque, qui n'est pas méchant
au fond, et qui partage avec moi en frère; d'ailleurs je
mène la vie d'artiste, et j'avoue qu'elle n'est pas sans charme
pour moi.

Voilà comment Jacquot se consolait. La vie d'artiste!
mot brillant qui cache une bien triste réalité. Celui qui,
naguère, faisait des recettes de 7 fr. 50 cent., arrache à
peine quelques sous à l'indifférence du public blasé. Jacquot n'a plus de succès, son maître le vend pour acheter
des puces savantes et des serins artilleurs.

D'artiste qu'il était, Jacquot est devenu militaire; c'est
une vivandière qui en a fait l'acquisition. Le fifre qui crie,
les tambours qui battent, les fusils qui résonnent, les éten-
dards qui flottent, le canon qui gronde; ce bruit, cet éclat,
ont ébloui Jacquot. Un autre se plaindrait d'être obligé sans
cesse par la pluie, par le froid, par la grêle, par l'orage,
de suivre le régiment; mais il est fier, lui, de marcher
sous les drapeaux, d'affronter le péril, de porter sur son
dos la gaie vivandière et ses provisions. Jacquot n'a pas
toujours sa ration suffisante, sa maîtresse fait pourtant ce
qu'elle peut; mais bah! à la guerre comme à la guerre,
nous nous referons en pays conquis.

Les soldats aiment trop la vivandière pour ne pas reporter un peu de leur affection sur son âne; il était le bien-
venu au bivouac, et les vieux troupiers, quand il passait,

avaient toujours quelque bonne facétie à lui dire. Cela faisait sourire Jacquot, qui préférait ces gaudrioles aux ga-
lettes de Montmorency : la gloire militaire a fait tourner
de bien plus fortes têtes.

Malheureusement pour notre héros, la vivandière fut
tuée dans une bataille. L'ennemi victorieux força à la retraite l'armée dont faisait partie Jacquot; Jacquot vit le
moment où il allait être abandonné de tous. Cinq ou six
grognards s'opposèrent à cette cruelle séparation; Jacquot,
dirent-ils, portera notre marmite et notre bois; nous l'a-
doptons, il sera l'âne du régiment.

Un soir on fit halte au milieu d'une forêt. Les feux du
bivouac s'allumèrent; les soldats se mirent à souper, puis
les rondes circulèrent, les yeux se fermèrent, le camp se
livra au repos. Jacquot, laissé libre, errait tristement autour du bivouac, la mine allongée, l'estomac creux : il
commençait à sentir le néant de la gloire. Hélas! se disait-
il, tant que j'ai appartenu à un seul maître, j'ai été heureux; un régiment m'a adopté, et rien n'égale ma misère.
Le meunier, le loueur, le saltimbanque, la vivandière, s'in-
quiétaient de moi de temps en temps; aujourd'hui personne ne s'aperçoit seulement que j'existe. Quand j'arrive
au bivouac accablé de fatigue, chaque compagnie fait
bouillir la marmite, on mange gaiement, et à moi l'on me
dit : Jacquot, mon ami, arrange-toi comme tu voudras; la
route est libre, va brouter; si l'ennemi se montre, viens
nous avertir. Je serais un lâche si j'abandonnais les drapeaux; mais dès que la paix sera signée, adieu le service
militaire; je rentrerai dans la vie privée, je me ferai de
nouveau âne de moulin.

En se livrant à ces réflexions, Jacquot s'était avancé
dans la forêt pour y découvrir un peu d'herbe fraîche; la

sentinelle l'avait laissé franchir le camp sans l'avertir du
danger qu'il allait courir. On était dans le cœur de l'hiver,
et des bêtes sauvages infestaient la forêt; Jacquot avait à
peine fait cent pas dans la forêt, qu'un loup se précipita
sur lui et le saisit à la gorge. Jacquot poussa un cri terrible pour appeler au secours; les soldats dormaient, personne ne vint; il essaya de lutter, mais il avait affaire à
forte partie. Il vit qu'il était perdu, donna une dernière
pensée à Jacqueline, et se rappela en mourant un mot qu'il
avait entendu souvent répéter au meunier :

L'ANE DE PLUSIEURS LES LOUPS LE MANGENT.

Les loups ne se mangent pas entre eux.

LES LOUPS

NE SE MANGENT PAS ENTRE EUX

Les méchants s'entendent et ont soin de ne pas se nuire entre eux.—Les Italiens disent : *Il lupo non mangia della carne di lupo.*—*Le loup ne mange pas de la chair de loup.*

Voici l'explication qu'on trouve de notre proverbe dans le *Traité de la chasse du loup*, à la suite de la *Vénerie* de Jacq. de Fouilloux : « Quand les loups estant en chaleur suivent la louve, ils exercent cruellement leur férité les uns

contre les autres ;... hors de là, ils s'entr'aiment, s'entr'entendent et s'entre-suivent *comme font larrons en foire.* »
(Fol. 110, v°.)

Les latins disaient : *Canis non est caninam.—Le chien ne mange pas de la chair de chien.* Proposition plus exacte que celle par laquelle on l'a remplacée ; car Buffon assure que les loups s'entre-dévorent et que, si l'un d'eux est grièvement blessé, ils le suivent à la trace de son sang et s'attroupent pour l'achever. Il ajoute qu'il n'y a que le loup qui mange volontiers du loup.

Les Italiens ont encore le proverbe suivant : *Il lupo mangia ogni carne e lecca la sua.* — *Le loup mange de toute chair et lèche la sienne.* Je ne sais s'il faut le prendre pour une confirmation ou pour une réfutation du premier ; mais la vérité exige qu'il soit pris dans le sens conforme à l'opinion exprimée par Buffon et par tous les naturalistes.

Les deux hommes-loups, si drôlatiquement dessinés par Grandville, sont deux chicanoux de la pire espèce, hurlant à qui mieux mieux dans le prétoire, l'un pour les intérêts de Jean, l'autre pour ceux de Pierre, et, hors de là, déposant leur feinte colère, se pressant les mains, rapprochant leurs museaux, devant la porte d'un restaurant où ils vont s'attabler amicalement, à la grande stupéfaction de Pierre et de Jean, dont la figure bouleversée, à l'aspect inattendu de ce qui se passe, témoigne qu'ils ont bien compris que, sans prendre part au repas, ils seront obligés de payer l'écot.

Cette scène me paraît être la mise en œuvre de l'opinion exprimée, en Auvergne, contre les avocats, dans une phrase proverbiale que voici : « Quand ils plaident, vous croiriez qu'ils vont se mordre et s'avaler ; mais en quittant l'audience, ils vont dîner ensemble et manger l'argent du pauvre plaideur. »

E. DE BEAUMONT   THIÉBAULT

BON FAIT VOLER BAS

A CAUSE DES BRANCHES

Gents de mainte manière, de mâle nacion,
Par le pays aloient prendre lor mansion..
Il ne demoroit beuf, ne vache, ne mouton,
Ne char, ne vin, ne pain, ne oie, ne chapon.
Tuit pillart, murdier, traîtour ot larron.

(CUVELIER, *Chron. de Bertrand Du Guesclin.*
Ed. Charrière, v. 7118.)

En l'année 1358, selon Froissart, « aucunes gens des
villes champêtres sans chef s'assemblèrent et ne furent
mie cent hommes les premiers, et dirent que tous les nobles
de France, chevaliers et écuyers, trahissoient le royaume,
et que ce seroit grand bien qui tous les détruiroit. Et chacun
d'eux dit : Il dit voir (*vrai*) ! il dit voir ! Honni soit celui
par qui il demeurera que tous les gentilshommes ne soient
détruits ! Lors se assemblèrent et s'en allèrent, sans autre
conseil et sans autres armures, fors que de bâtons ferrés
et de couteaux. »

41

L'orateur véhément qui avait si bien devisé, parlé si *voir* et si haut, et, à vrai dire, déterminé l'insurrection, s'appelait tout simplement Guillaume Caillet. Il n'était ni plus ni moins malheureux que les autres paysans du Beauvoisis. Les routiers des grandes compagnies ne lui avaient point mangé plus de blé qu'au premier venu, ni plus ravagé son champ, ni mis à plus mal sa femme ou ses sœurs. Mais Guillaume Caillet avait toujours eu la tête plus près du bonnet qu'aucun des manants de sa paroisse.

Tout enfant, — qu'importe le titre de la chronique où nous puisons ces détails ! — il aspirait à dominer ses égaux ; à courir plus vite que les plus agiles ; à lutter contre les plus robustes ; à servir la messe du curé de préférence aux plus clercs ; à tenir l'étrier de Monseigneur, si par hasard les pages de Monseigneur n'y mettaient ordre.

Nombrer les tordions, les nasardes, les ruades, les étrivières, les gaulées, que lui valut son amour immodéré de la gloire, serait une opération arithmétique dont la patience de nos lecteurs ne nous permettrait pas de venir à bout ; nous la leur laissons à méditer.

Plus tard, Guillaume Caillet voulut être le héros des fêtes rustiques. Il lui fallait le prix de l'arbalète, le premier rôle dans toutes les cassades, la victoire à l'estoc volant, porter la bannière aux processions, être le plus renommé bouleur du pays, et aussi le plus vert galant et le meilleur joueur de vèze : encore volontiers se serait-il fait passer pour le plus noble, n'était que son père, — un simple tavernier, — portait en ses armes une écuellée de choux billetés de lard.

Aussi que de fois manqua-t-il d'être éreinté ! Que de fois joua-t-il à *longue échine, balais, balais !* Que de fois fut-il vertueusement taboulé ! sans compter les mépris que

lui valait son outrecuidance, les nuits passées en vain à
l'huis de Margot-la-Hâlée ou de Colichon-la-Jambue, et
les mauvais tours de tout genre que les copieux, les gaus-
seurs, les fins fretés blasonneurs du village, ne se faisaient
faute de lui jouer.

Malgré tout, Guillaume Caillet avait un ami; et, par
la raison qu'en amitié comme en bien d'autres choses, qui
se ressemble ne s'assemble pas, Geoffroy Thibie était d'un
naturel tout opposé : fort peu amoureux de l'éclat ou du
bruit, faisant sa besogne, mauvaise ou bonne, par-dessous
main, volontiers mystérieux, et, comme le chien de Nivelle,
toujours prêt à s'en aller si on l'appelait.

Or, quand il voyait son cher Guillaume revenir à lui de
quelque malaventure, tout grimaud, le mouchoir au nez,
triste, biscarié, marmiteux, — Geoffroy ne faillait jamais,
en le consolant, à lui rappeler une des plus sages maximes
que nos anciens nous aient laissées :

BON FAIT VOLER BAS A CAUSE DES BRANCHES.

Mais, l'heure passée, les sermons allaient au diable;
Caillet, de plus belle entraîné par les suasions de son humeur vaniteuse, rebrassait son chaperon et s'en allait de
côté et d'autre étalant sa grande brave.

Ce qui s'ensuivit quand les vilains du Beauvoisis dé-
clarèrent la guerre aux nobles, nous l'avons dit en commençant.

Seigneur de paille bat vassal d'acier, c'est le dicton de
nos ajusteurs de procès; et, dans cette occurrence, les seigneurs d'acier hachèrent menu les vassaux de paille; mais
non tout d'abord, néanmoins. Pendant quelques mois, les
Jacques, — on les nommait ainsi, — prirent gaillardement
leurs ébats aux dépens des hauts et puissants gentils-

hommes. Équipés de bons bâtons de pommier, fourches, vouges, leviers et tortouers, et d'aventure de quelque méchante pertuisane, ou de quelque forte arbalète de passe, Dieu sait comme s'en donnèrent ces mangeurs de fèves.

En fait, ils se sentaient les prévôts aux trousses, et, au désespoir de leur salut, se démenaient comme les onze mille diables à la journée des sabots.

Brûler les grands bois, démolir les châtellenies, occire

et rôtir les chevaliers, efforcer les dames et damoiselles, c'était pain bénit pour ces honnêtes villageois, — à la vérité bien malmenés depuis les batailles de Poitiers et de Crécy. Parmi eux, — laissons encore parler messire Froissart, — « qui plus feroit de maux et de vilains faits, tels que créature humaine ne devroit et n'oseroit penser, celui étoit le plus prisé d'entre eux et le plus grand maître. »

Or, qui eût-ce été sinon Caillet? Non point qu'au fond il eût plus de malice ou de vilenie en son escarcelle, mais afin de se montrer le plus vaillant et le plus enragé. De même qu'il eût fait de son mieux pour courir après le loup, chanter : *Allégez-moi, plaisant' brunette,* ou danser un branle sur les pelouses; de même, — et plus en paroles qu'en actions, — mangeait-il les nobles et leurs petits; — bragard et vantard qui semblait aux malavisés un vrai tigre d'Hyrcanie, un Satanas à quatre cornes, un ramasseur de gens abandonnés, plus terrible cinquante fois que le Romain Spartacus.

Geoffroy Thibie, tout au rebours, guerroyait tranquillement et sans tapage, esgorgillant à la doucette, ardant un manoir en tapinois, escoffiant un gendarme, sur toutes choses garnissant ses poches, et n'en disant mot; tout honteux et changeant de brigade quand on menaçait, sur sa réputation malgré lui croissante, de l'élire pour capitaine.

Dans un carrefour de forêt, par une noire nuit, en face d'une rôtissoire où brûlait à petit feu le sire de Pecquigny, vingt mille truands et plus, brandillant leurs bâtons à deux bouts et leurs broches sanglantes, poussèrent une grande clameur qui fit un roi. Ce roi des Jacques — belle royauté, n'est-ce pas? — fut Guillaume Caillet, couronné sous le nom de Jacques Bonhomme, premier et dernier de sa race. Il eut une marmite renversée pour trône, un caparaçon

pour manteau royal, et pour sceptre une cognée de bûcheron. Des sujets à l'avenant, comme on peut penser.

Geoffroy Thibie regardait sans la moindre envie, et sans
en être émerveillé, le sacre de son ami. Le nouveau roi le
fit chercher pour boire avec lui quelques verres de cervoise,
et peut-être avec l'intention de le nommer premier ministre;
mais l'autre était allé se cacher dans une grange en murmurant son refrain accoutumé :

BON FAIT VOLER BAS A CAUSE DES BRANCHES.

Trois semaines après, il le répétait de plus belle et avec
plus de raison.

Pendant ces trois semaines, en effet, le sort des armes
avait changé. Aidés par deux compagnies de mille hommes
que les Parisiens leur avaient envoyées, et d'intelligence
avec une notable minorité des bourgeois de Meaux, les
Jacques avaient pourtant échoué devant cette forteresse.
Une seule défaite suffit pour dissiper avec leurs folles espérances le prestige de leurs victoires passées. De tous côtés
les compagnies d'aventure, les bandes anglaises, les milices
bourgeoises, traquèrent comme des bêtes féroces les armées
de Jacques Bonhomme. Les plaines de la Champagne et de
la Picardie furent rougies de leur sang et s'engraissèrent
de leurs cadavres. Le comte de Foix (Gaston Phœbus), le
roi de Navarre et le captal de Buch les enveloppaient de
tous côtés, et faisaient grande boucherie de ces croquants.

Enfin, — le soir dont nous parlions, — Guillaume
Caillet, tombé dans les griffes de Charles le Mauvais, expiait
le meurtre du sire de Pecquigny, grand ami de ce prince.
On l'avait jugé fort sommairement, — condamné, cela
va sans dire; — et, coiffé d'un trépied brûlant, il dansait
au bout des branches d'un chêne le seul branle durant

•lequel les pieds ne touchent jamais à terre. En bon français, on l'avait pendu haut et court.

Geoffroy Thibie, — dont nous avons rapporté plus haut
la réflexion philosophique, — avait repris à temps l'extérieur d'un paysan soumis aux seigneurs ; — personne
n'avait ouï parler de lui, — et il mourut obscurément de
sa belle mort, quelque cinquante ans après ses glorieuses
équipées.

On n'a jamais bien su comment il entendait au juste sa
maxime favorite : *Bon fait voler bas...*, et si les branches
en question n'étaient pas de celles où l'on avait accroché
Guillaume Caillet.

La gourmandise a tué plus de gens que l'épée.

LA GOURMANDISE

A TUÉ PLUS DE GENS QUE L'ÉPÉE

Gula plures quam gladius peremit. — Proverbe fondé sur une observation incontestable et adopté comme aphorisme par le célèbre docteur Sydenham, surnommé l'Hippocrate anglais. La gourmandise, en effet, a toujours été plus mortelle que la guerre. Les philosophes, sur ce point, n'ont jamais pensé autrement que les médecins.

Suivant Diogène, *l'Estomac est le gouffre* ou *le tombeau de la vie.* On lit dans le *Hava-Mal,* poëme gnomique des Scandinaves : *le gourmand mange sa mort.* Nous disons très-pittoresquement qu'*il creuse sa fosse avec ses dents.*

Sénèque s'écriait : « Vous vous étonnez du nombre infini des maladies? Comptez donc les cuisiniers. » *Innu-*

merabiles morbos esse miraris? Coquos numera (*Epist.* xcv).

« Le dîner tue la moitié de Paris, et le souper tue l'autre. » (Montesquieu.)

Mais la gourmandise ne borne pas ses funestes effets aux maladies ou à la mort de ceux qui s'y adonnent; elle engendre une foule de vices qui influent d'une manière déplorable sur la moralité. Combien d'actions coupables se commettent dans les fumées de la digestion qui n'auraient pas lieu à jeun! Les législateurs de l'antiquité le savaient bien lorsqu'ils appelaient la diététique à l'appui des bonnes mœurs, en promulguant des lois de régime. En Égypte, en Grèce et ailleurs, ils avaient défendu de traiter les affaires importantes après le repas, de peur qu'il n'eût sur elles une influence déraisonnable et perturbatrice. Excellent usage conservé chez les peuples modernes pour les délibérations des corps de l'État.

C'est la même raison, sans doute, qui avait inspiré à Charlemagne le capitulaire d'après lequel les comtes administrateurs de la justice ne pouvaient *tenir les plaids* s'ils avaient bu et mangé.

Des rois de France de la troisième race voulurent imposer la sobriété à leurs sujets qui s'en étaient peut-être trop écartés, et ils leur enjoignirent de s'en tenir *au pot et au rôt,* c'est-à-dire aux deux services du bouilli et du rôti.

Une ordonnance de Philippe le Bel, en 1313, régla la quantité des mets pour chaque repas, savoir : pour le dîner, un plat de viande avec un entremets, et pour le souper, le potage au lard accompagné de deux plats.

Le seizième canon du concile provincial tenu dans la ville d'Angers, en 1365, interdit aux ecclésiastiques, quelle que fût leur qualité, d'avoir plus de deux plats sur leur table, à moins que ce ne fût pour la réception d'un prince ou d'un personnage de haute considération.

Un règlement fait sous Charles VI prescrivit également de *ne servir, en surplus du potage, que deux mets;* les deux mets habituels très-probablement. *Nemo audeat dare præter fercula duo cum potagio.*

Le soin qu'on prenait de renouveler de telles prescriptions prouve qu'elles étaient souvent enfreintes. D'infraction en infraction, elles tombèrent en désuétude, et les gourmands du xvᵉ siècle purent en toute liberté s'adonner à la bonne chère, corps et âme, *tripes et boyaux,* suivant l'expression de Rabelais. Le repas alors se divisait en cinq services où figuraient des mets nombreux accommodés à toutes sauces, ainsi que nous l'apprend Taillevent, dans son *Viandier pour appareiller toutes manières de viandes.*

Cet *art de la gueule,* comme l'appelle Montaigne, n'a pas cessé depuis de croître et d'embellir. Nous l'avons vu, sous la Restauration, prendre une importance politique et devenir une sorte d'instrument de règne. Nous le voyons encore en possession des mêmes prérogatives considérablement augmentées, et la justice nous oblige à reconnaître que, si le régime royal a inauguré ce mode nouveau de gouvernement, le régime impérial l'a élevé à sa plus haute puissance. Celui-ci, grâce à son habileté financière qui lui a permis de doubler le budget, a pu seul placer la table ministérielle au niveau de la table des lois, la faire servir de contre-poids à la tribune et assurer sa prépondérance en donnant pleine satisfaction à une grande armée de *voraces,* en comparaison desquels les anciens *ventrus* tant chansonnés semblent aujourd'hui tout à fait insignifiants. Qu'on reproche, si l'on veut, à un tel système d'avoir divisé le pays en deux classes, celle de mangeurs et celle des jeû-

neurs, les premiers, menacés de crever de réplétion, et les
derniers de périr d'inanition ; nous ne voulons voir, quant
à nous, dans ces deux faits liés l'un à l'autre, quoique
contraires, que deux preuves de la vérité de notre proverbe.

La mise en scène de ce proverbe par Grandville n'a
pas besoin d'être expliquée, et nous sentons qu'il est inutile de décrire avec des mots ce qu'elle expose aux yeux
en traits si expressifs et si caractéristiques. Il n'est personne qui ne puisse, à la simple vue, saisir l'idée tout entière de cette composition, tant elle s'y trouve accusée
d'une manière claire et significative dans l'ensemble et dans
les détails. Mais nous tenons à louer l'artiste d'avoir personnifié la gourmandise sous la forme la mieux adaptée à
ce vice. Quoi de plus pittoresquement original que cet
énorme glouton à groin de pourceau, qui est tout ventre
depuis le menton jusqu'aux cuisses, et qui semble n'avoir
été créé et mis au monde que pour montrer jusqu'où la
peau humaine peut s'étendre !

Nous avons à faire remarquer, en outre, que la devise
inscrite sur le drapeau arboré par le goinfre est un trait
d'opposition au célèbre adage *Mange pour vivre et ne vis
pas pour manger.* Ajoutons que cet adage, dont on attribue
l'invention à Socrate, qui se plaisait à en recommander la
pratique comme un excellent moyen d'entretenir la santé du
corps et celle de l'âme, se trouve quelquefois énoncé dans
les livres du moyen âge par les lettres initiales des mots qui
le composent en latin E. U. V. N. V. U. E. *Edas Ut Vivas, Non Vivas Ut Edas.*

LE MIEL EST DOUX

MAIS L'ABEILLE PIQUE

— La scène représente un paysage de Poussin. —

Artémidore. — On m'a dit fort souvent, et je ne suis pas éloigné de le croire, que le lever de l'aurore était favorable à l'inspiration. Les zéphirs qui murmurent, les fleurs qui s'entr'ouvrent, les oiseaux qui chantent, tout cela donne des idées. Je crois qu'il m'en vient une. Écrivons :

L'Aurore aux doigts de rose, à l'horizon vermeil...

Décidément, c'est une idée; continuons :

L'Aurore aux doigts de rose, à l'horizon vermeil !...

Le reste viendra bientôt... (Il se gratte le front.) L'Aurore aux doigts de rose... (Il regarde le ciel.) à l'horizon vermeil..... (Un bruit de pas se fait entendre.) La peste soit des fâcheux qui viennent m'interrompre ! Réfugions-nous derrière cette

charmille; j'y pourrai continuer en paix ce commencement
de poëme épique.

(Il entre dans le bosquet. Surviennent un berger et une bergère.)

DAPHNIS. — Pssst! pssst!

CHLOÉ. — Qui m'appelle?

DAPHNIS. — Ne me reconnaissez-vous pas?

CHLOÉ. — C'est vous, Daphnis?

DAPHNIS. — Moi-même. L'épouse de Tithon vient à
peine de quitter la couche de son vieil époux. Quel
motif si important fait sortir si tôt la belle Chloé de sa
demeure?

CHLOÉ. — Et vous-même, Daphnis, pourquoi courez-
vous ainsi les champs à une pareille heure?

DAPHNIS. — Hélas! le sommeil a fui depuis longtemps
mon chevet solitaire; le soin de mes brebis ne me touche
plus; j'ai perdu l'appétit; je suis malade.

CHLOÉ. — Immolez un coq à Esculape.

DAPHNIS. — Esculape ne saurait me guérir.

CHLOÉ. — Quelle est donc cette terrible maladie?

DAPHNIS. — Il est un dieu, Chloé, un dieu malin qui
prend plaisir à tourmenter les mortels infortunés; il rôde
sans cesse autour de nos demeures, et quand il aperçoit un
gaillard frais, robuste, bien portant, il tire de son carquois
une flèche empoisonnée et la lance contre lui. Aussitôt le
malheureux ne dort plus, ne mange plus; il s'étiole, il
maigrit, il erre dans les champs comme un insensé; il est
atteint de ce mal terrible qui fait souffrir plus que tous les
autres maux.

CHLOÉ. — Comment l'appelez-vous?

DAPHNIS. — L'amour.

CHLOÉ. — Vous voulez rire, mon cher? l'amour faire

souffrir! c'est impossible. L'amour est un baume, un parfum, un philtre, tout ce qu'il y a de plus salutaire, de plus doux, de plus enivrant sur la terre. L'amour peuple le sommeil de rêves charmants; au lieu de décocher des flèches empoisonnées, ce dieu, que vous flétrissez de l'épithète de malin, voltige auprès de nous, rafraîchit notre visage avec ses ailes parfumées, et fait retentir une musique divine à nos côtés. On n'est jamais malade d'amour.

DAPHNIS. — Qui vous l'a dit?

CHLOÉ. — Palémon.

DAPHNIS. — Le gredin! je m'en doutais...

CHLOÉ. — Vous dites?...

DAPHNIS. — Je dis que vous avez tort de parler avec Palémon.

CHLOÉ. — Pourquoi?

DAPHNIS. — Parce que c'est un farceur qui ne cherche qu'à tromper les jeunes bergères.

CHLOÉ. — Ah! bah!

DAPHNIS. — C'est comme j'ai l'honneur de vous le dire.

CHLOÉ. — Vraiment?

DAPHNIS. — Laissons ce sujet, Chloé; venez plutôt sous cet ombrage, et là, assis sur l'herbe tendre, je vous dirai ce que c'est que l'amour.

CHLOÉ. — Vous me l'avez dit; l'amour, selon vous, est quelque chose qui empêche de dormir et de manger, qui fait maigrir et force les gens à se promener toute la journée dans les champs. J'aime mieux l'amour selon Palémon.

DAPHNIS. — Suivez-moi dans ce bosquet, et je cesserai de souffrir.

CHLOÉ. — Vous croyez?

DAPHNIS. — J'en suis sûr.

CHLOÉ. — Je ne vois pas pourquoi je ne vous rendrais pas ce petit service; d'autant plus que je me sens très-fatiguée : asseyons-nous donc sur l'herbe. Êtes-vous mieux?

DAPHNIS. — Bien mieux.

CHLOÉ. — L'amour s'en va.

DAPHNIS. — Au contraire, il augmente.

CHLOÉ. — Je ne vous comprends plus. L'amour est une maladie, et quand elle augmente, vous vous trouvez mieux?

DAPHNIS. — Oui.

CHLOÉ. — J'en suis charmée pour vous.

DAPHNIS. — Chloé!

CHLOÉ. — Daphnis!

DAPHNIS. — Vos yeux sont doux.

CHLOÉ. Palémon me le disait hier.

DAPHNIS. — Votre bouche est divine.

CHLOÉ. — Myrtile me le dira ce soir.

DAPHNIS. — Vos joues ont l'éclat de la rose et la blancheur du lait.

CHLOÉ. — Chut!

DAPHNIS. — Quoi donc?

CHLOÉ. — N'entendez-vous pas du bruit derrière la charmille?

DAPHNIS. — Sans doute quelque nymphe vous aura vue, et, pleine de dépit, elle agite les branches en s'enfuyant.

CHLOÉ. — C'est possible.

DAPHNIS. — J'ai dans mon étable quatre chevreaux qui ont à peine brouté le cytise du mont Aliphère.

CHLOÉ. — Ah!

DAPHNIS. — Cinq génisses blanches comme la neige errent dans mes prairies.

CHLOÉ. — Tiens! tiens! tiens!

DAPHNIS. — Mon oncle, le vieux Anaximarque, a pas mal de fonds placés sur la banque d'Athènes.

CHLOÉ. — Où voulez-vous en venir?

DAPHNIS. — A vous offrir tout cela, si vous voulez me suivre.

CHLOÉ. — Où donc?

DAPHNIS. — A l'autel de l'hyménée. Crois-moi, Chloé, ni Palémon ni Myrtile ne t'aimeront autant que moi. Est-il dans la contrée un berger qui puisse m'être comparé? Apollon oserait à peine me disputer la palme du chant. Aux derniers jeux, n'ai-je pas remporté le prix du bâton? J'excelle à lancer au milieu des quilles un globe pesant, et les nymphes elles-mêmes qui cancannent au clair de lune sur le mont Cythéron n'ont pas plus de grâce que moi lorsque je danse à la fête du village aux sons de la musette à pistons. Tu seras ma sultane, mon Andalouse, mon Albanaise au pied léger. Veux-tu me suivre? de grâce, réponds-moi.

CHLOÉ. — Adressez-vous à ma mère.

DAPHNIS, lui prenant la main. — Ah! divine Chloé!

CHLOÉ. — Eh bien, monsieur!

DAPHNIS, voulant lui prendre la taille. — O délirante bergère!

CHLOÉ. — A bas les pattes!

DAPHNIS. — Tu repousses ton époux?

CHLOÉ. — Vous ne l'êtes pas encore.

DAPHNIS. — Laisse-moi prendre sur tes lèvres un baiser.

CHLOÉ, le repoussant. — J'entends du bruit...

DAPHNIS. — C'est ce bois qui murmure de joie.

43

CHLOÉ, se débattant. — Berger, que faites-vous?

DAPHNIS, l'embrassant. — Je cueille mon baiser; que le miel en est doux!

CHLOÉ, le souffletant. — Oui, mais l'abeille pique.

(La joue de Daphnis se gonfle; la bergère s'enfuit derrière les saules.

On les perd de vue tous deux. Artémidore sort de sa retraite.)

ARTÉMIDORE. — Palsambleu! les Muses me gâtent. C'est évidemment pour moi qu'elles ont conduit ces deux individus vers ce bocage. Leur entretien m'a fort diverti; j'en veux faire une pastorale sous ce titre :

LE MIEL EST DOUX, MAIS L'ABEILLE PIQUE.

Cela vaudra mieux que le poëme épique dont j'avais écrit le commencement.

La fortune la plus amie vous donne le croc-en-jambe.

LA FORTUNE LA PLUS AMIE

VOUS DONNE LE CROC-EN-JAMBE

Il ne faut pas compter sur les faveurs perpétuelles de la fortune ; elles sont sujettes à des retours funestes, et l'homme à qui elles ont été le plus prodiguées est aussi le plus exposé à les voir se changer en disgrâces.

> Ainsi de notre espoir la fortune se joue :
> Tout s'élève ou s'abaisse au branle de sa roue ;
> Et son ordre inégal qui régit l'univers,
> Au milieu du bonheur a ses plus grands revers.
>
> (CORNEILLE.)

Ce proverbe, dont tant de catastrophes attestent la vérité, rappelle l'opinion superstitieuse des anciens qui regardaient un bonheur trop constant comme l'avant-coureur de l'infortune. Ils craignaient qu'il n'irritât les Moires, espèces de furies assez semblables à nos méchantes fées, et, pour conjurer le courroux de ces déesses toujours prêtes à troubler la prospérité des mortels, ils avaient soin d'expier la leur, en y joignant le contre-poids de quelque malheur volontaire. C'est dans une telle intention que Polycrate jetait à la mer son anneau le plus précieux, que Philippe de Macédoine, à qui tout avait réussi, proférait cette prière : « O Jupiter, mêle quelque mal à mes biens! » et que le triomphateur romain plaçait derrière son char un insulteur public qui vilipendait son triomphe.

Une sentence proverbiale de P. Syrus dit que la fortune est de verre et que c'est quand elle brille qu'elle se brise : *Fortuna vitrea est, tum cum splendet frangitur.* Ce que Corneille a imité dans le monologue lyrique de Polyeucte (act IV, sc. II) :

Allez, honneurs, plaisirs, qui me livrez la guerre :
Toute votre félicité,
Sujette à l'instabilité,
En moins de rien tombe par terre ;
Et, comme elle a l'éclat du verre,
Elle en a la fragilité.

Un sage a comparé la fortune à l'aigle de la fable, lequel n'élève la tortue si haut que pour la laisser omber, rompre son écaille et enfin la dévorer.

UN PIED VAUT MIEUX

QUE DEUX ÉCHASSES

Dans les derniers mois de 1788, à la fin d'un petit
souper donné par le duc d'Orléans, il arriva une chose
qui parut extraordinaire à tous les convives : le marquis de
Genilhac prit la parole. Le marquis de Genilhac, dont peu
de personnes ont entendu parler, était un homme maigre,
noir et silencieux. Il passait pour sot dans une société où

le babillage était à la mode; partout ailleurs on lui eût
reconnu un sens parfait.

Ce soir-là, il défendit Rousseau, dont les convives avaient
parlé avec le sans-façon de gens obligés par système à
vanter tout haut le philosophe de Genève. On s'était moqué
de l'*Émile,* et M. de Genilhac, sans repousser toutes les
critiques dont ce livre avait été l'objet, soutint qu'il renfermait des conseils réellement bons à pratiquer.

« Vraiment! — s'écria le marquis de Sillery d'un ton
léger; — ne pensez-vous pas qu'il nous eût servi à quelque
chose, en notre jeune âge, d'apprendre à manier la truelle
ou le rabot?

— A fabriquer des souliers? ajouta M. de Montelar.

— Ou même à pétrir ces jolies choses, — dit encore
M. de Valbenne, en montrant du bout des doigts à l'assemblée une de ces timbales de confitures, qu'on appelait alors
des *puits d'amour.*

— Pourquoi pas? — reprit Genilhac quand on lui laissa
la parole; — vous êtes tous, Messieurs, fort en règle du
côté des parchemins; vos familles sont riches, vos appa-
rentages sont puissants; rien ne vous manque de ce qui
élève un homme au-dessus des autres; il est naturel que
vous vous jugiez dispensés de travailler comme eux et pour
eux. Mais prenez garde : tout ce qui vous fait grands est
en dehors de vous; le sort, qui a détruit de plus hautes
fortunes, peut mettre à bas et vos priviléges de caste, et
votre richesse héréditaire, et votre crédit à la cour; en un
mot, toutes les conditions extérieures de votre élévation.
Bien heureux alors celui d'entre vous qui aura pour les
remplacer un de ces talents modestes dont vous rougiriez
aujourd'hui. »

Ces paroles, qui étaient très-banales pour le temps, et

qui maintenant le sont plus encore, produisirent un certain
effet, venant d'un homme aussi réservé que Genilhac;
mais ce fut bientôt à qui rirait le plus haut de craintes
ainsi exprimées, et chacun se mit à prévoir de la manière
la plus bouffonne ce qui pouvait advenir de lui, si la
destinée le contraignait à faire œuvre de ses mains. Ils
inventèrent des professions inouïes, des métiers que la

Rome des Césars, toute corrompue qu'elle fut, ne connut
jamais, et des enseignements qui eussent étonné Pétrone
lui-même. Quand ce joli chapitre fut épuisé, ils revinrent
à Genilhac.

« Çà, mon cher, lui dit Valbenne, — quel lot t'es-tu
réservé dans ce commun désastre? Quelle est la richesse
intérieure que tu sauveras du naufrage, à l'instar du vieux
philosophe grec? »

Ici Genilhac fut embarrassé : à sa rougeur, on put

croire qu'il allait dire quelque chose de ridicule. Sa réponse
fut pourtant simple et naturelle :

« Je sais, dit-il, un peu de géométrie... »

A ce seul mot, et tout simplement parce qu'il était
sérieux, le rire éclata de toutes parts. Nos jeunes écer-
velés recommencèrent à railler de plus belle, et Genilhac,
effarouché, retomba pour longtemps dans le silence qu'il
avait rompu si mal à propos.

Langen-Schwalbach n'était point en 1794 cette jolie
petite ville où les baigneurs que la mode n'appelle pas à
Ems ou à Wiesbaden vont retremper et, pour ainsi dire,
bronzer leurs muscles. Elle n'avait pas ces maisons
jaunes, blanches et vert clair ; ces grands *hofs* ou hôtels,
aux fenêtres nombreuses abritées de jalousies, qui en ont
depuis modifié l'aspect. C'était un village bâti à coups de
hache dans un carrefour, avec les troncs d'arbres à peine
équarris d'une forêt vingt fois centenaire.

Deux jeunes gens y arrivèrent un matin, vers l'époque
que nous venons d'indiquer, et par un temps détestable.
Leur uniforme vert et noir était celui des chasseurs de
Condé ; mais à peine le distinguait-on sous une espèce
d'enduit jaunâtre que la poussière et l'orage y avaient tour
à tour déposé. Ils avaient une sorte de billet de logement,
et allaient de porte en porte demander l'arpenteur de
S. A. le duc de Nassau.

Les bons paysans allemands, que le séjour des baigneurs étrangers n'avait point encore formés aux calculs
avares, leur offraient spontanément l'hospitalité des
anciens jours. Mais nos voyageurs, tout en les remerciant,
paraissaient tenir à rester dans les limites de leur droit ;
car ils insistaient toujours afin d'être conduits chez

« Monsieur arpenteur », tenu de les héberger, nourrir, etc.

Ils arrivèrent ainsi devant un grand chalet de bois, qu'on leur dit être l'habitation de ce digne fonctionnaire, et ils furent frappés en y entrant par l'aspect de quelques meubles d'origine étrangère, qui réveillaient en eux des souvenirs d'une autre époque. C'était une cassette de Boulle, négligemment posée sur le grossier bahut de chêne enfumé; c'était une épée de cour accrochée sous l'âtre à côté du fusil de chasse, et beaucoup plus rouillée que ce dernier; c'était enfin un pastel de Latour entre deux grossières images mal encadrées. Bientôt l'énigme fut expliquée; car ils retrouvèrent dans le propriétaire de la maison un de leurs compatriotes, noble comme eux, et avec lequel ils avaient partagé plus d'une fois les douceurs de l'ancien régime.

Pour ne point retarder plus inutilement une reconnaissance que nos lecteurs ont probablement anticipée, nous leur dirons le nom des trois bannis: MM. de Valbenne et de Montelar venaient d'arriver chez le ci-devant marquis de Genilhac.

On se doutera facilement qu'ils y furent bien accueillis. Un grand feu brilla dans la cheminée, une volaille appétissante, et qui avait encore plus d'un jour à vivre, fut sacrifiée sur l'autel de l'amitié. La cave de l'arpenteur n'était pas à beaucoup près aussi bien fournie que celle de l'ancien Palais-Royal (devenu Palais-Égalité); mais il y sut trouver encore une ou deux bouteilles de vin du Rhin, qui, vu les circonstances, furent amplement et joyeusement fêtées. Bref, quatre ou cinq heures après leur arrivée dans cette maison bénie, les deux soldats de Monsieur le Prince, à peu près remis de leurs fatigues, et remontant avec méthode le cours des ans, racontèrent à

leur hôte les incidents périlleux de leurs dernières campagnes. Les misères, les souffrances, les déceptions de
toutes sortes, rien ne fut oublié ; mais dans chacun de
leurs récits, et surtout vers la fin, ils laissèrent percer une
sorte d'amertume contre ceux des nobles français qui
n'étaient point venus se ranger sous les drapeaux de
l'émigration. A les entendre, il y avait dans une pareille
conduite toutes les conditions d'une complète dérogéance,
et Genilhac put prendre à son compte une partie de leurs
réflexions plus ou moins malveillantes.

Sans leur répondre autrement, — car ils étaient chez
lui, — ce digne homme leur raconta son histoire ; elle
était moins compliquée que la leur :

« Je ne sais, leur dit-il, si vous vous rappelez certain
souper d'il y a six ans, où, sans m'en douter, je fus ni
plus ni moins prophète que M. Cazotte. On m'y trouva
fort absurde, à ce qui me parut, et cela ne m'a point empêché de régler ma conduite d'après les idées que j'avais
émises en cette occasion. Une seule fois, — et je m'en
repens, — elles ont cédé à un sentiment de fausse honte :
ce fut le jour où je me laissai persuader que je devais faire
à mon rang le sacrifice de ma patrie. Quoi qu'il en soit,
à peine eut-on fermé derrière moi les portes de la France,
que le sang-froid et le bon sens me revinrent ; je cherchai
s'il y avait en moi une autre étoffe que celle d'un chevalier errant toujours prêt à faire le coup de lance pour des
causes perdues, et je découvris, à ma très-grande satisfaction, que mon respect pour Rousseau m'avait pourvu
de facultés plus essentielles. Les employer ne fût pas difficile ; il ne fallait pour cela que renoncer aux chimères d'une
vaine espérance, aux illusions d'un fol orgueil. Je l'ai fait

en acceptant une situation, fort humble sans doute, mais dont votre visite m'a révélé tout le prix. Quant à ce que vous semblez penser des devoirs que la naissance impose, des positions incompatibles avec tel ou tel préjugé de castes, etc., j'avouerai naïvement que je le comprends à peine ; et, à ce sujet, je vous lirai volontiers quelques phrases d'un livre que je compose à bâtons rompus sur les marges de mon cahier d'arpentage. »

Il prit, à ces mots, une espèce de volume recouvert en parchemin, et sur les pages duquel, parmi des plans de toutes sortes, on trouvait en effet quelques sentences de philosophie pratique.

L'une d'elles était ainsi conçue :

« Méfions-nous de tout ce qui grandit d'une grandeur factice ; méfions-nous des échasses sociales sans lesquelles les autres hommes seraient nos égaux.

« Une particule nobiliaire est une échasse ; échasse encore la protection d'un ministre. L'héritage d'un nom célèbre, une fortune que vous trouvez en naissant sous l'oreiller brodé de votre berceau, la préférence d'une jolie femme en crédit, l'amitié d'un grand seigneur, — si tant est qu'il y ait encore des grands seigneurs, — autant d'échasses que tout cela.

« La plupart sont bien fragiles, hélas ! et le sage doit toujours se tenir prêt au moment où elles se brisent. La moindre faculté personnelle, la moindre force inhérente à l'individu est bien autrement solide, bien autrement désirable que les plus rares prodigalités du hasard. En d'autres termes, et comme dit le proverbe :

UN PIED VAUT MIEUX QUE DEUX ÉCHASSES. »

« De fait, Messieurs, continua Genilhac, vos échasses
sont brisées... et mon pied me reste. »

MM. de Valbenne et de Montelar, dominés par l'évidence de la démonstration, ne purent s'empêcher de
trouver ce propos fort raisonnable, bien que, venant d'un
arpenteur, il ressemblât quelque peu à un calembour.

Bonjour lunettes, adieu fillettes.

BONJOUR LUNETTES

ADIEU FILLETTES

On dit aussi : *Les lunettes sont des quittances d'amour.*

Les deux proverbes signifient également qu'il faut cesser de prétendre aux faveurs des jeunes filles, quand on commence à prendre les lunettes.

Le conseil qu'ils donnent était juste et convenable autrefois où la chose n'arrivait guère qu'à un âge avancé ; il l'est beaucoup moins aujourd'hui qu'elle a lieu à une époque de la vie où l'on a le cœur en meilleur état que les yeux, et où l'on est d'autant plus à plaindre qu'en amour on se voit abandonné de tout, sans qu'on veuille renoncer à rien.

Ces proverbes devraient être réservés pour les vieux barbons qui, possédés de la manie de se poser en verts galants, reluquent sans cesse avec des lorgnons ou des binocles toutes les jouvencelles à qui ils savent si bien faire tourner la tête... de l'autre côté. On sent que l'application en serait déplacée à l'égard des jeunes gens pour qui les lunettes sont des objets de nécessité ou des objets de mode.

Ajoutons, puisque l'occasion s'y adonne, que la mode des lunettes fut très-répandue en Espagne, au commencement du xviiᵉ siècle, sous le règne de Philippe III. Elles faisaient partie du costume des gens comme il faut qui croyaient, par cette nouvelle espèce d'insignes, se donner plus de gravité et obtenir plus de considération. Elles étaient proportionnées au rang des personnes. Les grands du pays en mettaient de magnifiques dont les verres présentaient une circonférence double de celle des piastres fortes, et ils y tenaient tant, dit-on, qu'ils ne les quittaient pas même pour se coucher.

Les dames, à leur tour, les avaient adoptées, parce que ce complément de leur parure signalait aussi la noblesse de leur condition, et surtout parce qu'il leur procurait une foule d'avantages qu'il serait trop long de spécifier; bornons-nous à dire que quelques-unes les portaient afin de passer pour lettrées ou savantes (c'étaient les précieuses du temps, aujourd'hui qualifiées de *bas-bleus*), et presque toutes afin d'empêcher les curieux indiscrets de chercher à lire dans leurs yeux les sentiments dont elles étaient affectées. Il n'y en avait point de jeunes et jolies qui ne fussent dans cette catégorie.

On peut supposer que les diverses espèces de lunettes avaient des noms correspondant à leurs divers emplois. Un poëte gongoriste appelait celles qui cachaient de beaux yeux les *couvre-feu de l'amour*.

LA BREBIS SUR LA MONTAGNE

EST PLUS HAUTE

QUE LE TAUREAU DANS LA PLAINE

« Carlo, quels sont ces cris perçants que j'entends depuis quelques jours et qui me fendent la tête tous les matins à la même heure ?

— Monseigneur, ce que vous appelez des cris perçants sont des trilles, des arpéges, des points d'orgue, qui partent du gosier novice encore de la signora Amalia Barati, choriste du théâtre Saint-Charles, qui demeure dans votre palais...

— Comment! une choriste troubler le sommeil de l'un des plus puissants seigneurs de la cour de Naples, de l'unique et dernier rejeton de la famille Antivalomeni! Carlo, monte chez cette choriste, et fais-lui savoir qu'elle ait à cesser ses cris à l'instant même, si elle ne veut encourir le ressentiment du prince Agnolo-Bernardo Antivalomeni. »

Le domestique sortit et reparut au bout de quelques instants.

« Je viens d'exécuter les ordres de Votre Excellence; mais la signora Barati, quand je lui ai parlé de garder le silence, m'a répondu : « Dites à l'unique et dernier reje-« ton de la famille Antivalomeni qu'il en parle bien à son « aise, mais que si je cesse un seul jour de filer des sons et « d'exercer mon gosier, ma voix se rouillera et mon « *impresario* me donnera mon congé. Ce que le prince a « de mieux à faire est donc de s'apprivoiser avec mes cris, « qui sont la seule ressource de sa très-humble servante. »

En ce moment, une gamme chromatique partie du dernier étage de l'hôtel Antivalomeni vint confirmer les paroles de Carlo.

« Encore! s'écria le prince. Ah! c'est trop fort, et s'il y a une justice dans le royaume de Naples, j'aurai avant peu raison de cet insolent gosier. »

Le fidèle Carlo apporta aussitôt au prince sa plus large perruque, sa plus longue canne, ses bas de soie les mieux brodés; après quoi l'unique et dernier rejeton de la famille Antivalomeni s'élança de la rue de Tolède, où son hôtel était situé, sur la place du Palais-Royal. Il se fit introduire près du seigneur Caro Cecchi, intendant des menus-plaisirs du roi, son ami intime, auquel il raconta ses peines.

« Je ne dors plus, lui dit-il ; dès que l'Aurore a posé
ses doigts de rose sur le sommet de mon palais, une créature infernale commence à glapir et à roucouler ; toute la
journée, je suis poursuivi par ces maudites notes. En ce
moment même il me semble avoir des dièses et des bémols
dans les oreilles. Ne pourriez-vous, par égard pour mon
sommeil du matin, faire écrouer cette fauvette dans quelque
forteresse ?...

— Y pensez-vous, mon cher Agnolo-Bernardo Antivalomeni? reprit l'intendant des menus-plaisirs. Ne savez-
vous pas que Sa Majesté est folle de musique et ne par-
donnerait pas une pareille violation du droit des cantatrices?
Le roi veut que tous les chanteurs de son royaume puissent
crier, s'il leur plaît, à tue-tête du matin au soir ;... malheur à qui essayerait de mettre une gamme ou une seule
note à l'index ! »

Le prince sortit désespéré du palais, et rentra dans le
sien en méditant quelque vengeance contre son harmonieuse ennemie. Mais, après avoir combiné plusieurs plans,
il reconnut que le meilleur parti à prendre était celui de
la résignation. En effet, comment atteindre ces notes
aériennes? Comment étouffer ces sons voisins du ciel qui
s'échappaient tous les matins dans le limpide azur?

« Eh quoi! disait le prince d'un ton accablé, je puis
tout ce que je veux dans le royaume de Naples ; après le
roi, je jouis d'une puissance pour ainsi dire illimitée.
Chacun m'honore, me respecte, s'incline devant moi quand
je traverse les rues de Chiaja ; et je n'ai pas même le pouvoir de mettre une sourdine dans le gosier d'une choriste
que le hasard a logée au-dessus de moi!... Une idée me
vient : offrons-lui de l'or pour qu'elle se taise. » Le prince
sonna aussitôt son fidèle Carlo et lui dit : « Monte chez

cette sirène maudite, et offre-lui de ma part cent sequins si elle veut garder le silence. »

Muni d'une bourse, Carlo grimpa aussitôt chez la Barati en se disant ce que son confrère Figaro devait chanter un siècle plus tard : *All'idea di quel metallo...* Il transmit à la choriste les offres du prince ; elles furent acceptées et le contrat passé à l'instant même. Cent sequins pour garder le silence ! certes la somme était faible, si l'on songe à ce qu'exigent certains orateurs politiques de nos jours pour ne pas prendre la parole.

Le lendemain la Barati, fidèle à sa promesse, n'ouvrit pas son piano ; pour se dédommager, elle se mit à compter

ses sequins. Mais quand elle les eut comptés et recomptés plusieurs fois, elle reconnut que cette occupation était monotone et qu'il était plus agréable de lancer dans le ciel

des pluies de notes et des fusées de gammes. Aussitôt,
comme le savetier de notre bon La Fontaine, elle renvoya
la bourse de sequins au prince, en lui annonçant qu'elle
aimait mieux lui rendre son argent que de s'engager à ne
plus chanter. A peine les sequins furent-ils partis, qu'elle
entonna une de ses plus brillantes cavatines; jamais sa voix
n'avait été plus harmonieuse ni plus belle.

« Ces sons-là valent bien celui des sequins, s'écria-
t-elle en battant des mains avec transport.

— Ah! l'infâme me tuera! » disait le prince du fond de
sa chambre à coucher.

Cependant, le lendemain du jour où la bourse lui avait
été rendue par la virtuose, le prince s'étonna d'avoir dormi
en dépit des gammes et des roulades qui s'élançaient plus
énergiques et plus sonores que jamais. Le surlendemain,
Morphée continua à répandre ses pavots les plus doux sur
les paupières de l'unique et dernier rejeton de la famille
des Antivalomeni. Le prince éprouva même une sensation
voluptueuse que son sommeil du matin ne lui avait pas
jusqu'alors procurée; cette voix si fraîche et si pure le
berça, et il dormit aux notes de la chanteuse, comme on
dort au bruit des arbres, à l'écho d'une pluie d'été sur le
feuillage ou aux mélodieux soupirs d'une fontaine.

Mais il arriva qu'un matin la choriste ne chanta plus,
ni ce jour-là ni les jours suivants. Le prince eut beau
appeler le sommeil de toute l'énergie de ses prunelles, le
sommeil lui tint rigueur; et cependant ses vœux étaient
satisfaits. La fauvette était muette dans son nid; mais d'im-
portune qu'elle était autrefois, elle était devenue insensi-
blement agréable, nécessaire même; et le prince, qui ne
craignait pas de passer pour le plus versatile des dormeurs,
dit bientôt à Carlo :

« J'avais offert à cette jeune choriste cent sequins
pour qu'elle cessât de chanter ; à présent j'en mets le
double à sa disposition, si elle veut chanter, comme par
le passé, dès le matin... Dis-lui que je suis un dilettante
d'une espèce particulière. La plupart des gens n'aiment
guère la musique que la nuit ; moi, c'est surtout au lever
du jour qu'elle me plaît. Pars, et qu'avant ton retour le
plus mélodieux ramage vienne m'annoncer que mes volontés sont remplies. »

Carlo s'acquitta de sa commission, et fit savoir au
prince qu'il devait renoncer désormais à entendre la choriste, attendu que depuis huit jours elle avait quitté la
chambre qu'elle occupait dans les combles du palais pour
se rendre à la foire de Sinigaglia, où elle allait figurer
comme *prima donna* dans une troupe d'opéra fraîchement
recrutée.

« Il est donc écrit là-haut, dit le prince d'un ton de
dépit, qu'une simple choriste me contrariera dans toutes
mes volontés ! Quoi ! je veux qu'elle se taise, et elle chante
du matin au soir ! je veux qu'elle chante, et la voilà qui
s'envole ! Décidément, il y a là quelque sortilège. »

Cinq ou six années après cette aventure, le prince
Agnolo-Bernardo Antivalomeni avait entièrement perdu le
sommeil ; mais cette fois, ce n'était qu'à lui-même qu'il
devait s'en prendre : malgré son âge, son embonpoint, sa
perruque à quatre marteaux et la fierté de sa race, le prince
s'était laissé prendre d'amour pour une chanteuse qui faisait les délices du théâtre de San-Carlo.

On représentait alors un des premiers opéras du fameux
Léo, ce compositeur par excellence, dont nos grand'-
mères écorchaient encore par tradition quelques refrains.
La chanteuse, qui jouait le principal rôle, enlevait tous

les suffrages; elle rentrait chaque soir dans sa loge avec plusieurs volumes de sonnets que ses admirateurs avaient lancés à ses pieds. Quant aux bouquets, on les lui prodiguait avec tant d'abondance, qu'elle se trouvait comme retranchée dans une enceinte continue de lis, d'œillets, de jasmins et de roses.

Le prince était l'adorateur le plus passionné de la cantatrice en renom; mais il avait en vain déclaré sa flamme par tous les moyens employés dans les annales de la séduction : ses madrigaux lui avaient été renvoyés cachetés, ses bouquets étaient consignés à la porte; ses écrins eux-mêmes n'avaient pu obtenir audience.

Un soir, après le spectacle, le prince n'y tenait plus : « J'aurai raison, dit-il, de cette beauté intraitable et farouche. N'est-ce pas un scandale qu'une princesse de théâtre ose rejeter les vœux d'un amant de ma qualité?... »

Transporté d'amour et de dépit, il se fait ouvrir la porte de communication du théâtre, et se rend à la loge de la *prima donna*, qu'il trouve heureusement seule et dans tout l'éclat de son costume :

« Savez-vous, ma reine, lui dit-il, qui vous refusez? Savez-vous que celui qui vous recherche, qui a perdu le sommeil pour vous, n'est autre que l'unique et dernier rejeton...

— De la famille Antivalomeni, interrompit en riant la cantatrice. Eh! mon prince, il y a longtemps que nous nous connaissons. N'avons-nous pas habité sous le même toit? Vous souvenez-vous de cette pauvre choriste qui occupait, il y a quelques années, une petite chambre dans votre palais?

— Quoi! vous seriez?...

— La signora Amalia Barati en personne, qui de cho-

riste qu'elle était alors est devenue *prima donna*. Mais en
changeant de condition, je n'ai pas changé de caractère,
je vous jure; j'ai conservé mon goût pour l'indépendance,
et la preuve, c'est que j'épouse demain Pippo le ténor.
Ah! que de fois, mon prince, à l'époque où vous tempê-
tiez contre moi du fond de votre magnifique appartement,
n'ai-je pas, dans ma mansarde, composé des variations
sur ces paroles qui seront toujours de circonstance, tant
qu'il y aura dans ce monde des rois et des bergères, des
princes et des cantatrices :

LA BREBIS SUR LA MONTAGNE

EST PLUS HAUTE QUE LE TAUREAU DANS LA PLAINE. »

Tout ce qui reluit n'est pas or.

TOUT CE QUI RELUIT

N'EST PAS OR

Les Italiens disent : *Ogni lucciolato non e fuoco,* — *tout
ver luisant n'est pas feu,* substituant quelquefois au mot
lucciolato, ver luisant, celui de *lucciola,* luciole.

Notre proverbe renferme une pensée morale d'une

haute importance : c'est que les petits ont tort d'envier la condition des grands, qui est loin d'être telle qu'ils se l'imaginent, et qui cesserait bientôt d'exciter leur envie, si la vérité, déchirant le voile de l'apparence, leur montrait ce qu'ont à souffrir ces grands dont le malheur réel est caché sous les dehors séduisants du bonheur.

Mais ce n'est pas dans cette philosophique acception que le proverbe est ordinairement employé. On s'en sert presque toujours, au propre comme au figuré, pour désigner toute espèce de clinquant; et Dieu sait de combien d'applications il est susceptible dans l'époque actuelle, où tant de gens, possédés de la manie de paraître plus qu'ils ne peuvent être, cherchent à en imposer au public par l'éclat extérieur de leur situation, qui n'est au fond que ce qu'on appelle *luxe et indigence*, ou bien *misère et vanité*.

Ces gens *vains aux dépens de leur aise*, suivant le mot de Montaigne, qui se soumettent à des privations cruelles et à des dépenses au-dessus de leurs moyens pour soutenir leur rôle sot et ridicule, étaient surnommés au moyen âge *martyres sæculi*, — *martyres diaboli*, — martyrs du siècle, — martyrs du diable.

Les Italiens disent d'eux, par une expression à la fois pittoresque et originale, qu'*ils tirent leur carrosse avec les dents, — tiranno la carrozza coi denti*.

Les Danois adressent ce proverbe simple et piquant aux glorieux qui affichent un luxe et des prétentions au-dessus de leur état, dans l'espoir de passer pour des êtres de seconde majesté : *Il vaut mieux ressembler à ses égaux qu'au roi. — Bedre at være kion liige end kongelig*.

DE PEU DE DRAP

COURTE CAPE

Il faut être un fort grand seigneur, ou tout à fait un manant, pour n'avoir pas appris quelque matin, par la voie des journaux, qu'un de vos amis, député plus ou moins éloquent, vient de gagner, au jeu de la politique, un portefeuille quelconque.

Pour ma part, j'y suis fait, et je ne m'émeus guère plus d'une pareille nouvelle que de ces lettres banales par lesquelles une simple connaissance vous fait part de son mariage; part de l'accouchement de sa femme, ou part du baptême de son enfant; toutes choses, soit dit en passant, assez difficiles à partager.

Mais la première fois que je vis un camarade de collége
promu aux fonctions de secrétaire d'État, je tressaillis
comme le coursier de Job aux accents du clairon. L'honneur fait à mon ami, à ce brave Charles que je tutoyais
depuis trente ans, me grandissait à mes propres yeux de
quelques coudées; et dès que je le jugeai installé, j'allai
adorer à son zénith le soleil que j'avais vu se lever dans
les humbles régions où je suis resté.

J'aime à croire que je ne dus pas à mon indépendance
bien connue l'accueil obligeant que m'accorda le nouveau
Colbert; mais je dois dire qu'il me serra la main d'une
façon beaucoup plus franche, lorsqu'après l'avoir félicité
je lui déclarai hautement mon intention de ne le solliciter
jamais, sous aucun prétexte, ni pour moi, ni pour les
miens. Dès qu'il ne craignit pas d'avoir à m'être utile, je
lui fus tout à fait agréable. Et je ne m'en étonnai point,
car je connais les hommes.

Le ministre daigna m'initier à tous les petits arrange-
ments de sa position nouvelle; il m'expliqua le mécanisme
de la maison qu'il allait tenir, et toutes les combinaisons
de cette épargne fastueuse qu'il faut aux grands officiers
du gouvernement à bon marché, pour soutenir, avec la
moitié d'un traitement déjà mesquin, le train honorable qui
leur est imposé par l'opinion; — l'inconstance des temps et
des portefeuilles oblige tout un homme prudent à écono-
miser l'autre moitié.

Si ingénieuses qu'elles fussent au premier coup d'œil,
je n'approuvai pas, il s'en faut, toutes les inventions
de mon ami; j'entrevoyais très-bien les tristes lacunes
du luxe menteur qu'il allait afficher, et je les lui signalais
avec une impitoyable franchise. A la longue, ceci le mit
de mauvaise humeur, et pour changer de conversation :

« J'ai renvoyé, — me dit-il, — mon valet de chambre, mon brave Joseph. Ce pauvre garçon est sans place; tu devrais t'en accommoder.

— Merci, Excellence, — répondis-je en m'inclinant; — mais, avant tout, je voudrais savoir pour quel motif tu t'es séparé de ce fidèle serviteur ?

— Je te le dirai très-volontiers, car cela ne peut lui faire aucun tort : il avait trop d'esprit pour moi.

— Trop d'esprit!... m'écriai-je.

— Ou, si tu le veux, trop de perspicacité. En ma qualité d'homme politique, je n'agis presque jamais qu'en vertu d'un système; et l'une de mes théories les plus arrêtées, c'est que pour avoir des instruments commodes et dociles, il ne faut jamais s'entourer que de gens au

moins médiocres. Ceux-là seuls pratiquent l'obéissance passive, et ne mêlent pas indiscrètement leurs inspirations aux vôtres; ils sont souples, dépendants, facilement effrayés... Bref, pour qui le connaît, c'est un véritable trésor qu'un imbécile. Je ne veux m'entourer que de cela.

— Tu me permettras alors, — interrompis-je, — de
ne pas venir voir trop souvent ton Excellence : je craindrais
de passer pour un de ses favoris. »

Nous bavardions encore sur ce texte plaisant, lorsque
la porte du cabinet s'ouvrit. Un jeune homme entra, dont
le front élevé, les yeux perçants, la bouche intelligente,
m'inspirèrent une sorte d'attrait sympathique : c'était le
secrétaire de l'homme d'État que mon ami remplaçait ;
il venait proposer à la signature un travail pressé dont
il avait été chargé, peu de jours auparavant, par son
ancien patron. Charles y jeta un coup d'œil distrait,
improvisa d'un ton péremptoire quelques objections su-
perficielles, et annonça son intention de faire recommencer
cet exposé de motifs sur un plan tout différent, et d'après
d'autres idées.

Le jeune secrétaire rougit légèrement, — on n'est
jamais disgracié sans quelque dépit ; — mais le sourire
sardonique dont il accompagna l'offre de sa démission
m'apprit qu'il savait à quoi s'en tenir sur les dispositions
méfiantes du nouveau ministre.

Cette démission fut acceptée immédiatement, et lorsque,
après le départ du jeune homme, j'en témoignai ma surprise à Charles :

« As-tu donc oublié, — me dit-il, — les principes
dont je t'ai fait part ? Le travail de ce jeune cadet révélait
autant de talent que sa physionomie en promet ; c'est
pour cela que je l'ai refusé sans hésiter. Avec un pareil
acolyte, je perdrais bientôt la responsabilité de mes
idées ; on dirait que j'ai un faiseur, et véritablement
j'en aurais un, car sur bien des points je ne pourrais
faire adopter mes opinions à un petit entêté si sûr des
siennes. »

J'avais cru jusque-là que l'apologie des sots, dans la bouche de mon ami, n'était qu'un ingénieux paradoxe. Dès que je la lui vis prendre au sérieux, je m'en alarmai tout de bon, et je ne négligeai rien pour lui ôter une idée aussi contraire au bon sens qu'à ses véritables intérêts. Mais j'avais affaire à trop forte partie, ou du moins à un homme trop convaincu de son infaillibilité, pour que mes paroles portassent coup.

« Ce que je te disais en riant, à propos de mon valet de chambre, — reprit Charles, — est une théorie très-démontrée pour moi, et à laquelle j'ai subordonné les principaux actes de ma vie politique. Dernièrement encore, appelé à donner mon avis sur la composition du ministère dont je fais partie, j'ai mis en pratique l'idée qui te semble si paradoxale. Au lieu de choisir mes collègues parmi les hommes les plus éminents de l'opinion parlementaire qui me portait au pouvoir, je n'ai appelé dans le cabinet que les notabilités secondaires, les talents d'un ordre inférieur. C'était le seul moyen de donner de l'unité à notre administration, de concentrer sa force et de...

— Et de t'assurer la prééminence, — ajoutai-je en souriant. — Tu es comme beaucoup d'honnêtes gens, qui ne voient d'autorité homogène que là où ils dominent sans contestation. »

Cette remarque effaroucha mon ami, qui, d'un air très-imposant, plaça son pouce dans l'entournure de son gilet. Après quoi il me déclara, dans les termes les plus polis du monde, que mon intelligence n'allait point jusqu'à saisir la portée de certaines vues, le mérite de certaines tactiques. Je le trouvai quelque peu impertinent, et, prenant tout aussitôt congé de lui :

« Au revoir, dans un an! — lui dis-je. — Nous repren-

drons notre discussion le jour où les affaires publiques
t'en laisseront le loisir. »

Malheureusement c'était à coup sûr que je me donnais
les gants d'une prophétie politique ; sept à huit mois après
la conversation que j'ai racontée, les mêmes journaux qui
m'avaient appris la nomination de Charles m'apportèrent
le décret qui le rendait aux douceurs de la vie privée.
Ce jour-là même, j'allai le chercher dans la retraite
où il fuyait les regards des hommes. Il me fallut assez de
peines pour pénétrer jusqu'à lui ; son grand butor de
valet de chambre ne voulait jamais comprendre que certaines consignes absolues ne concernent jamais la véritable
amitié.

Je trouvai Charles, comme je m'y attendais, dans un
accès de misanthropie fiévreuse. Il voulait affecter une par-
faite résignation ; mais son désappointement éclatait malgré
lui en traits amers lancés contre ses antagonistes et contre
ses adhérents politiques.

« Tu as sans doute lu, — me dit-il, — le beau discours auquel je dois ma chute ; le grand homme d'État
qui l'a prononcé n'en est pas même l'auteur ; il l'avait
commandé un mois d'avance à un journaliste de l'opposition.

— Vraiment ! — m'écriai-je, — et le nom de cet habile
écrivain ? »

Charles satisfit à l'instant même ma curiosité. — Or je
reconnus, — mais sans oser en faire semblant, — le petit
secrétaire si dédaigneusement congédié dans le journaliste
puissant et redoutable.

« Il faut avouer, — repris-je, — que si ce discours
a du mérite, il était cependant bien facile à rétorquer.

— Certainement, — s'écria Charles ; — mais que veux-tu? j'étais ce jour-là même retenu à la Chambre des pairs, et le ministère n'avait pour représentants, devant nos quatre cent cinquante-neuf souverains électifs, que cet ignorant de B***, ce bavard de C***, cette poule mouillée de D***. Comment voulais-tu qu'ils prévalussent contre une argumentation si captieuse et si serrée?

J'aurais pu rappeler à Charles que M. B***, M. C***, M. D***, ne devaient pas à d'autre qu'à lui leur élévation au ministère, et que, par conséquent, il était responsable de leur incapacité : mais ceci n'eût fait qu'ajouter à son désespoir, et je gardai un respectueux silence. Lui, tout au contraire, revenait avec une espèce d'acharnement sur tous les incidents de sa défaite.

— Figure-toi, — me dit-il, — qu'après cet infernal discours, rien n'était encore compromis. Du Luxembourg où j'étais, et où l'on m'avait apporté la nouvelle de ce qui se passait à l'autre Chambre, j'avais écrit au président de celle-ci pour qu'il réservât jusqu'au lendemain le droit de répondre qui nous appartient toujours, comme tu le sais. Par malheur, — et tu concevras cette distraction dans l'état de trouble où j'étais, — je n'avais mis sur mon billet que le nom de M. S***. Or, mon imbécile de valet de chambre a perdu deux heures à courir d'hôtel en hôtel après ce grave et bénévole personnage qui, durant ces deux heures, laissait se consommer le vote imprévu auquel nous devons notre ruine.

— Hélas! pensai-je, ceci ne serait point arrivé si l'adroit Joseph eût été chargé de la missive.

Mais je gardai encore cette réflexion à part moi, me réservant d'apprendre plus tard au ministre déchu combien les imbéciles sont de dangereux serviteurs, de mauvais

47

amis, d'insuffisants et fragiles étais. Dans les orages de la
vie on a souvent besoin d'un manteau ample et solide; or,
quelle que soit l'habileté du tailleur, jamais il ne pourra
faire autre chose que:

DE PEU DE DRAP, COURTE CAPE.

Si jeunesse savait!... Si vieillesse pouvait!...

SI JEUNESSE SAVAIT!

SI VIEILLESSE POUVAIT!

L'abbé Suger, ministre de Louis VI dont il a écrit la
vie, rapporte qu'on entendit souvent ce roi, aux approches
de la vieillesse, se plaindre du malheur de la condition
humaine qui réunit rarement *le savoir ét le pouvoir;* et
l'historien Velly pense que le proverbe peut être venu de
ces paroles. Je crois, au contraire, que ces paroles étaient
venues du proverbe antérieurement connu, non-seulement
dans notre langue, mais dans la langue castillane qui en

offre l'analogue suivant : *el mozo, por no saber, el viejo por no poder, dejan las cosas perder,* — traduction littérale : *le jeune, pour ne savoir, le vieux, pour ne pouvoir, laissent les choses perdre.*

Il s'énonçait primitivement chez nous en ces termes : *si jeune savait et vieux pouvait, l'homme un Jupiter serait;* et comme la conclusion était entachée de paganisme, on y substitua dans la suite celle-ci : *jamais disette n'y aurait,* laquelle finit à son tour par rester sous-entendue, ce qui rendit la formule proverbiale susceptible d'un plus grand nombre d'applications et lui donna un tour bien plus concis et plus vif.

Elle s'applique le plus souvent aujourd'hui aux occasions favorables en amour, que les galants novices et les galants émérites laissent également échapper, les premiers par inexpérience et les seconds par impuissance. C'est la double idée que Grandville a mise en action dans son dessin avec un art et un naturel parfaits. Elle ne pouvait y être développée d'une manière plus expressive et plus propre à captiver l'attention. On ne se lasse point de regarder cette aimable belle étendue sur un banc rustique, à l'ombre d'un arbrisseau, tenant un roman, dont elle a interrompu la lecture pour se livrer à de fantastiques rêveries, peut être à des suaves réminiscences; et l'on se plaît à envelopper sous le même regard cet adolescent planté devant elle comme un héliotrope devant le soleil, attiré vers elle par un vif désir, retenu par une excessive timidité, flottant entre des velléités de courage et des accès de découragement, les yeux toujours fixés sur elle, les pieds dirigés en sens contraire, se grattant l'oreille d'une main, ayant à l'autre une épitre amoureuse qu'il n'ose lui remettre et qu'il laisse voir, comme s'il se flattait

qu'elle la lui demandera. La scène est charmante, et le
contraste du vieux roué qui y assiste en cachette, avec le
regret de ne pouvoir en être acteur, y ajoute un attrait
des plus piquants.

Mais pourquoi analyser ce qui est fait pour être senti?
Contentons-nous d'admirer ce petit chef-d'œuvre si remarquable par l'unité de l'ensemble et par la variété des détails,
et dans lequel le réalisme brille si bien sous les reflets
poétiques de l'idéal.

ON A SOUVENT BESOIN

DE PLUS PETIT QUE SOI

La porte principale de l'hôtel du prince de N., situé à l'entrée du faubourg Saint-Honoré, était ouverte à deux battants, et laissait voir facilement de la rue ce qui se passait dans l'intérieur. Les persiennes, exactement fermées, annonçaient que le maître devait être absent, ce qui assurait aux valets la faculté de mettre en action

un de nos proverbes : « Absent le chat, les souris dansent. »

Les souris dansaient en effet dans la cour, où se trouvaient rassemblés tous les domestiques mâles et femelles :
cuisinier, cocher, valet de chambre, femme de chambre,
palefrenier, tous, jusqu'au dernier aide de cuisine, pous-
saient des cris de joie, riaient aux éclats, et se tenaient
rassemblés autour de la pompe, battant d'avance des
mains dans l'attente du spectacle *gratis* qui se préparait.

L'acteur principal, ou, pour mieux dire, le patient de
cette scène, était Jacquot le ramoneur, qu'on venait de
trouver endormi dans le cabinet de *Monseigneur,* à la
suite d'un pèlerinage de plus de deux heures dans les
cheminées de l'hôtel où il avait failli tomber asphyxié.
Être surpris en flagrant délit d'assoupissement, la tête

toute barbouillée de suie et appuyée sur une magnifique ottomane en lampas jaune doré, voilà qui méritait un châtiment.

Les fidèles serviteurs du prince N. avaient tenu conseil et décidé, à l'unanimité, qu'il serait divertissant de placer Jacquot sous la pompe et de lui administrer une douche prolongée, comme leçon de savoir-vivre. Le pauvre ramoneur, plus mort que vif, était déjà placé sous le tuyau ; le signal de l'irrigation allait être donné, quand tout à coup une voix de Stentor, partie du vestibule, fit entendre ces mots : — Le premier qui touche à cet enfant aura affaire à moi!

Cette menace était prononcée par l'illustre Belrose, le chasseur du prince de N. Titan de la livrée, Belrose était sans contredit le plus bel homme que l'on eût jamais vu planté derrière une voiture. Haut de deux mètres, il était en outre d'une force prodigieuse qui imprimait le respect à tous les gens de l'hôtel. Il se fit faire place du geste au milieu du cercle qui entourait la pompe, saisit d'une seule main le ramoneur, et l'emporta sous le vestibule, où il eut beaucoup de peine à le réchauffer, tant la peur l'avait glacé. A force de soins, Belrose parvint à ranimer Jacquot ; celui-ci commença à étendre les bras, à se frotter les yeux ; enfin, un sourire frais et rose se fit jour au milieu de la suie qui couvrait ses lèvres. Dès lors, le cœur de Belrose fut gagné : il fit débarbouiller le pauvre enfant qu'il avait si miraculeusement sauvé du déluge, et résolut de le prendre sous sa protection.

Quinze jours après cet événement, un petit groom, de la plus charmante espèce, livrée bleu de ciel, culotte courte, chapeau galonné légèrement incliné sur l'oreille, traversait la cour de l'hôtel. Reconnaîtriez-vous là notre ami Jacquot le ramoneur, maintenant métamorphosé en Frontin du petit format? Vous dire comment il se fit que le prince de N. eut besoin d'un petit laquais, comment son chasseur Belrose lui proposa Jacquot, qui plut aussitôt au prince par sa mine éveillée, sa petite taille, et surtout son joli sourire couleur de rose, serait entrer dans des détails superflus. Qu'il nous suffise de savoir que Jacquot est maintenant la perle des grooms, et que, de la main dont il râclait autrefois les cheminées, il porte des bouquets de camélias et de petits billets parfumés au réséda et au musc. Il s'appelait Jacquot, on l'appelle Jacques; on a raccourci son nom, contrairement à la plupart des vilains qui allongent le leur en s'anoblissant.

Cependant Belrose avait beau être le chasseur le plus imposant de tout le fauboug Saint-Honoré, il perdait chaque jour de son crédit dans l'esprit du prince ; l'opinion même des gens de l'hôtel était qu'il ne conserverait pas longtemps sa place. Outre que le beau chasseur vieillissait, ce qui ôtait à son service beaucoup de sa promptitude et de son élasticité, il avait contracté la funeste habitude de boire le matin à jeun un grog, puis deux, puis trois, puis six ; puis les verres de rhum et d'absinthe offerts par occasion ; sa journée avait fini par ne plus être qu'un tissu de libations. Souvent, quand Belrose paraissait devant le prince, celui-ci s'était aperçu que le chasseur parlait avec incohérence et chancelait sur sa base; des menaces de congé lui avaient été signifiées à plus d'une reprise. Ces menaces auraient même reçu leur exécution, si Belrose n'avait eu son bon ange dans la personne de Jacquot, qui veillait sur lui avec la fidélité d'un fils. Lorsqu'il s'agissait de monter le soir derrière la voiture du prince, et que le chasseur se trouvait avoir le cerveau plus allourdi qu'il ne convenait, Jacquot

avait le soin de grimper sur le marche-pied où se tenait
Belrose, et de lui pincer les jambes de temps en temps de
manière à le tenir éveillé jusqu'au moment où il devait
ouvrir la portière.

Le prince avait-il à remettre au chasseur quelque lettre
qui exigeait une prompte réponse, Belrose était à peine
dans le vestibule, que Jacques lui avait déjà arraché la
lettre des mains, s'élançait dans la cour avec la vivacité de
l'écureuil, et rapportait la réponse en moins de temps qu'il
n'en avait fallu pour l'écrire.

Charmé de cette promptitude vraiment atmosphérique,
le prince se disait parfois en pensant à son chasseur : —
Il a de grands défauts sans doute, négligent, paresseux,
ivrogne ; mais il s'acquitte des messages que je lui confie
avec une telle célérité, que je suis bien obligé de passer
sur ses imperfections.

Jacquot était partout où il fallait que Belrose se trou-
vât ; il était devenu l'âme secrète, le ressort caché de cette
machine gigantesque, qu'il faisait agir et mouvoir à son
gré. Le chasseur, en voyant tout le mal que son protégé
se donnait pour lui, disait parfois à Jacques d'un ton
attendri :

— Je veux que le prince sache tout ce que tu vaux ;
je veux lui apprendre que, depuis que tu es attaché à
l'hôtel, tu fais presque tout mon service.

— Garde-t'en bien, s'écriait Jacques en caracolant
autour du colossal valet à la manière des jeunes singes ; si
tu dis un mot de cela au prince, je lui déclare, moi, que
tu m'as pris dans ses cheminées pour me faire endosser sa
livrée, et nous verrons alors s'il trouve surprenant que je
t'aide un peu dans ton ouvrage.

Le prince était si content du service de son petit laquais

qu'il ne put lui refuser d'aller passer deux ou trois mois
dans un village situé près d'Aurillac, pour porter à sa mère
quelques économies qu'il avait faites depuis qu'il travaillait
à Paris. L'absence du groom fut fatale au chasseur ; dès
que son protégé eut quitté l'hôtel, ses défauts reparurent
dans toute leur nudité, et finirent par amener une cata-
strophe depuis longtemps imminente. Belrose fut remplacé
par un autre géant de son espèce, et renvoyé par le prince
vers ses dieux pénates.

Malheureusement le chasseur ne possédait pas de
pénates ; il avait toujours vécu fort éloigné du chemin de
la Caisse d'épargne. Il quitta l'hôtel sans la moindre ressource ; et quand il eut dépouillé son habit vert, son
baudrier et son chapeau à plumes, ses cheveux se trouvèrent si blancs, son dos si voûté, ses jarrets si engourdis,
qu'il reconnut lui-même la nécessité de prendre ses Inva-
lides.

Mais quelle fut la douleur de Jacques, lorsqu'à son
retour il apprit que Belrose était exilé pour jamais ! Il
l'aimait comme un père, et ne put s'empêcher de répandre
des larmes lorsqu'il aperçut sous le vestibule un autre
chasseur qui portait l'habit, le couteau de chasse, et jusqu'au plumet de Belrose.

Il résolut aussitôt de retrouver celui qu'il regardait
comme son bienfaiteur, fût-il au bout du monde. Mais il
se passa plusieurs mois avant qu'il pût le rejoindre ; car
Belrose, par un reste d'orgueil, tenait à cacher sa destinée
jadis si brillante, aujourd'hui si misérable. Jacques, à
force d'informations, apprit qu'il habitait une mauvaise
chambre garnie située dans le fond de la rue Mouffetard.
Il le trouva couché sur un grabat où le retenaient des
rhumatismes, un asthme, la goutte et toutes les maladies

qui s'attachent à la vieillesse des grands seigneurs et des domestiques de grande maison. Belrose fut attendri jusqu'aux larmes lorsqu'il vit paraître dans sa mansarde Jacques, qui lui sauta au cou dès qu'il l'aperçut.

— Tu ne m'as donc pas oublié? lui dit l'ex-chasseur ; je vois que j'ai bien fait autrefois de m'attacher à toi; j'avais deviné ton bon cœur...

Jacques, le voyant dans un dénuement extrême, l'obligea d'accepter tout ce qu'il avait d'argent : le prince l'avait pris en affection, et lui donnait souvent de petites gratifications qu'il mettait de côté avec la scrupuleuse économie d'un enfant de l'Auvergne. Il ne se passait presque pas de jour où il ne fît le trajet du faubourg Saint-Honoré au quartier Saint-Marceau; et comme il avait la jambe plus agile et plus légère que jamais, ces courses ne nuisaient en rien à son service.

Un jour qu'il arrivait comme à l'ordinaire chez Belrose on lui annonça que le pauvre homme était au plus mal. Désespéré et voulant au moins l'embrasser une dernière fois, Jacques s'élance dans l'escalier, et, en entrant dans la chambre du malade, il est suffoqué par une forte odeur de fumée.

— D'où vient cela? dit-il à Belrose.

— Hélas! répond le vieux chasseur d'une voix languissante, la cheminée n'a pas été ramonée de tout l'hiver, je me suis plaint ce matin; mais mon hôtesse, à qui je dois plusieurs mois de loyer, a déclaré que, pour le peu de temps qu'il me restait à vivre, cette nouvelle dépense était superflue.

A peine Jacques a-t-il entendu ces paroles que, saisi d'indignation, il met de côté son habit de bleu ciel et sa cravate blanche, il s'arme d'un balai et d'un instrument

tranchant qu'il trouve par hasard sous sa main, et, malgré
les efforts de Belrose pour le retenir, il s'élance dans la
cheminée en entonnant une chanson d'Auvergne. En descendant, il se place devant l'ex-chasseur, la face barbouillée,
les cheveux remplis de suie :

— Me reconnais-tu maintenant, lui dit-il, mon vieil
ami? Me voici tel que j'étais quand tu me pris autrefois
sous ta protection et me sauvas des mains de ces damnés
domestiques qui voulaient me faire un mauvais parti. Je
me suis toujours rappelé tes paroles : — Pourquoi, leur
dis-tu, vouloir faire du mal à cet enfant! Vous devriez au
contraire le protéger, le secourir; ne savez-vous pas que
dans la vie

ON A SOUVENT BESOIN DE PLUS PETIT QUE SOI?

Chacun prend son plaisir où il le trouve.

CHACUN PREND SON PLAISIR

OU IL LE TROUVE

Proverbe ironique dont on se sert en parlant des personnes qui font consister leur plaisir dans des choses où beaucoup d'autres ne trouveraient que de la peine ou de l'ennui. Grandville en a fait l'application à ces bonnes gens qui se lèvent de grand matin et vont s'installer jusqu'au soir sur le bord d'une rivière pour pêcher à la ligne, instrument fait, disent les mauvais plaisants, pour avoir une bête à chaque bout.

Voyez dans quelle situation le malicieux artiste a placé le pêcheur, afin de mieux faire juger du plaisir que celui-ci doit éprouver, et dites-moi si vous seriez jaloux de ce plaisir qui donne le frisson et la chair de poule.

Et cependant il faut que la pêche à la ligne ait un attrait bien puissant, puisque, malgré toutes les charges burlesques dont elle est l'objet, malgré toutes les moqueries bouffonnes qu'elle provoque, malgré tous les accidents pénibles ou ridicules qui peuvent s'y joindre, elle captive et domine ses amateurs de manière à les rendre indifférents à tout ce qui n'est pas elle. C'est une véritable passion qui a une force irrésistible, mais qui ne trouble point les sens et ne donne que des émotions douces et pures.

L'histoire nous apprend qu'un souverain jugeait les jouissances de la pêche à la ligne préférables à celles de l'ambition et de la gloire des armes : c'était le roi de Perse Alamin. Un jour qu'il se livrait à cet exercice avec son favori Cutérus, ses ministres consternés vinrent lui annoncer que son armée avait été taillée en pièces. Eh quoi ! s'écria-t-il, vous ne craignez pas de me déranger pour si peu de chose ! Allez prendre les dispositions nécessaires, et laissez-moi. Cutérus a déjà pris deux poissons et je n'en ai pas encore pris un seul.

QUI VA CHERCHER DE LA LAINE

REVIENT TONDU

Nous sommes dans une vallée agreste, située dans la partie la plus pittoresque du département de l'Indre ; une petite rivière court entre les saules, remplissant de bruits joyeux les roues babillardes d'un moulin ; de grands bœufs fauves ruminent couchés dans l'herbe ; la caille amoureuse glousse entre les sillons. Au loin l'aiguille dentelée d'un clocher s'effile sur le ciel d'un bleu nacré ; quelques chaumières blotties au pied de la colline comme des nids d'oiseaux sous un buisson, trahissent leur présence par de minces filets de fumée flottants entre les arbres. Le vent

49

se joue dans les feuilles, le grillon sous la luzerne, l'eau sur les cailloux.

Trois hommes sont assis autour d'une table, dans une maisonnette dont les fenêtres curieuses s'ouvrent sur la vallée. Des fleurs s'épanouissent dans des vases de porcelaine blanche, le linge est parfumé de lavande et de romarin, les carreaux sont luisants ; tout est frais, propre, souriant dans ce réduit.

Les trois convives mangent de bon appétit ; l'un d'eux surtout ne refuse rien de ce qui lui est offert ; poisson, gibier, légume, tout est accepté avec le même empressement. Celui-ci est le plus jeune ; cependant la souffrance et la fatigue ont déjà flétri son visage ; les deux autres portent le costume aisé d'honnête campagnards, forts, dispos et gais. Ils regardent parfois leur camarade avec un sourire amical et doux.

« Veux-tu, frère, cette aile de perdreau ? dit l'un.

— Oui, mais je prendrai l'autre aussi.

— Cette caille dodue te plairait-elle ?

— Elle me plaît avec sa voisine.

— Trouves-tu que cette omelette ait bonne mine ?

— Je croirais lui faire injure si je ne l'accueillais pas aussi bien que ce brochet. »

Et le jeune convive ne laissait pas ses dents oisives.

Cependant au bout d'une heure son activité se ralentit. Il se renversa sur son fauteuil d'osier.

« Voilà, s'écria-t-il, le meilleur repas que j'aie fait depuis longtemps !

— Et pourtant tu en as fait d'excellents à Paris?

— J'en ai pris beaucoup du moins, depuis Flicoteau jusqu'au Rocher de Cancale, depuis le père La Tuile jusqu'au Café de Paris, à dix-neuf sous et à cent francs.

— Cent francs! s'écria le plus âgé des convives; tu buvais donc le Pactole en bouteille?

— Peuh! je buvais le crédit. J'étais alors directeur-gérant d'une société en commandite pour l'exploitation des forêts de cèdres de l'Atlas : superbe affaire sur le papier! Dix millions de capital, cent pour cent de dividende; maison à Médéah, comptoir à Bougie, agences à Bouffarick et à Coléah. Malheureusement la brouille avec le Maroc a fait peur aux actionnaires; ils ne sont pas venus, et je suis parti.

— Et les dividendes?

— Ils sont sur pied, au col du Teniah. Cette gérance devait me rapporter vingt mille écus de bénéfices annuels, qui se sont soldés par vingt mille francs de perte mangés en prospectus. Mais j'ai souvent et bien dîné : dix cèdres au déjeuner, cinquante au souper; j'ai laissé une forêt chez Véfour.

— Tu as vendu le bois avant de l'avoir coupé ; qu'as-tu gagné à ce commerce-là?

— L'expérience, mince capital que je vous apporte.

— Ce n'était pas la peine, nous l'avions déjà.

— Que voulez-vous? on n'a pas deux fois vingt ans dans sa vie. Je m'étais mis en tête de faire fortune. Vous m'aviez compté en beaux écus ma part d'héritage, et je partis pour Paris. *Nul n'est prophète en son pays,* me disais-je; cela est vrai dans le département de l'Indre comme ailleurs. Ce proverbe m'a conduit au boulevard des Italiens.

— Où sans doute tu fus bien accueilli?

— Parbleu! j'avais cent cinquante mille francs! Et cependant cette somme, renfermée en bons billets de banque dans mon portefeuille, me semblait alors une

misère ! Je voulais cinquante mille livres de rente, ou
rien. Je les ai eus pendant trois, ans; maintenant je n'ai
rien.

— Tous, tes vœux ont été remplis, reprit en souriant
l'aîné des trois frères.

— Trop remplis même. J'étais à peine arrivé depuis
vingt-quatre heures que déjà j'avais un ami.   .

— Un ami ?

— C'est le synonyme parisien d'un substantif désobli-
geant. Cet ami me prit si fort en affection qu'il m'intéressa
dans une affaire de pavage en fer creux ; c'était le moment
de la fièvre aux pavés. Tout homme qui se respectait avait
son petit système de pavage dans la poche ; pavage en

bitume, pavage en grès, pavage en chêne, pavage en
sapin, pavage en cailloutis; sous prétexte de paver Paris,
on le dépavait. Je remerciai mon ami avec effusion, et
mis vingt mille francs dans son entreprise. Ma fortune
allait, grâce à notre pavage en fer creux, courir comme
une locomotive sur un rail. Mon ami avait l'adjudication
de la rue Rambuteau, alors au berceau. Notre spéculation
était superbe; malheureusement elle péchait par la base;
le pavé nous coûtait quatre francs, et la ville nous le payait
soixante et quinze centimes; mon ami me conseilla de me
rattraper sur la quantité; je suivis son conseil.

— Et tu perdis le double?

— Justement. « A la suite de cette opération, mon
ami changea d'air et partit pour Bruxelles.

A quelque temps de là, on me fit voir dans un café
un monsieur qui buvait un grog. — Voyez-vous ce
monsieur? me dit mon interlocuteur. — Oui. — Qu'en
pensez-vous? — Je pense que c'est un monsieur qui a
un gros ventre et une redingote marron. — C'est un
grand homme. — Ah bah! — Permettez que je vous le
présente.

« De cette présentation résulta un journal.

— Eh quoi! de la littérature après de l'industrie?

— Ce que je n'avais pas trouvé dans le pavé, je
voulais le trouver dans le feuilleton. Notre journal fut
fondé à la Maison d'Or, un soir d'été. Le lendemain *la
Foudre* se leva sur Paris. Il nous fallait un titre fougueux,
incandescent, terrible; nous voulions porter la flamme de
nos convictions dans les ténèbres de l'indifférence, illu-
miner, aux lueurs de nos principes, les abîmes où la
société se plonge. *La Foudre* fut tout à la fois socialiste,
humanitaire, progressive et rénovatrice; elle sapa les abus

et frappa de la cognée du premier-Paris l'arbre séculaire
du privilége. Dix hommes d'état rédigeaient la partie
politique ; dix de nos plus féconds romanciers versaient
leurs élucubrations dans la partie littéraire. C'est *la Foudre*
qui a inventé la question Valaco-Moldave et les romans en
vingt-quatre volumes. Le roman est resté à son neuvième
tome, et la question à sa cinquième phase.

— *La Foudre* mourut donc ?

— Elle passa comme un météore ; mais en passant elle
laissa des traces brûlantes de sa polémique ; trois paradoxes
de plus dans la presse, cinquante mille francs de moins
dans mon portefeuille.

— Et le grand homme au gros ventre ? demanda l'un
des frères.

— Il faillit devenir député. L'industrie et la littérature ne m'ayant pas réussi, je me lançai dans les spéculations. Dans cette carrière périlleuse, on ne peut espérer
le succès que par le secours de l'audace. A moi et à mon
associé...

— Ah ! tu avais un associé ?

— On a toujours un associé... A nous deux, esprits
hardis, il fallait, dis-je, quelque chose de neuf, d'imprévu, d'osé. Nous spéculâmes sur les huîtres. L'acca-
parement détermina la hausse ; on faillit se révolter à la
rue Montorgueil, où mille garçons de restaurants demandaient les cloyères qui n'arrivaient pas. Paris resta huit
jours sans huîtres : la consternation était à son comble ;
mais quand nous nous décidâmes à ouvrir nos parcs, les
bivalves étaient morts. Mon capital s'en était allé en
coquilles ; j'eus pour ma part un dividende de cent mille
écailles. Les cèdres de l'Atlas mangèrent ce qui me restait.
Quelque temps je battis le pavé de Paris ; mais c'est un

Belle fille et méchante robe trouvent toujours
qui les accroche.

pavé qu'on ne saurait battre longtemps quand on n'a rien dans la poche. C'est alors que, secouant toute mauvaise honte, je suis parti pour cet honnête département de l'Indre où vous avez vécu loin des orages et des passions. Et vous, mes frères, vous m'avez accueilli comme l'enfant prodigue, et vous avez eu même l'attention de supprimer le veau que je n'aime pas pour le remplacer par le gibier que j'aime beaucoup.

— Maintenant que tu as glané l'expérience, resteras-tu parmi nous qui avons moissonné le bonheur ?

— Oui, mes frères ; car j'ai ramassé dans vos gerbes un épi que la sagesse humaine a mûri. Cet épi est un proverbe et ce proverbe, le voici :

QUI VA CHERCHER DE LA LAINE REVIENT TONDU. »

BELLE FILLE ET MÉCHANTE ROBE

TROUVENT TOUJOURS QUI LES ACCROCHE

Dicton trivial où le verbe *accrocher* se prend au propre, dans un cas, et au figuré, dans l'autre cas ; ce qui déroge un peu à la règle grammaticale ; je dois le remarquer en passant.

Au reste, malgré le double sens du verbe, ce dicton est assez clair pour n'avoir pas besoin d'être expliqué ; et si quelqu'un désire des éclarcissements à ce sujet, il n'a qu'à regarder le joli dessin de Grandville où il verra ce qui *accroche* les méchantes robes et ce qui *accroche* les belles filles.

Il est tout naturel que l'ingénieux artiste, si bien doué de l'esprit d'observation, ait choisi un galant militaire, plutôt qu'un galant bourgeois, comme type des *accrocheurs* des belles filles, puisque les belles filles sont généralement attirées vers les braves et qu'elles se plaisent presque toutes à répéter tout bas ce vœu que l'une d'elles ne craignait pas d'exprimer tout haut : « Un bel officier ou la mort ! »

Mais on me demandera peut-être si le penchant décidé qu'elles ont pour eux ne viendrait pas de ce qu'ils sont plus entreprenants et plus hardis et savent leur épargner l'embarras du refus trop pénible pour leur tendre cœur. Je répondrai simplement que ce sexe aimable est comme *le paradis qui souffre violence et que les violents emportent*, suivant le texte de l'évangile : *Regnum cœlorum vim patitur, et violenti rapiunt illud*. (Matth., XI. 12.)

Je ne veux point m'égarer dans un dédale de conjectures plus ou moins impertinentes, auxquelles cette question tant controversée a toujours donné lieu. Les raisons du fait sont douteuses et le fait est certain, tenons-nous-en donc au fait. Il prouve évidemment l'entente cordiale des belles filles et des beaux militaires et il donne à ceux-ci le droit de dire à celles-là les paroles du cocher de fiacre à certaines dames, dans le *Moulin de Javelle :* « Vous autres et nous autres, nous ne pouvons nous passer les uns des autres. »

QUI VEUT ÊTRE RICHE EN UN AN

AU BOUT DE SIX MOIS EST PENDU

Plusieurs jeunes gens buvaient du thé, mangeaient des sandwich et fumaient dans un salon élégant de la Chaussée-d'Antin. Au laisser aller de leurs discours, à la désinvolture de leurs poses, à l'animation de leur visage, il était aisé de comprendre qu'ils venaient de dîner longtemps et bien. Quelques-uns d'entre eux effleuraient à peine leur majorité ; de blondes moustaches ombrageaient mollement leur lèvres, et sur l'ivoire poli de leur front nulle peine n'avait encore laissé trace de son passage. D'autres étaient parvenus à cet âge où la force égale le désir ; deux ou trois, les moins jeunes de tous, passaient leur main distraite dans les flots d'une chevelure où les soucis et le travail commençaient à semer leurs fils d'argent. Ceux-ci regardaient avec un sourire grave et rêveur, fuir les spirales bleues des panatelas embrasés; ils savaient que les belles années de la jeunesse passent comme la fumée.

Le vent sifflait avec force dans la rue, la pluie fouettait les volets clos, un feu clair petillait dans la cheminée; l'heure, le lieu, le temps, tout était propice aux causeries intimes.

« Ma foi! vive la joie! s'écria un jeune homme nonchalamment couché sur une ottomane. Le matin je broche des vaudevilles avec les plumes du ministère, le soir je griffonne des feuilletons sur le papier du ministère, et le trente du mois j'émarge cinq cents livres au trésor public en qualité de chef de bureau : c'est doux et facile!

— Parbleu! mes chers, reprit un autre, blotti au fond d'une ganache, on a calomnié l'existence. Parole d'honneur, elle est bonne personne. J'ai un entresol, dix mille livres de pension, trois mille écus de crédit et un cœur presque neuf; si tout cela ne fait pas le bonheur, le bonheur est un malotru.

— Et toi, que fais-tu? reprit un buveur de thé en s'adressant à un gros garçon rose et joufflu qui avalait méthodiquement des verres de punch.

— Moi? J'attends.

— Quoi?

— Une sinécure que m'a promise un mien cousin, député ministériel.

— Tu l'attends, et moi je l'ai, continua un petit monsieur blond qui portait un œillet blanc à sa boutonnière; depuis hier j'inspecte les prisons au nom du gouvernement.

Mille propos suivaient ceux-ci; mais, à tous ces discours inspirés par la joie ou l'espérance, un pâle jeune homme, étendu sur une pile de coussins, ne répondait que par les mouvements dédaigneux de sa bouche armée du bout ambré d'une pipe turque. Au plus fort de ses aspirations et de son dédain, il fut brusquement apostrophé par l'un de ses camarades.

« Eh! beau ténébreux! s'écria-t-il, depuis quand as-tu pris l'habitude de ce silence qui ferait honneur à l'obélisque? Es-tu désillusionné, toi aussi? C'est bien usé, mon cher.

— Et pourquoi voulez-vous que je parle? répondit l'homme à la pipe. Est-il bien nécessaire que je verse un contingent de billevesées au fleuves de sornettes qui s'épanche de vos lèvres depuis deux heures? Vous rayonnez de contentement, tant mieux; votre bonheur à tous a un bonnet de coton sur les oreilles et des socques aux pieds; gardez-le. L'un a mille écus de revenu, l'autre six mille francs; Achille a une place, Gustave aussi, Paul de même; Joseph attend un héritage, Charles mange le sien; Henri va se marier. A ce prix-là il me serait très-facile d'être heureux; mais cette joie ne m'amuserait guère. J'ai une centaine de mille livres qui, bien placées sur première hypothèque, me rapporteraient quatre à cinq mille francs de rente. Fi donc! je veux faire fortune au galop.

— Bravo! s'écria l'un des fumeurs. Tu as une pose d'ange déchu qui ferait envie à M. Bocage.

— Arrière votre bonheur! il sent l'épicerie. Je jouerai ma fortune sur un coup de dé. »

Un grand personnage silencieux, à l'œil noir et au teint bronzé, que l'un des convives avait conduit au festin, quitta la place où il fumait philosophiquement une chibouque, et, s'approchant du discoureur, lui toucha légèrement l'épaule: « J'ai votre affaire, lui dit-il tout bas. Voulez-vous me confier vos cent mille francs? Dans un an vous aurez un million, ou vous n'aurez rien.»

Léopold de Brus, c'était le nom de notre jeune ambitieux, suivit l'étranger dans un coin du salon; et tous les deux, assis sur un divan, causèrent un quart d'heure avec animation. Au bout de ce temps l'étranger serra la main de Léopold et sortit.

Léopold chercha du regard dans le salon, et voyant seul, au coin du feu, un jeune homme dont le front commençait à se dépouiller, il alla se placer à son côté.

« Vous êtes, mon cher Étienne, lui dit-il, un garçon sensé; donnez-moi un bon conseil.

— Volontiers; cela se donne toujours, et ne s'accepte jamais.

— L'individu avec qui vous m'avez vu causer est un fameux navigateur; c'est une espèce de capitaine Ross; s'il y avait un passage du nord-ouest, il l'aurait découvert. Or le Vasco de Gama français a conçu un projet auquel il m'a offert de m'associer.

— Pour rien?

— Pour cent mille francs dont il a besoin.

— Voyons le projet.»

Léopold se pencha et parla tout bas à l'oreille d'Étienne.

Étienne fronça le sourcil.

« C'est illégal », dit-il.

Léopold haussa les épaules.

« Et c'est dangereux, reprit-il.

— Qui ne risque rien n'a rien! répondit Léopold.

— J'en étais sûr! Vous m'avez demandé un conseil;

donc vous étiez décidé. Permettez-moi seulement une question.

— Faites.

— Avez-vous lu Don Quichotte ?

— Oui, sans doute.

— Alors souvenez-vous d'un proverbe qui, s'il n'y est pas, devrait y être : *Qui veut être riche en un an, au bout de six mois est pendu.*

— Bah ! on a supprimé le gibet !» s'écria Léopold en riant.

A quelque temps de là, un touriste qui parcourait les provinces basques rencontra sur le quai de Santander Léopold de Brus en habit de matelot.

« Eh ! mon cher ! s'écria le Parisien, que faites-vous dans cette équipage ?

— Je vais m'embarquer. Voyez-vous ce beau brick dont la vague caresse amoureusement les flancs noirs, il va m'emporter avec lui vers les côtes de la Sénégambie et du Congo ; peut-être même pousserai-je jusqu'au royaume de Zanguebar.

— Les lauriers du capitains Marryat vous empêchaient donc de dormir ?

— Point ; mais j'ai fort envie de faire le commerce de la poudre d'or et des dents d'éléphants ; on le dit très-lucratif. Adieu ; on vient de tirer le canon, c'est le signal du départ, et *la Marquesa d'Amaëgui* n'attend plus que moi pour lever l'ancre.»

Léopold s'élança dans un canot que dirigeait un marin de haute taille, gagna le brick, et une heure après *la Marquesa d'Amaëgui* disparaissait à l'horizon.

« C'est étrange, disait le touriste en regardant la blanche voilure du navire fuir comme l'aile d'un oiseau, il me semble avoir vu le capitaine du canot au dernier dîner où se trouvait Léopold, à Paris!»

Sept à huit mois après, les journaux français contenaient, sous la rubrique de Londres, la traduction d'une nouvelle extraite du *Times :*

Portsmouth, ce 20 juillet 1844.

La corvette de S. M. Britannique *le Basilic* est entrée hier dans notre port; le lieutenant Thompson de la marine royale, qui la commande, vient d'adresser à l'amirauté un rapport fort intéressant. Il résulte de ce document que la corvette, naviguant au sud des îles du Cap Vert, reconnut un brick qui faisait route à l'ouest. Le brick, loin de répondre aux signaux de la corvette, changea de route et mit le cap au nord. Le lieutenant Thompson donna l'ordre d'appuyer le pavillon anglais d'un coup de canon et de poursuivre à toute voile le navire suspect qui cherchait à l'éviter; la chasse dura quatre à cinq heures. Le brick était bon voilier; mais *le Basilic,* étant d'une marche supérieure, atteignit enfin le fugitif et le menaça de le couler s'il n'amenait pas. Le brick, virant de bord, hissa pavillon espagnol et ouvrit le feu. Le combat fut vif, et durant une demi-heure il eût été impossible de prévoir, au milieu des nuages de fumées qui flottaient sur l'eau, auquel des deux navires resterait la victoire; mais une bordée du *Basilic* ayant abattu le grand mât du brick, force fut à celui-ci de se rendre. On reconnut alors qu'on avait eu affaire à *la Marquesa d'Amaëgui,* du port de Santander; trois cent quatre-vingt-dix nègres étaient au fond de la cale; le pont était couvert de morts et de mourants. Parmi les premiers on a relevé le cadavre d'un Français qui avait eu la tête brisée par un biscayen. On a trouvé dans sa ceinture un portefeuille sur lequel on lisait le nom de Léopold de Brus....

Le journal tomba des mains d'Étienne qui le lisait.

« Pauvre Léopold ! s'écria-t-il. Je le lui avais bien prédit ; quand on veut faire fortune en un an, au bout de six mois on est pendu !

— Où diable voyez-vous qu'il ait été pendu, mauvais prophète ? reprit l'un des auditeurs.

— C'est vrai ; il n'a pas été pendu, mais il a été tué. »

Les absents ont tort.

LES ABSENTS

ONT TORT

On les oublie, ou, si l'on s'occupe d'eux, ce n'est le
plus souvent qu'à leur désavantage. Suivez les dans toutes

les phases de leur existence; vous les trouverez presque toujours sous le coup de quelque ridicule ou de quelque malheur. Il semble que la quinteuse Fortune les prenne pour jouets et les expose à toutes les mauvaises chances.

Il y a une série de proverbes faits pour signaler leurs désappointements. Il y est dit que *les convives les attendent les pieds sous la table et ne leur laissent que des os,* plaisanterie cruelle ou du moins de fort dure digestion ; que les accapareurs d'héritages les traitent encore plus mal, en les faisant rayer des testaments, *absens hœres non erit ;* que leurs amis finissent pas perdre leur souvenir, *loin des yeux et loin du cœur ;* que leurs femmes, moins fidèles encore que les amis, agissent à leur égard comme s'ils ne devaient pas revenir et se consolent avec d'autres.

De toutes les mésaventures auxquelles ils sont sujets cette dernière est assurément la plus ordinaire, elle ne cesse de se reproduire dans la société sous des formes aussi variées que nombreuses. Demandez, regardez, écoutez : vous connaîtrez facilement ces faits scandaleux qui défrayent tant de conversations. Pour nous qui voulons être circonspect et ne pas courir le risque d'être accusé par bien des gens de faire des personnalités, nous nous en tiendrons au fait que le dessin de Grandville a mis sous nos yeux d'une manière si frappante.

Ce dessin offre une belle qui se donne du bon temps avec un galant, tandis que son mari, immatriculé dans la milice urbaine, fait des patrouilles pour le maintien de l'ordre public. Avec quel plaisir elle abandonne sa blanche main aux baisers du godelureau ! mais l'un et l'autre, comme Roméo et Juliette, se sont attardés dans cet agréable tête-à-tête, et voilà que le mari vient tout à coup les surprendre au milieu de leurs tendres adieux. O douleur !

à cette vue il a peine à se tenir sur ses jambes dont l'une
a déjà fléchi, et il tomberait s'il n'avait la main appuyée
sur le bouton de la porte qu'il a ouverte. Le voyez-vous,
la stupéfaction empreinte sur ses traits,

> Bouche béante, œil fixe et cheveux sur son front
> Dressés en double mèche, emblème de l'affront!

Ah! pauvre garde national passé si rapidement du rôle
imaginaire de héros citoyen au rôle réel de Sganarelle
bourgeois! mais qu'il en batte sa coulpe. C'est à lui qu'il
doit s'en prendre, son tort est d'avoir négligé de mettre en
pratique le précepte proverbial qui dit *qu'un mari doit se
faire annoncer quand il rentre au logis.*

C'est ce que faisaient autrefois à Rome les maris qui se
piquaient de savoir vivre, et Plutarque nous apprend dans
la IXᵉ de ses *Demandes des choses romaines,* qu'ils agis-
saient ainsi « quand ils retournaient d'un voyage lointain
au pays ou seulement des champs à la ville, désirant
donner par là assurance à leurs femmes restées à la maison
qu'ils ne voulaient rien faire finement ni malicieusement
envers elles, car arriver soudainement à l'improveu
est une manière d'aguet et de surprise dont ils ne voulaient pas être soupçonnés.»

Ce précepte, en venant des Romains jusqu'à nous, a
bien changé sur la route. L'application qu'on en fait
aujourd'hui ne s'accorde plus avec les honnêtes raisons
données par Plutarque. Il s'emploie pour faire entendre à
quel inconvénient s'expose le mari absent qui rentre au
logis sans avoir pris la précaution indiquée.

Le vieux poëte Coquillard (*Droits nouveaux,* ch. VII.
De injuriis) conseillait à ce benêt de mari de faire du bruit

en rentrant, de crier : *Quel est céans ?* de ne point se fâcher *s'il trouvait sa femme sur le fait,* et de se contenter de lui dire :

> Au moins deviez-vous l'huis serrer.
> S'il fust venu des autres gens !

La **LXXI°** des *Cent Nouvelles nouvelles* fait tenir le même langage par un époux débonnaire dans la même situation.

On attribue un trait tout à fait pareil à un grand seigneur du temps de la Régence. Ce personnage étant entré indiscrètement dans la chambre de sa femme, pendant qu'elle était *en conversation* criminelle, comme disent les Anglais par euphémisme, se retira en s'écriant: « Eh ! madame, que ne fermiez-vous la porte ? tout autre que moi aurait pu vous surprendre. »

A MARMITE QUI BOUT

MOUCHE NE S'ATTAQUE

Les états les plus florissants, les peuples les plus heureux sont encore exposés à tous les inconvénients des
troubles civils ; le royaume d'Yvetot nous en offre un

mémorable exemple. C'est vers l'année 1700 que se passèrent les événements que nous allons raconter. Cette date ne se trouve dans aucune chronologie ; mais nous ne la croyons pas moins exacte pour cela.

Les petites causes ont toujours engendré de grands effets. Si Hélène n'avait pas eu les cheveux rouges, couleur de prédilection du beau Pâris, Troie n'aurait pas été saccagée ; si une pomme n'était pas tombée sur le nez de Newton pendant qu'il méditait sous un pommier, ce grand philosophe n'eût point résolu un des plus brillants problèmes de l'intelligence humaine. Nous pourrions poursuivre ces citations ; mais nous aimons mieux nous arrêter, dans l'intérêt du lecteur, qui doit brûler de connaître les événements qui se passèrent dans le royaume d'Yvetot et mirent la nation à deux doigts de sa perte.

La cause de tous les maux qui désolèrent pendant plus de quinze jours cette paisible contrée, fut une simple exclamation.

Un soir, maître Remy, un des plus riches fabricants de cidre d'Yvetot, vidait tranquillement, assis devant sa porte, quelques pots avec ses amis. Maître Remy était un fin connaisseur, un gourmet célèbre dont les opinions en matière de cidre faisaient loi à trois lieues à la ronde. Comme il déposait son verre sur la table en faisant claquer sa langue contre son palais d'un air de satisfaction joyeuse, maître Remy s'écria : « Par Notre Dame ! on voit bien que c'est du cidre d'Ingeville, le meilleur de tous ! »

En ce moment passait maître Jean, un des fermiers les plus opulents de Montreville, village qui de tout temps a disputé la pomme du cidre à son voisin Ingeville.

Maître Jean n'entendit pas sans un certain sentiment d'amertume l'exclamation de maître Remy ; il était trèschatouilleux sur le point d'honneur et il ne pouvait souffrir qu'on portât la moindre atteinte à la réputation de son village ; d'ailleurs, il vit dans ce propos une flèche lancée à son adresse, et il n'en fut que plus irrité.

Maître Jean, le cœur ulcéré, s'arrêta devant la porte du *Pot Éternel,* la principale auberge d'Yvetot. Plusieurs personnes réunies autour d'une vaste table se livraient au plaisir de boire, qui est l'occupation la plus importante des habitants de cet heureux pays. Dès que maître Jean parut, on s'empressa de lui faire place, mais lui refusa de s'asseoir.

«Qu'avez-vous donc, maître Jean, vous si gai d'ordinaire, que vous refusiez de boire un verre de cidre avec nous !

— Je n'ai pas soif, répondit maître Jean avec l'air du père de Rodrigue après le soufflet de don Gomès.

— Vous ne refuserez pas du moins de casser un morceau de cette excellente galette, préparée par la main inimitable de notre belle hôtesse.

— Je n'ai pas faim. »

Maître Jean n'a ni soif ni faim, se dirent tous les spectateurs consternés ; il doit s'être passé quelque chose de bien extraordinaire. Voyons. « Maître Jean, dirent-ils tous à la fois, quel grand malheur vous est donc arrivé ?

— La gelée a-t-elle brûlé les fleurs de vos pommiers ?

— Votre femme est-elle malade ?

— Quelque méchante fée a-t-elle fait tourner votre cidre de l'année dernière ? »

Maître Jean, pour toute réponse, enfonça son large chapeau de feutre sur sa tête grise et leur dit : « Vous êtes tous des lâches.

— Comment ! des lâches ? s'écrient les buveurs.

— Que buvez-vous maintenant ? reprit maître Jean.

— Du cidre de Montreville, nous n'en voulons jamais d'autre.

— Eh bien ! pendant que vous êtes là à vous goberger avec ce nectar, on vous insulte, on vous outrage dans la réputation de votre boisson favorite. Maître Remy et ses amis soutiennent que le cidre d'Ingeville est le meilleur de tous. Souffrirez-vous un pareil affront ?»

Les buveurs, déjà échauffés par des libations copieuses et entraînés par l'éloquence de maître Jean, répondirent qu'ils n'étaient pas d'humeur à tolérer de telles insolences, et qu'ils feraient bien voir à maître Remy et à ses amis que le cidre d'Ingeville n'était que de la petite bière à côté de celui de Montreville. Ils soutinrent en même temps qu'il fallait, tout de suite, se porter vers la demeure du blasphémateur et lui faire rétracter ses paroles. Maître Jean se mit à la tête de la bande.

Maître Remy sacrifiait au Bacchus d'Ingeville sans se douter de l'orage qui allait fondre sur sa tête, lorsque les partisans de Montreville se présentèrent devant lui, et le sommèrent de déclarer qu'il renonçait à l'hérésie qu'il avait soutenue.

Maître Remy refusa comme de raison ; ses amis l'imitèrent. La dispute s'envenima ; on en vint aux gros mots, puis aux menaces, puis aux coups. Maître Jean eut le nez en sang, et maître Remy laissa deux dents sur le terrain. La force armée essaya en vain de rétablir l'ordre. La ville tout entière prit part à la dispute ; Yvetot fut partagé en deux camps ou plutôt en deux bouteilles : les uns tinrent pour Ingeville, les autres pour Montreville. Le royaume d'Yvetot fut en proie à toutes les horreurs de la guerre civile ; il ne lui manqua plus qu'un grand homme pour écrire l'histoire des factions qui le déchiraient.

' Le roi, qui était alors Eustache, troisième du nom, voulut mettre un terme à ces dissensions ; il ceignit le bonnet de coton royal, convoqua les états-généraux, et déclara dans un édit que ni le cidre d'Ingeville, ni le cidre de Montreville ne méritaient la prééminence, qu'elle appartenait au cidre de Ronenville, et que tout le monde eût à se conformer, dans ses paroles, dans ses actes et dans sa boisson, à la teneur de cet édit.

Il se forma alors en Yvetot un troisième parti, dit des politiques ; ceux-là tenaient pour le cidre en général et pour aucun cidre en particulier. Le roi, fort de l'appui de ce parti, crut avoir pour jamais assuré la tranquillité publique, et s'endormit comme un empereur qui n'a pas perdu sa journée.

Le roi Eustache III, auquel les mémoires contemporains accordent un sens politique assez étendu, se trompa cependant dans cette circonstance. En croyant satisfaire les partis, il les indisposa tous. Comme il arrive toujours en pareil cas, les factions oublièrent l'objet de leurs disputes ; elles se réunirent pour demander la révocation de l'édit de Ronenville. Les Ingevillistes et les Montrevillistes entourèrent en armes le Louvre d'Yvetot. Eustache III fut chassé et déclaré incapable de régner, lui et ses descendants.

Le roi d'Yvetot se retira avec sa servante d'honneur, qui seule lui était restée fidèle, chez un seigneur du voisinage, le duc de Rochefort, qui lui promit d'armer ses valets et ses piqueurs pour le rétablir sur le trône de ses ancêtres.

Yvetot, privé de roi, chercha tout de suite les moyens de se gouverner. Les uns proposèrent d'établir une république sur le modèle de celle de Rome, avec deux consuls qui seraient maître Jean et maître Remy.

Les autres offrirent d'organiser le gouvernement d'après les lois de Salente, dont M. de Fénelon venait de tracer un modèle séduisant.

Les politiques voulaient qu'on maintînt la monarchie, mais en établissant un juste équilibre entre les pouvoirs, au moyen de deux chambres, l'une héréditaire, l'autre élective.

Pendant ce temps-là, le bruit des préparatifs faits par le duc de Rochefort était venu jusqu'à Yvetot. Les trois partis jurèrent de mourir en combattant l'ennemi commun. On réunit de grandes quantités d'armes et de munitions; chaque jour, les recrues s'exerçaient sur la place publique. Tous les cidres étaient devenus égaux devant la loi. Les femmes brodaient des écharpes pour les remettre aux vainqueurs; des orateurs enflammaient l'imagination du peuple en lui retraçant les grandes images de patrie et de liberté. Yvetot offrait un spectacle sublime; c'était une république de la Grèce qui ressuscitait en Basse-Normandie.

Le duc de Rochefort, grâce à son or, entretenait des intelligences dans la ville : il y a des âmes vénales partout, même à Yvetot. Ces espions représentaient au duc l'état de la ville, divisée par les partisans des trois systèmes de gouvernement ; ils lui peignaient l'anarchie des idées et des hommes ; ils l'engageaient à profiter de cet état de crise qui augmentait la faiblesse des rebelles. Les espions agirent tellement sur le duc qu'il crut le moment favorable pour opérer une restauration.

Ce n'était point l'avis d'Eustache III ; il avait trop d'expérience pour ne pas savoir que la colère rend redoutable l'homme le plus timide, et l'exemple récent de l'Angleterre lui montrait qu'un peuple n'est jamais plus

à craindre que lorsqu'il est en révolution, parce que les
révolutions font toujours surgir des hommes de génie.
Pourquoi Yvetot n'aurait-il pas aussi son Cromwell?

Le duc de Rochefort ne goûta que médiocrement ces
raisons, il les fit rejeter par son conseil. L'armée, composée de vingt-quatre hommes, reçut ordre de se mettre en
marche. Le duc partit pour en prendre le commandement ;
il montrait sur sa route les chaînes dont il comptait charger
maître Remy et maître Jean, les deux fauteurs de la ré-
bellion.

On sait assez ce qui advint de cette formidable expédition. L'armée de Rochefort fut battue à plate couture ;
lui-même, nouveau Xerxès, ne dut son salut qu'à la fuite.

Eustache III apprit cette nouvelle en roi, et en subit
les conséquences en philosophe. « Je n'attends plus rien
des hommes, dit-il, mais tout de la Providence, qui choisit
pour auxiliaire le temps. »

Le roi d'Yvetot ne se trompait pas. Les partis ne
purent parvenir à s'entendre dans son ancien royaume ;
chaque jour on regrettait davantage la prospérité passée.
Les politiques firent des ouvertures au roi, qui refusa d'accorder l'équilibre entre les pouvoirs, ne voulant pas,
disait-il, changer l'antique constitution de l'État ; ce refus
rompit les négociations entamées. La situation désespérée
des affaires força les politiques à les renouer. Ils renoncèrent
au gouvernement constitutionnel, qui devait succéder un
siècle et demi plus tard à la monarchie pure et simple,
telle qu'on la comprenait en France et en Yvetot. Eustache III, appelé par les uns, toléré par les autres,
secrètement désiré par tous, reprit la couronne de ses
pères. Le jour de son intronisation, il but de tous les
cidres de son royaume, donnant en cela un mémorable

exemple de tolérance et d'oubli. Avant de mourir, il fit
appeler le dauphin : « Mon fils, lui dit-il, en politique,
comme dans la vie ordinaire, l'homme sage est celui qui,
lorsqu'il a affaire à un homme en colère ou à un peuple
révolté, laisse passer le premier moment ; tout mon système
est renfermé dans ces mots :

A MARMITE QUI BOUT MOUCHE NE S'ATTAQUE.

Un petit homme projette parfois une grande ombre.

UN PETIT HOMME

PROJETTE PARFOIS UNE GRANDE OMBRE

Un sage de l'antiquité disait à un homme qui avait peu de mérite et beaucoup de vanité : « Sâche que l'ombre d'un corps, si étendue qu'elle soit, n'ajoute pas un atome au volume de ce corps. » Mot que le roi de Sparte, Archidamas II, rappelait à Philippe II, roi de Macédoine, en lui écrivant pour lui reprocher de s'enorgueillir de son succès dans l'affaire de Mégalopolis : « Regarde ton ombre au soleil ; tu ne te trouveras pas plus grand qu'avant ta victoire. »

De là sans doute est venu le proverbe que nous adressons à ces petits individus qui, suivant l'expression populaire veulent *faire leur embarras* ou, en d'autres termes, affichent des prétentions excessives. Telle est sa signification la plus rationnelle, dont il a été quelquefois détourné mal à propos pour exprimer qu'un petit homme est capable de choses extraordinaires.

C'est dans ce dernier sens que Grandville l'a entendu et en a fait l'application à Napoléon, qui, comme on sait, était d'une taille médiocre, ainsi qu'Alexandre et César. Il a représenté le conquérant français projetant son ombre gigantesque sur les diverses parties du monde qu'il a soumises à sa domination par soixante batailles rangées, tandis que son aigle armée de la foudre plane au-dessus des Pyramides, du haut desquelles quarante siècles ont contemplé le fier conquérant. Cependant l'artiste en mettant sous nos yeux cette grande traînée de l'ombre impériale à travers des cadavres, a su y joindre une idée philosophique par le soin qu'il a pris de marquer aux pieds du vainqueur le point du départ, l'école de Brienne, et sur sa tête les rochers de Sainte Hélène, son éternel point d'arrêt.

Cette idée peut se traduire par ces vers inédits :

De ces jours de conquête ainsi la splendeur passe ;
Dieu du trône au cercueil a retréci l'espace ;
Dans la grandeur de l'homme éclate son néant.
Eh ! que nous reste-t-il de tant de renommée ?
    La cendre de la grande armée
    Et le passage d'un géant.

En effet, il ne nous reste pas autre chose de ce monde de conquêtes qui formait l'empire napoléonien.

L'Europe entière, soulevée contre son oppresseur, est parvenue à ressaisir tout ce qu'il lui avait enlevé. Elle l'a poussé dans ses derniers retranchements.

La France, deux fois envahie, a mieux aimé pactiser avec les armées alliées que de le défendre. Lui-même, malgré les prodiges de sa stratégie et le dévouement héroïque de ses soldats, a été forcé de se soumettre à la nécessité.

Captif des rois qui étaient naguère ses courtisans, il s'est vu traiter par eux sans miséricorde. Il a été déporté au milieu de l'océan Atlantique, dans une île escarpée, à une distance infinie des divers continents, et là, pendant six années de cruelles souffrances, il a expié, sous la garde d'indignes geôliers, les fautes énormes de son ambition et de son despotisme.

Alors les peuples dont il avait été abandonné se sont épris d'une vive pitié pour son immense infortune ; ils se sont reproché d'avoir contribué à sa chute.

Il a été rendu plus auguste à leurs yeux par le sacre du malheur que par le sacre d'empereur et roi.

Il est devenu l'objet de leur culte.

Il a reçu les honneurs de l'apothéose. Tous les graves reproches que l'histoire est en droit de lui adresser sont étouffés sous les clameurs du fol enthousiasme que sa gloire militaire inspire à ses partisans. Son empire est proclamé comme le modèle des gouvernements ; on n'y voit plus ni les actes arbitraires qui en remplirent le cours, ni les affreux désastres qui le terminèrent. Le bien que ce grand potentat voulait faire à la France efface tous les maux qu'il

lui a faits. Il est maintenant de par la légende le héros
par excellence, le type idéal des grandeurs et des vertus
humaines.

Et comme dit le poëte national :

> « On parlera de sa gloire
> « Sous le chaume bien longtemps. »

. . . .

MOINEAU EN MAIN

VAUT MIEUX QUE PIGEON QUI VOLE

Il y a quinze ans environ, deux jeunes amis, Paul B...
et Léon D..., prenaient congé l'un de l'autre sur la rive
gauche de la Seine, en jurant, comme il arrive toujours
lorsqu'on se sépare, de se revoir aussi souvent que possible. L'un d'eux, Léon, s'écriait en étendant la main avec
un geste prophétique vers la rive droite de la Seine :

— C'est là que ma vocation m'appelle ; là seulement
je puis espérer de réaliser mes plans. A moi le monde,
la gloire, l'éclat, tous les triomphes et les prestiges de la
renommée !

Celui qui parlait ainsi était poëte ; l'exaltation de ses
gestes et de son langage l'indiquait assez.

L'autre, Paul, était poëte aussi, mais d'un genre plus
calme et plus modeste.

— Tu pars, disait-il à son ami d'une voix attendrie, tu quittes le quartier de nos études et de nos rêves; puisses-tu ne le regretter jamais! puisses-tu, dans la vie nouvelle où tu vas entrer, ne pas te reporter avec tristesse vers le temps où nous récitions ensemble des élégies, des sonnets et des ballades aux rossignols du Luxembourg!

— Pauvre esprit que tu es! répondait l'autre, ne vois-tu pas que le pays où je vais entrer est celui de la fortune et de la célébrité? Végète et rampe, si telle est ta volonté; mais du moins n'empêche pas les aiglons de prendre leur essor.

L'aiglon qui parlait de la sorte franchit le pont des Arts triomphalement, et laissa son ami regagner tristement le quartier Saint-Jacques, qu'il habitait. Paul se trouvait ainsi logé dans le voisinage des institutions, où il exerçait les fonctions de répétiteur et employait ses loisirs à composer des vers et des travaux d'érudition, mêlant par une sage division de son temps l'*utile* du professorat au *dulci* des belles-lettres et des muses.

Paul resta près d'une année sans avoir de nouvelles de Léon, qui était allé, suivant l'usage des étudiants émancipés, se loger sur les cimes de la Chaussée-d'Antin, le mont Parnasse des représentants des arts et de la littérature moderne.

Un jour, en jetant par hasard les yeux sur un journal de théâtre, Paul aperçut le nom de son ami Léon encadré avec le titre d'un drame nouveau dans une magnifique réclame qui promettait au jeune auteur la plus brillante réussite. Paul ne put retenir ses larmes en lisant cet article :

— Il est heureux, dit-il, et il m'a oublié! Ne lui

ai-je pas répété sans cesse que ses succès me seraient toujours plus chers que les miens?

Cependant, la veille de la représentation du drame de
son ami, Paul trouva chez lui deux stalles avec une lettre
de Léon, qui s'excusait en quelques lignes d'avoir été si
longtemps sans lui donner de ses nouvelles; mais les travaux qui l'accablaient, les soins, les fatigues inséparables
d'un drame nouveau, avaient absorbé tous ses instants;
enfin, il le reverrait le lendemain au foyer du théâtre,
après la représentation.

Dans ce temps-là, tous les drames réussissaient,
pourvu qu'ils eussent la couleur moyen-âge.

La pièce de Léon se passait en plein xive siècle,
elle alla aux nues. Paul, tout classique qu'il était, avait
applaudi les vers de son ami avec le fanatisme et l'exaltation d'un romantique.

Ivre de bonheur, il se rendit au foyer après la représentation et trouva Léon entouré de toutes sortes de barbes et de chevelures qui voulaient le porter en triomphe et l'appelaient Gœthe, Shakespeare, Corneille et Calderon.

— Tu soupes avec nous, dit le dramaturge au citoyen de la rive gauche.

Léon avait résolu de réunir tous ses amis à table. Le rendez-vous était à minuit; à huit heures du matin on entendait encore le bruit des toasts et les détonations du vin de Champagne.

Le souper coûta douze cents francs. Léon traita ainsi huit jours de suite tous ses admirateurs.

Paul le rencontra six mois après son succès; trois autres drames avaient pendant ce temps accaparé successivement l'enthousiasme du public:

— Combien t'a rapporté ta pièce? dit Paul à son ami.

— Environ quinze mille francs.

— Il se pourrait? Alors te voilà en fonds pour deux ou trois années au moins.

— Du tout; avant ma pièce, je devais vingt-cinq mille francs, et j'en dois trente maintenant. Mais n'importe, j'ai deux autres drames en répétition; puis j'ai plusieurs romans sous presse, des mémoires, des voyages... Et toi, mon pauvre Paul, toujours fidèle au quartier Latin, que fais-tu maintenant? où vas-tu de ce pas?

— Je me rends dans la rue des Postes, où je dois donner une répétition de grec, et je passerai ensuite au *Journal des Savants*, où j'espère publier un article... J'ai sous presse plusieurs traductions, deux histoires à l'usage des classes, un programme pour les bacheliers...

— Et combien as-tu gagné avec ta plume depuis notre séparation?

— Dix mille francs environ.

— Dix mille francs! s'écria Léon en éclatant de rire. Pauvre ami! à peine le quart de ce que je gagne dans une année. A présent que me voilà tout à fait lancé, je puis avec le produit de mes pièces, de mes livres et de mes articles, me considérer comme ayant un revenu de quarante mille francs... A propos, as-tu cinq francs sur toi? j'ai oublié ma bourse, et il faut absolument que je monte en voiture pour me trouver à la répétition.

Paul, heureux de rendre un si léger service à son poétique et brillant ami, s'empressa de lui remettre ce qu'il lui demandait.

Leur conversation avait lieu devant le jardin des Tuileries; Léon s'élança dans un cabriolet et lui cria :

— Sois tranquille, je te lancerai, je ferai ta fortune malgré toi... Ah! j'oubliais de te dire, je prends voiture le mois prochain; tu verras mes chevaux, mon attelage est magnifique... A bientôt!

Paul regagna son quartier, le cœur moins serré que lorsque Léon avait pris congé de lui pour la première fois et mis la Seine entre leur affection. Il était d'ailleurs sur le point de conclure un mariage avec une jeune fille qu'il aimait depuis longtemps, et qui, sans être riche, devait cependant lui apporter une petite dot plus que suffisante pour faire face aux dépenses d'un jeune ménage habitué d'avance à vivre d'érudition et d'amour.

Léon adressa à Paul des reproches mêlés de railleries lorsqu'il apprit qu'il était déterminé à se marier :

— T'enchaîner de la sorte, lui dit-il, toi qui pouvais aller si haut avec un peu plus de force et de confiance

en toi-même! J'aurais pu, si tu avais voulu, te faire conclure un mariage des plus brillants.

En dépit des observations de son ami, Paul se maria,
et Léon continua à voyager dans les hautes régions de
l'existence littéraire.

Il avait pris voiture comme il l'avait annoncé, et habitait un appartement somptueux, réunissant autour de lui
toutes les apparences de la richesse et du luxe.

Mais si le proverbe *Ne vous fiez pas aux apparences*
a mérité de s'appliquer à quelqu'un, assurément c'était
bien à lui.

Le riche mobilier, la livrée, les chevaux de Léon,
recouvraient un gouffre sans fond de papier timbré, de
protêts, de saisies et de contraintes, que l'homme le plus
intrépide n'eût pu entrevoir sans trembler. Chaque matin,
la sonnette du poëte, ébranlée par une suite de créanciers,
formait une symphonie peu mélodieuse qui se prolongeait
souvent jusqu'à l'heure du dîner.

Pendant un certain temps, son imagination infatigable
fit face à tous. Les pièces qui se succédaient, les volumes
qui s'accumulaient, lui permettaient d'amoindrir les dettes
les plus menaçantes.

Mais bientôt il fut, comme on dit, débordé de toutes
parts.

Tous ses manuscrits étaient saisis à l'avance, ses plans
de pièces, ses ébauches de volumes, ses moindres velléités
poétiques, devenaient la proie des recors.

Alors il n'y tint plus, sa tête se troubla, et un jour
qu'il lui avait fallu donner audience à tous ses créanciers
qu'il avait essayé d'amadouer avec plusieurs volumes in-
octavo de promesses, d'excuses et de protestations, il
s'avoua vaincu, et, sortant précipitamment de son brillant

intérieur qui était devenu pour lui un véritable enfer, il résolut de n'y plus rentrer.

Il se dirigea machinalement vers ce docte quartier Saint-Jacques qu'il avait dédaigné et dont la vue lui causa une impression de calme et de bonheur après tant d'émotions dramatiques et financières.

Au bout d'une heure de marche, il se trouva dans la rue de l'Ouest, devant une maison de modeste apparence, mais blanche, coquette, annonçant le bien-être. En ouvrant la porte d'entrée, il aperçut un jardin émaillé de roses; les oiseaux chantaient autour des fenêtres, et les tilleuls du Luxembourg parfumaient le portique.

Cette maison était celle de Paul.

Léon n'avait pas même vu l'habitation de son ami depuis qu'il avait traversé la Seine.

Paul, sans lui faire un seul reproche, sans lui demander aucune explication, le promena dans tous les coins de sa maison, lui fit admirer le jardin, les fleurs, le salon, et le conduisit enfin dans un pavillon couvert de mousse, élégamment tapissé, et où l'on avait réuni tout ce qui peut faire le charme de l'intérieur : livres, tableaux, albums, vases chinois, précieuses futilités qui font partie du nécessaire pour les femmes et pour les poëtes.

— Quelle ravissante habitation ! s'écriait Léon en examinant chaque détail. Que de goût et d'élégance ! Pour qui donc as-tu fait meubler cette adorable cellule?...

— Pour toi, mon cher Léon, reprit Paul en lui serrant la main ; je savais bien, en voyant ton nouveau train de vie, que tu nous reviendrais tôt ou tard. Je t'ai fait préparer cette retraite ; tu y resteras deux ans, trois ans s'il le faut, occupé à travailler pour satisfaire tes créanciers que

je me charge, moi, de recevoir; tu n'auras plus à redouter
ici les importunités, les poursuites; tu vivras avec nous.
Mais permets-moi seulement, à moi qui n'ai jamais été
que le plus humble des passereaux, de rappeler au plus
poétique et au plus inconstant des ramiers que :

MOINEAU EN MAIN VAUT MIEUX QUE PIGEON QUI VOLE.

Triste maison, que celle où la poule chante,
et où le coq se tait.

TRISTE MAISON

QUE CELLE

OÙ LE COQ SE TAIT ET OÙ LA POULE CHANTE

Variante d'un vieux proverbe qu'on trouve dans ces vers de Jean de Meung :

> *C'est chose qui moult me desplaist*
> *Quand poule chante et coq se taist,*

et qu'on applique, comme on sait, à un ménage où le

mari est le très-humble et très-obéissant serviteur de la femme.

Cette servitude domestique paraissait jadis si honteuse et si dégradante qu'on l'imputait à crime au bonhomme qui la subissait. La vindicte populaire, en certaines localités, se saisissait du malheureux et, pour le punir de n'avoir pas su conserver sa dignité virile, le livrait aux risées publiques en le bafouant dans des ballades satiriques, quelquefois même en le promenant au milieu des rues, monté sur un âne, le visage tourné vers la croupe de l'animal dont il tenait la queue en guise de bride.

Un étendard formé d'un torchon barbouillé de suie précédait sa marche et se balançait devant ses yeux.

Deux acolytes soutenaient le patient avec des fourches appliquées sous ses aisselles afin de l'empêcher de s'incliner sur sa monture; d'autres l'encensaient avec des sabots remplis de crottes de baudet.

Quelques-uns prenaient soin de le faire boire de temps en temps, après quoi on lui essuyait la bouche et la figure avec le torchon. Pendant la durée de la promenade, le cortége ne cessait de pousser des huées accompagnées d'un bruit étrange de pelles, de casseroles, de chaudrons, de fifres et de cornets à bouquin.

Ces pénalités aussi cruelles que ridicules étaient autorisées par les *coutumes*, et, malgré la législation moderne, elles n'ont pas été entièrement abolies dans notre siècle. Millin, dans son *Voyage dans les départements du midi,* etc., 1807, en rapporte un exemple, et le *Journal des Débats* du lundi 3 septembre 1842 en cite un second concernant tous deux des maris qui s'étaient laissé battre par leurs femmes.

Molière a consigné une autre variante du proverbe

dans le vers suivant des *Femmes savantes*, acte V,
scène III :

La poule ne doit point chanter devant le coq.

Quelques glossateurs ont prétendu que cette variante
signifie qu'une femme qui se trouve avec son mari dans
une société ne doit pas prendre la parole avant que celui-
ci ait parlé, car le mot *devant*, suivant eux, est ici une
préposition de temps qui remplace *avant*, comme dans la
phrase de Bossuet : « Les anciens historiens qui mettent
l'origine de Carthage *devant* la prise de Troie, etc. »

Mais il est certain que leur érudition grammaticale
les a fourvoyés.

Le véritable sens est qu'une femme doit se taire, ne
pas décider, en présence de son mari, et attendre qu'il *lui
donne langue*, comme on disait autrefois.

Un usage de l'ancienne civilité obligeait les femmes
à demander aux maris la permission de parler, quand elles
avaient quelque chose à dire devant des étrangers.

La preuve en est dans plusieurs passages de nos vieux
auteurs, notamment dans le suivant de Marguerite de
Valois, reine de Navarre : « Parlamante, qui estoit femme
d'Hircan, laquelle n'estoit jamais oisive et mélancolique,
ayant demandé à son mari congé (permission) de parler,
dist : etc. » (Préface de l'*Heptaméron*.)

On lit dans un recueil de proverbes persans traduits en
latin : *quum gallina modo galli canit, mactanda est,* —
*quand la poule chante comme le coq, il faut lui couper la
gorge*, proverbe appliqué aux femmes qui veulent cultiver
la poésie.

Ce même proverbe existe en France de temps immémorial chez les gens de la campagne, pour exprimer, au figuré, une menace peu sérieuse contre les femmes qui se mêlent de discourir et de décider à la manière des hommes, et, au propre, une observation d'histoire naturelle.

Cette observation est que la poule cherche quelquefois à imiter le chant du coq, et que cela lui arrive surtout lorsqu'elle est devenue trop grasse et ne peut plus pondre, c'est-à-dire dans un temps où elle n'est plus bonne qu'à mettre au pot.

Il y a une superstition sur la poule qui coqueline. On croit, en Normandie, qu'elle annonce la mort de son maître ou la sienne.

Les habitants de la vallée de la Garonne qui s'étend entre Langon et Marmande sont persuadés qu'elle présage une foule de malheurs.

« Une poule vient-elle à *chanter le beguey* (à coqueliner), disait M. G. B... dans un feuilleton de *la Quotidienne* du 15 août 1845, il n'y a pas un instant à perdre, il faut la porter au marché, la vendre et consacrer le prix obtenu à l'acquisition d'un cierge dont vous ferez hommage à la paroisse.

« Si vous n'avez pas trouvé d'acheteur pour cette bête réprouvée, vous aurez la ressource de la peser après l'avoir attachée dans un linge blanc, et vous verrez ensuite si elle demeure parfaitement tranquille.

« Je suppose que vous avez essayé tous ces moyens et qu'aucun ne vous a réussi : décidez-vous alors à tordre le cou au volatile. Il ne cesserait de faire des contorsions, des soubresauts, et entretiendrait au milieu de la population de votre basse-cour une inquiétude continuelle et des terreurs sans nom.

« Mais surtout que personne ne porte la dent sur la chair de la victime. »

Les Romains avaient aussi leur superstition sur le chant de la poule.

Ce chant présageait au mari que sa femme le tiendrait sous son autorité.

Donat, grammairien latin du ɪᴠᵉ siècle, en a fait la remarque dans son commentaire sur Térence en expliquant le sens figuré de l'expression *gallina cecinit*, « la poule a chanté », que ce comique a employée, acte IV, scène ɪᴠ du *Phormion*.

Il y a dans notre langue beaucoup d'autres proverbes ou locutions proverbiales dont on fait l'application à ce mari qu'on appelait autrefois *uxorieux* [1], c'est-à-dire complaisant et soumis aux volontés de son épouse. Je ne citerai que l'expression ÊTRE SOUS LA PANTOUFLE DE SA FEMME, parce qu'elle a une origine historique très-curieuse.

Voici cette origine telle qu'elle a été donnée par M. Chassan, savant auteur de la *Symbolique du droit :*

« Grégoire de Tours, dans la *Vie des Pères*, ch. xx, et Ducange au mot *calceamenta,* disent que le fiancé faisait présenter un soulier, ordinairement le sien, à sa future épouse. Il paraît même, d'après M. Ryscher, que c'était lui qui l'en chaussait. En se déchaussant, il s'exposait à marcher d'un pas moins ferme et se plaçait ainsi dans une condition inférieure vis-à-vis de sa fiancée ; en mettant

---

1. Ce mot, employé par nos vieux auteurs et digne d'être conservé parce qu'il sauverait une périphrase, est le même que le latin *uxorius* dont Horace s'est servi dans l'ode II du livre I, en parlant du Tibre débordé pour plaire à son épouse Ilie, *uxorius amnis.*

lui-même le soulier au pied de sa fiancée, il s'humiliait devant elle, et de là vient que, pour désigner un mari que sa femme gouverne, on dit encore aujourd'hui en France qu'*il est sous la pantoufle de sa femme*. De là aussi le mot de Grimm qui enseigne que la pantoufle est encore un symbole fort usité de la puissance qu'exerce la femme sur le mari. (*Poesie,* in Recht., § 10.) »

IL NE FAUT PAS BADINER

AVEC LE FEU

Elle était devant sa toilette; l'heure du bal masqué approchait; la mantille, les gazes, les rubans, étaient encore répandus sur les fauteuils, et n'attendaient qu'un ordre de la magicienne pour se rassembler et composer un costume à faire tourner toutes les têtes. — C'était un samedi gras.

Elle sonna.

— Rosalie!

— Madame?

— Mon mari est-il prêt?

55

— Madame, M. le comte n'est pas encore rentré du club.

Elle haussa les épaules ; puis, après avoir dénoué ses cheveux qui tombèrent sur son cou en formant une magnifique cascade, elle reprit :

— Faites entrer le coiffeur.

— Madame, il n'est pas encore arrivé.

— Comment ? pas arrivé ! Le sot ! Le...

On sonna à la porte d'entrée.

— Ah ! c'est lui, sans doute.

Rosalie rentra.

— Eh bien, est-ce enfin ce maudit coiffeur ?

— Non, madame, c'est-à-dire si, madame... C'est bien lui, ou plutôt ce n'est pas lui. M. Leblond fait dire à madame qu'il ne pourra venir la coiffer ce soir, parce qu'il s'est foulé le poignet en tombant de son cabriolet. Mais il lui envoie à sa place son garçon.

— Un garçon pour me coiffer ! Mais c'est une indignité, une trahison. Ce bal sera, dit-on, magnifique, et je n'ai jamais eu plus envie d'être jolie... Neuf heures et demie passées !

Dans sa fureur, elle prit un mouchoir brodé qu'elle déchira à belles dents, et en jeta les lambeaux dans la cheminée ; cette action, fort simple en elle-même, apaisa un peu ses nerfs. Elle déboucha deux ou trois flacons, respira les bouchons, et se tournant vers la femme de chambre :

— Faites entrer ce garçon.

Quand il fut introduit :

— D'où venez-vous ?

— De province, madame.

— Et vous venez pour me coiffer ?

— J'ai du moins cette ambition, madame.

— C'est en effet une très-grande ambition, ajouta-t-elle sans pouvoir réprimer un imperceptible sourire que lui causa l'expression emphatique du coiffeur ; votre nom, je vous prie ?

— Mon nom de famille, madame, était beaucoup trop vulgaire pour que je pusse le conserver ; j'ai pris celui de Télémaque Saint-Preux ; c'est sous ce nom-là que je suis connu dans la coiffure.

— Eh bien, voyons, monsieur... Télémaque Saint-Preux, coiffez-moi, reprit-elle en affectant un très-grand sérieux.

Il commença à prendre les nattes qui tombaient sur ses épaules ; mais à peine eut-il essayé de les diviser, qu'elle poussa un cri :

— Ah ! malheureux ! vous allez m'arracher la tête ! Me tirer les cheveux de la sorte ! Peut-on se mêler de coiffer, quand on est aussi maladroit que vous l'êtes !

Il resta stupéfait ; elle jeta les yeux sur lui. Il y avait une grande distinction dans sa figure. Elle se repentit de sa vivacité.

— Le mieux, se dit-elle, est de prendre mon mal en patience.

Elle se plaça devant sa toilette d'un air tout à fait résigné.

— Je vais essayer, reprit-elle, de me coiffer moi-même, vous n'aurez qu'à me tenir les fleurs et les épingles.

Elle commença à natter ses cheveux, et dit en se retournant à demi vers le garçon coiffeur :

— Savez-vous bien, monsieur Saint-Preux, que vous ne paraissez pas fort habile dans votre état ?

— Hélas! madame, ce n'est peut-être pas absolument ma faute.

— Comment cela?

— J'ai toujours eu en moi un obstacle qui a nui à mes progrès.

— Et quel est cet obstacle?

— Madame, c'est le sentiment.

— Le sentiment! s'écria-t-elle en éclatant de rire; qu'entendez-vous par là?

— J'entends, madame, une émotion dont je ne suis pas le maître, lorsque j'aurais besoin de toute ma présence d'esprit; car vous n'ignorez pas tout ce qu'il faut de sang-froid, quand on tient le fer à papillotes, pour ne pas brûler la personne que l'on coiffe, et souvent pour ne pas se brûler soi-même... Eh bien, moi, madame, alors ma main tremble, mon cœur bat, et il m'arrive ce qui m'est arrivé tout à l'heure avec vous; on se fâche contre moi, et l'on me rend ainsi encore plus gauche que je ne le suis réellement. Cependant je sens que si j'avais le bonheur d'être compris...

— Vous êtes donc incompris? ajouta-t-elle toujours avec le même sérieux. Elle était décidée à s'amuser quelques instants du plaisant original que le hasard lui avait amené. D'ailleurs, n'était-ce pas le carnaval?

— Riez tant qu'il vous plaira, madame, de ma folie; mais est-ce ma faute si mon cœur n'est pas ce que ma condition voudrait qu'il fût? Puis-je m'empêcher d'éprouver des accès de tristesse quand je me trouve introduit, comme je le suis maintenant, dans un boudoir, et quand je me dis que rien de ce que je sens, de ce que j'aperçois ne m'appartient, que toutes mes impressions sont, pour ainsi dire, des vols? En effet, quand même je sacrifierais ma vie, je n'aurais pas le droit de révéler rien de ce que renferme mon âme. Et tenez, madame, tout à l'heure en vous regardant, en pensant à tout cela, il m'est venu dans l'esprit quelques vers qui exprimeraient peut-être mieux que tout ce que je pourrais vous dire ce qui se passe en moi.

— Comment! monsieur de Saint-Preux, vous faites des vers?

— Oui, madame, quelquefois je cherche des rimes, j'improvise, et c'est encore ce qui peut vous expliquer le peu de progrès que j'ai faits dans la coiffure.

— Voyons vos vers, récitez-les-moi ; je tiens beaucoup à connaître les idées que j'ai pu inspirer.

Il baissa la tête, parut se recueillir, et commença d'une voix expressive et tremblante :

> Quand mon souffle égaré sur ces tresses profondes
> Effleurait leurs anneaux sur l'ivoire étendus,
> Quand de ces longs cheveux ma main pressait les ondes,
> Quel trouble s'emparait de mes sens éperdus !
>
> D'un front pur et divin j'admirais la merveille,
> Et mes yeux se couvraient d'un nuage de pleurs ;
> Et mon âme enviait le destin de l'abeille,
> Libre de se jouer à la cime des fleurs.
>
> Je rêvais... Pardonnez, ô beauté souveraine,
> O vous qui de l'esclave avez troublé la paix ;
> Je rêvais qu'une autre âme avait senti ma peine,
> Et la plaignait du moins... mais, hélas! je rêvais.

Pendant qu'il récitait ces strophes, la figure de la comtesse avait changé d'expression ; de railleuse elle était deve-

nue tout à coup pensive ; elle garda le silence quelques
instants, puis se fit répéter la dernière stance :

— Oh ! oui, certainement, reprit-elle d'un ton de douceur, vous rêviez. Pouvez-vous vous mettre de pareilles
chimères dans l'esprit ? Vous êtes jeune, vous paraissez
intelligent, vos vers annoncent de la sensibilité ; il faut
vous défaire de ces idées extravagantes qui ne feront que
troubler votre raison.

— Qu'entends-je, madame ? Quoi ! vous daigneriez me
conseiller, me donner des avertissements, quand tout à
l'heure vous ne songiez qu'à vous moquer de moi ? D'où
vient ce changement ? Aurais-je eu le bonheur de vous
toucher ?

— De me...

— De vous plaire, madame ? Je veux mettre le comble
à mon extravagance en vous faisant ma confession tout
entière ; mais s'il était vrai qu'un pareil aveu pût ne pas
exciter votre colère...

— Qu'entendez-vous par là ? dit-elle en fronçant le
sourcil et en jetant sur lui un regard où se peignaient à
la fois la défiance et le dédain. Mais elle sentit aussitôt
combien il serait ridicule, dans une pareille situation, de
témoigner le moindre ressentiment.

— Non, je ne vous en veux pas, ajouta-t-elle d'un
ton sardonique ; au contraire, monsieur Télémaque Saint-
Preux, vous me plaisez infiniment ; car je n'ai jamais vu
de coiffeur aussi divertissant que vous.

— Qu'entends-je, madame ! Est-ce ainsi que vous
recevez l'aveu de mes sentiments les plus tendres ! Cependant, vous ne le nierez pas, j'ai eu le secret de vous
émouvoir ; votre son de voix, votre maintien, tout
annonçait...

— Comment n'avez-vous pas vu que je me moquais de vous ?

— Il se pourrait! Et moi, qui croyais... que du moins... un peu de pitié... Adieu, madame, adieu, je ne survivrai pas à une pareille déception; dans un instant, je n'existerai plus.

Sa figure était à la fois si belle et si désespérée lorsqu'il prononça ces derniers mots, que l'âme la plus froide n'eût pu s'empêcher de s'intéresser à lui. Il s'élança hors de la chambre, et par un mouvement dont elle ne fut pas la maîtresse, la comtesse lui cria :

— Arrêtez, malheureux! Revenez, je vous l'ordonne. Je veux vous calmer, vous avouer que...

Mais il était déjà hors du salon, et, bien qu'il eût certainement entendu sa voix, il ne voulut pas se retourner.

Elle rentra dans sa chambre et se laissa tomber dans un fauteuil. Elle agita la sonnette, Rosalie parut :

— Courez après ce garçon qui vient de sortir, dites-lui qu'il remonte sur-le-champ, que j'ai un ordre à lui donner.

Rosalie sortit aussitôt, et lorsqu'elle reparut :

— Madame, le coiffeur était déjà dans la rue, il s'est élancé dans un cabriolet qui l'attendait, il a fouetté le cheval sans vouloir me répondre.

La comtesse fit un geste d'impatience et ordonna a Rosalie de se retirer; elle voulait être seule pour songer à ce qui venait de se passer. La porte de la chambre se rouvrit au même instant, le comte parut :

— Êtes-vous prête, ma chère? dit-il à sa femme, sans remarquer son agitation. D'abord, que je vous fasse mon compliment sur votre coiffure, elle est ravissante; Leblond s'est surpassé aujourd'hui.

Elle ne répondit rien, et sortit avec lui.

Au bal elle fut distraite, préoccupée ; longtemps même elle refusa de danser : tous les hommes qui se présentaient lui semblaient maussades, ridicules, sans grâces et sans physionomie. Elle n'osait s'avouer à elle-même à qui elle pensait.

Enfin, vers deux heures, quelqu'un vint se placer devant elle pour l'engager à danser.

— Madame la comtesse voudra-t-elle bien accepter pour cavalier l'infortuné Télémaque Saint-Preux ?

Elle tressaillit et faillit laisser échapper un cri ; elle avait reconnu le garçon coiffeur, qui n'avait rien changé à son costume.

— De grâce, madame, dit-il ne grondez pas trop ce pauvre Leblond. Je lui ai promis vingt-cinq louis, s'il voulait me laisser prendre sa place auprès de vous ;

nous sommes en carnaval, me pardonnerez-vous?...

— Oui, monsieur, dit-elle d'un ton glacé, à condition que vous ne m'adresserez la parole de votre vie, si vous ne voulez que j'instruise mon mari de tout.

— Que dites-vous, madame? Mais songez-vous que si je ne dois plus vous parler, j'en mourrai?

— Vous ne mourrez pas, monsieur; mais s'il est vrai que vous éprouviez quelques regrets, vous vous souviendrez que, même en carnaval,

IL NE FAUT PAS BADINER AVEC LE FEU.

Pour de l'argent les chiens dansent.

POUR DE L'ARGENT

LES CHIENS DANSENT

Proverbe emprunté de l'industrie des bateleurs qui apprennent aux chiens à sauter et à gambader, suivant les règles du chassé et du croisé.

Ce proverbe généralisé signifie que l'argent est le mo-

bile et le but des pensées et des actions humaines; que
tout le monde court avec ardeur après l'argent dans toutes
les voies; que les gens mêmes qui ont beaucoup d'argent
ne cessent de s'agiter et de faire des bassesses pour s'en
procurer davantage.

C'est à cette dernière observation, reproduite avec une
intention politique, qu'est consacré le dessin si original de
Grandville, dans lequel de hauts fonctionnaires de plusieurs
classes sont travestis en chiens et mènent une joyeuse
danse devant le bureau des gratifications, où ils trouvent
toujours une abondante curée, dont pourtant ils ne sont
jamais pleinement satisfaits, par la double raison que le
budget a des bornes et que leur avidité n'en a point.

On croirait vraiment les entendre aboyer ces paroles
que Lamennais a prêtées à un personnage de son livre intitulé : *Amschaspands et Darvands :* « De l'or! de l'or! de
l'or! je veux de l'or! Qu'on me donne de l'or! qu'on m'en
donne toujours, toujours plus! J'en ai faim, j'en ai soif,
et cette soif est inextinguible, et cette faim est irrassa-
siable. »

Au reste, la passion de l'argent ne rend pas seulement
les hommes semblables aux chiens des saltimbanques, elle
fait d'eux trop souvent de véritables monstres, et cette
horrible métamorphose est attestée par un grand nombre
de faits qui ont donné lieu à beaucoup d'autres proverbes
plus sérieux que celui dont on vient de lire le commentaire.

Je ne citerai ici aucun de ces proverbes, mais je rappellerai une réflexion de J.-J. Rousseau qu'on peut prendre
pour un résumé de la vérité qu'ils expriment tous. « Cherchez en tout pays et sur toute la terre, vous n'y trouverez
pas un grand mal en morale et en politique où l'argent ne
soit mêlé. »

C'EST QUAND L'ENFANT EST BAPTISÉ

QU'IL ARRIVE DES PARRAINS

Je suis perdu, ruiné! Quel événement funeste! Qui se serait attendu à un pareil coup du sort! O saint Janvier, il ne me reste plus qu'à fermer mon théâtre si tu ne viens à mon aide !

Ainsi parlait il y a environ un siècle le vieux Geronimo Passavanti, directeur du fameux théâtre San-Carlino à Naples, situé alors comme aujourd'hui dans une cave, ce qui n'empêchait pas la foule de s'y porter.

Vous savez que toutes les extravagances, tous les ridicules qui se promènent pendant la journée dans la bonne ville de Naples, se retrouvent le soir à San-Carlino représentés avec un naturel parfait. L'acteur principal est cet immortel *Pulcinella,* que nous avons traduit en français par une marionnette en bois, qui n'a guère que des coups de bâton pour toute éloquence.

Le théâtre de San-Carlino, essentiellement satirique, a autant besoin de pièces nouvelles qu'un petit journal français a besoin de nouveaux articles ; or ce qui causait le désespoir du pauvre directeur Geronimo Passavanti était précisément le manque absolu de pièces.

Il était brouillé, par des raisons que l'histoire ne nous dit pas, avec tous les auteurs qui alimentaient ordinairement son théâtre. La Société des auteurs dramatiques n'était cependant pas encore inventée de ce temps-là à Paris et encore moins à Naples, ce qui prouve bien que les intrigues, les brouilles, les discordes et les coalitions sont plus vieilles que toutes les sociétés du monde.

De désespoir, l'infortuné directeur s'arrachait donc les cheveux ; il en était déjà à sa troisième poignée, quand sa femme, la vénérable Barbara, lui dit :

« D'où vient votre peine, cher époux ? Ces maudits barbouilleurs de papier ont formé un complot contre vous ; eh bien, ne sauriez-vous vous passer d'eux ? Ce matin, en rangeant mes coiffes, j'ai trouvé dans le fond d'un tiroir

ce rouleau de papier, qui m'a tout l'air d'une pièce de
théâtre ; que ne la faites-vous représenter? Elle aura l'a-
vantage de ne pas vous coûter un denier, et c'est peut-
être saint Janvier qui vous l'envoie. »

Bien que Geronimo Passavanti eût reçu une certaine
éducation, il faillit se laisser aller à quelque geste de pantomime napolitaine, très-inconvenant envers sa chère
épouse, lorsqu'il eut jeté les yeux sur le manuscrit couvert
de poussière et de toiles d'araignée qu'elle lui présentait.

On lisait sur la couverture en gros caractères : LE
TRIOMPHE DES MASQUES. Il était aisé de s'apercevoir que
cette pièce remontait au moins au temps de la *Comédie de
l'art,* lorsque les comédies n'étaient autre chose que de
simples canevas que les acteurs remplissaient à leur guise.

Cependant le désespoir est inventif de sa nature, et dès
que Geronimo eut feuilleté pendant quelques instants le
manuscrit du *Triomphe des Masques,* il se mit tout à coup
à sourire à travers ses larmes et se dit : — Pourquoi pas?

Ce *pourquoi pas* voulait dire dans sa bouche : — Puisque
je n'ai rien à jouer, pourquoi n'essayerais-je pas de représenter cette pièce que le hasard a remise entre mes mains?
Quand elle sera un peu rajeunie, rajustée, époussetée surtout, elle vaudra peut-être bien ce que je joue tous les
soirs.

Consolé par l'idée qui lui était venue, Geronimo mit
sous son bras le manuscrit du *Triomphe des Masques,* et
se rendit à un petit café situé sur la place du Marché, où
se réunissaient habituellement les Quinaults et les Métas-
tases du théâtre San-Carlino.

Le premier poëte auquel s'adressa le directeur était le
fameux Burchiello, qui mangeait du macaroni du matin
au soir et en était déjà à son cinq cent soixante-dix-neu-

vième ouvrage dramatique, bien qu'il fût âgé de quarante ans à peine.

« Je ne vous demande pas de me remettre une de vos pièces, lui dit Geronimo d'un ton d'humilité, puisque vous avez, dites-vous, juré entre vous par le Styx de ne plus travailler pour moi ; mais permettez du moins que cette vieille farce, qui m'est par hasard tombée sous la main, paraisse sous votre nom. Ce ne sera pas violer votre promesse ; vous sauverez ainsi un pauvre homme qui est sur le bord du précipice, et je pense que le Styx ne s'en offensera pas.

— Quelle proposition venez-vous me faire là ? s'écria le poëte en agitant avec fureur sa main qui soutenait un chapelet magnifique de macaroni. Qui ? moi, j'irais signer de mon nom une misérable rapsodie qu'il vous a plu de tirer de la poussière ! Que diraient le mont Parnasse, Apollon, le cheval Pégase, le Permesse et les Neuf Muses en voyant s'avilir de la sorte le grand poëte Burchiello, l'auteur de... de...»

Il commençait à énumérer les titres de ses cinq cent soixante-dix-neuf pièces, ce qui eût beaucoup retardé le pauvre Geronimo Passavanti. Voyant qu'il n'y avait rien à espérer du côté de Burchiello, le directeur se tourna vers Pandolfo, Dottori, Binoccini, Cocodrillo et beaucoup d'autres poëtes qui se trouvaient réunis dans le café ; mais chaque fois qu'il déroulait son manuscrit du *Triomphe des Masques*, tous lui riaient au nez et l'accablaient de railleries et de dédains.

Passavanti ne savait plus à quel saint vouer son théâtre. Sa peine était d'autant plus sensible que, dans ce temps-là, de même qu'aujourd'hui, l'usage voulait que l'on imprimât d'avance sur une affiche le nom de l'auteur d'une

pièce nouvelle. Le public se porte à la représentation suivant le degré d'estime qu'il accorde au nom du poëte. Contrairement aux coutumes de France, les chefs-d'œuvre dramatiques de Naples ne peuvent se permettre l'incognito.

« Eh bien, se dit en rentrant chez lui Geronimo, puisqu'ils ne veulent pas endosser la responsabilité de la pièce,
c'est moi qui la signerai, et il ne sera pas dit qu'un théâtre
périra faute d'un poëte de bonne volonté! »

Il fit aussitôt fabriquer une immense affiche sur laquelle
on lisait : « Dans trois jours, l'excellente, l'incomparable,
la sublime, la divine farce du *Triomphe des Masques*, par
le directeur du théâtre San-Carlino, Geronimo Passavanti. »

Cette affiche fut suspendue, à l'aide d'une corde, au
milieu des rues les plus fréquentées qui avoisinent la rue
de Tolède, forme de publicité qui rappelle un peu, par parenthèse, celle de nos réverbères; mais, quand les poëtes
que Geronimo avait implorés vainement virent son affiche
se balancer au gré des zéphyrs, ils triomphèrent et s'ap-
plaudirent de la réussite de leur complot.

« Un directeur de spectacle, dirent-ils, en être réduit
à se donner comme le père de vieilleries ensevelies depuis
un siècle! Les habitués du théâtre ne peuvent manquer de
s'éloigner tous de concert; c'en est fait de San-Carlino, et
nous aurons bientôt à composer une tragi-comédie sur sa
ruine. »

Geronimo, sans se laisser intimider par ces prédictions
sinistres, avait distribué ses rôles aux acteurs; mais, comme
ils lui demandaient tous à la fois ce qu'ils auraient à dire
et à faire :

« Mes enfants, leur répondait-il, jouez vos rôles comme
si vous les saviez par cœur; occupez-vous de rendre ce

57

que vous avez tous les jours sous les yeux, de copier les gestes et la démarche de ceux que vous voudrez imiter; une fois en scène, les paroles ne vous manqueront pas : nos aïeux et bisaïeux les Arlequin, les Pulcinella, les Pantalon, les Covielle et les Scaramouche ne jouaient jamais la comédie autrement, et ils n'en étaient pas plus mauvais pour cela ; la preuve, c'est que nous vivons encore aujourd'hui sur leur réputation et sur leurs masques. »

A force de zèle et d'activité la pièce fut prête au bout de trois jours. Les poëtes de la conjuration prétendaient que personne ne se dérangerait pour assister à la première représentation du *Triomphe des Masques ;* mais ils purent se convaincre que les poëtes ne sont pas toujours d'infaillibles oracles.

Chacun était curieux de voir une pièce que l'on disait avoir été composée par le directeur Geronimo Passavanti. L'affluence fut telle, qu'il ne fallait rien moins qu'une salle aussi solide que celle de San-Carlino pour ne pas s'écrouler sous le poids des spectateurs.

Dès les premières scènes, les poëtes qui occupaient toute une banquette du parterre furent fort étonnés de voir que les acteurs entraient, sortaient, parlaient absolument comme si leur rôle eût été tracé d'avance. Souvent même, les saillies naissaient avec tant d'à-propos, le dialogue se parsemait de lui-même de traits si comiques et si neufs, que la salle tout entière éclatait en applaudissements. La pièce avait trois actes; le premier venait de finir, et l'auteur prétendu, Geronimo Passavanti, rappelé plusieurs fois sur la scène, avait déjà gagné une courbature à force de révérences.

Les deux derniers actes confirmèrent le succès du premier. Jamais pièce plus singulière ni plus intéressante

n'avait été offerte au public de San-Carlino. On voulait
porter le directeur en triomphe, mais il avait eu le soin de
se blottir derrière la toile du fond afin de se dérober aux
démonstrations de l'assemblée délirante.

Ce fut là que le trouvèrent les poëtes qui s'étaient empressés de franchir les banquettes pour se rendre sur le
théâtre.

Burchiello prit le directeur à part et lui dit :

« Vous savez que c'est moi qui suis l'auteur de la
pièce ; c'est un ancien canevas que j'avais remis autrefois
à votre prédécesseur. Je n'ai pas voulu vous l'avouer pour
ne pas me séparer de mes confrères, mais, à partir de demain, je vous autorise à mettre mon nom sur l'affiche.

— Point du tout, interrompit Pandolfo ; c'est mon nom
qui doit être imprimé. N'ai-je pas reconnu plusieurs scènes
qui ne peuvent appartenir qu'à mon répertoire ?

— Voilà qui est un peu fort, criait de son côté le poëte
Dottori : oser dire que la pièce n'est pas de moi quand
tous les lazzis de Pulcinella et les bons mots de Casacciello
sont de mon invention !

— Messieurs, Messieurs, dit Geronimo, qui ne savait
comment se débarrasser de cette nuée de poëtes criant tous
à la fois, je vais vous mettre d'accord en vous déclarant
que la pièce appartient à vous tous, et que si mes pauvres
acteurs ont eu le bonheur de réussir, c'est qu'ils se sont
souvenus des mots charmants et des excellents traits dont
vous avez rempli les rôles que vous avez bien voulu leur
écrire. Faisons donc la paix, et, pour conclure le traité,
j'imprimerai demain sur mon affiche que la pièce nouvelle
est non pas de moi, mais des très-illustres poëtes Burchiello, Pandolfo, Dottori et de tous ceux qui voudront
bien se présenter, à condition toutefois que vous me per-

mettrez désormais d'intituler ainsi la pièce : *le Triomphe des Masques* ou

C'EST QUAND L'ENFANT EST BAPTISÉ

QU'IL ARRIVE DES PARRAINS.

Un peu d'aide fait grand bien.

UN PEU D'AIDE

FAIT GRAND BIEN

Un secours, quoique faible, est souvent fort utile.

Les Latins disaient dans le même sens : *Multœ manus onus levius reddunt; plusieurs mains rendent un fardeau plus léger.* Ce que les Anglais redisent en ces termes à peu près pareils : *Many hands make light work; plusieurs mains avancent l'ouvrage.*

Une réflexion qui se présente tout naturellement, c'est que l'ouvrage ne peut manquer d'être infiniment agréable

lorsque de jolies mains blanches y viennent aider, comme
dans la scène si bien retracée par le crayon spirituel de
Grandville.

Aussi voyez quelle satisfaction brille sur la figure épa-
nouie du beau militaire enjambant la barre de la fenêtre,
tandis que les deux belles le soutiennent par un bras, afin
que l'escalade qu'il a entreprise pour les joindre se termine
sans mauvais accident !

On remarquera sans doute que l'une d'elles ne remplit
pas sa tâche avec autant de zèle que l'autre. Elle regarde
en arrière comme si elle craignait que quelque indiscret
épiât leur manége de ce côté. Cela donne à penser qu'elle
n'est pas l'objet de la visite et qu'elle ne doit jouer qu'un
rôle de complaisante. Elle aurait moins peur si elle agissait
pour son propre compte ; le qu'en dira-t-on n'arrête guère
une belle lorsqu'elle suit le mouvement impérieux de son
cœur ; elle brave le bruit des langues, et la malignité des
regards, et toutes les contrariétés ; elle passerait à travers
des charbons ardents afin d'arriver plus vite au but où
son cœur la mène, car elle sait qu'elle y trouvera le prix
qu'elle désire avant tout.

Mais la plus intrépide sent faiblir son courage devant
une entreprise d'où elle ne peut attendre aucun profit, et
la chose qu'elle redoute le plus c'est d'être surprise dans
cette position si ridiculement compromettante qu'on désigne
par l'expression populaire *tenir la chandelle*, c'est-à-dire
favoriser les accointances d'une autre belle avec un galant
courtois sans avoir part à la courtoisie.

RIEN N'EST BON

COMME LE FRUIT DÉFENDU

Le comte de G... a près de soixante ans, et sa femme n'en a pas vingt-cinq. Cette disproportion d'âge n'a nullement nui au bonheur du ménage, attendu que M. de G..., en considérant sa femme comme sa fille, lui épargne autant que possible les remontrances et les gronderies qui marchent trop souvent à la suite des vieux maris.

Cependant il est des cas où un époux même à cheveux blancs ne peut guère se dispenser d'adresser à sa femme quelques réprimandes. Comment souffrir, par exemple, qu'une femme jeune, riche, et qui n'a guère à s'occuper que de ses plaisirs, abandonne, par un pur caprice, des arts d'agrément qui doublent la beauté d'une jolie femme et rendent presque jolies celles qui n'ont qu'une figure médiocre?

« Vous savez, Juliette, disait un jour à sa femme le comte de G..., qu'en vous épousant j'ai reçu de vous la promesse que vous cultiveriez vos talents avec autant d'assiduité qu'autrefois. Vous avez une voix charmante, il est des morceaux que vous rendez mieux que des cantatrices de profession; pourquoi votre piano reste-t-il fermé quelquefois des mois entiers?

— Mon ami, j'ai depuis quelque temps la musique en horreur; la vue seule de mon piano m'agace horriblement les nerfs.

— Sacrifions donc la musique; mais la peinture, que vous a-t-elle fait? Je me souviens que dans votre pension vous faisiez des bouquets de roses presque aussi bien que Redouté, et si vos aquarelles eussent été signées Decamps ou Delacroix, je suis persuadé que Susse les eût couvertes d'or; cependant votre boîte à couleurs reste fermée et votre *king Charles* est couché toute la journée sur votre palette.

— Est-ce ma faute si tout ce que je fais en dessin ou en peinture me semble au-dessous du médiocre? Si vous voulez, mon ami, ne pas me désoler, ne me forcez pas à reprendre ces pinceaux auxquels je voudrais n'avoir jamais touché de ma vie.

— Je me souviens aussi que, dans les premiers temps de notre mariage vous paraissiez vous plaire à un exercice

qui ne peut, je crois, qu'être utile à votre santé : vous
montiez à cheval, et tout le monde admirait votre grâce et
votre dextérité; à présent je suis obligé d'aller galoper
seul au Bois, et j'ai la douleur de penser qu'il me faudra
bientôt vendre Thecla, cette jument arabe que j'avais
achetée pour vous et qui reste quelquefois huit jours sans
sortir de son écurie.

— Que voulez-vous, l'équitation me déplaît comme
tout le reste; j'aime mieux demeurer oisive que de m'a-
bandonner à des exercices qui ne sont plus des distractions
pour moi. Exigez-vous donc que je chante, que je peigne
ou que je monte à cheval avec une âme chargée d'ennuis
et de tristesse?

— Non, sans doute, ma chère Juliette, reprit M. de
G... en souriant, et mon vœu le plus cher aujourd'hui,
comme au premier jour de notre union est qu'avant toutes
choses vous ne subordonniez vos actions qu'à votre seule
volonté. »

Peu de jours après cet entretien, la comtesse de G...
se sentit atteinte de vapeurs, de frissons et de maux de
nerfs qui lui donnèrent quelques inquiétudes sur sa santé.
A peine avait-elle commencé à se plaindre, que le célèbre
docteur L..., en qui le comte avait pleine confiance, était
déjà à ses côtés et l'interrogeait avec anxiété sur le genre
de malaise qu'elle éprouvait.

Quand elle eut achevé de dérouler aux yeux du docteur
le chapitre de ses souffrances, celui-ci lui dit du ton grave
d'un homme sérieusement inquiété :

« J'espère, Madame, que vous ne chantez jamais; je
remarque que vous devez avoir le larynx très-susceptible,
et la musique vocale aurait pour vous des conséquences
fâcheuses.

—J'ai chanté autrefois, mais depuis longtemps j'ai mis de côté les cavatines et les duos; mes instincts me disaient que je serais forcée tôt ou tard de renoncer au chant par raison de santé.

— Avez-vous également renoncé à la peinture?

— Entièrement.

— A merveille. La position courbée que cet art exige fatiguerait votre poitrine et augmenterait bientôt cette langueur mélancolique où vous êtes habituellement plongée. Vous ne faites jamais d'exercices de corps?

— Depuis une semaine je ne quitte pas cette causeuse.

— C'est Hippocrate lui-même qui vous a inspirée. Avec une complexion aussi frêle que la vôtre, vous devez vous interdire tout ce qui vous imposerait du mouvement, de la fatigue; ainsi, point de danse, point de valse, jamais d'équitation surtout. Suivez mes prescriptions à la lettre, et je puis vous garantir une prompte convalescence. »

Le comte de G... prit congé du médecin en lui assurant qu'il n'avait pas à redouter la moindre infraction à son ordonnance, attendu que, par une coïncidence heureuse, elle se trouvait entièrement d'accord avec les goûts de la malade.

Le lendemain de cette consultation, M. de G... fut obligé de quitter Paris pour quelques jours. Il revint plus tôt qu'on n'aurait cru, et, comme il traversait la cour de l'hôtel, il fut étonné d'entendre au premier étage une voix énergique et vibrante qui chantait la grande cavatine de *Norma : Casta diva.*

Le comte monta aussitôt dans le boudoir où se tenait habituellement la comtesse et fit semblant de ne point s'apercevoir que le piano était ouvert et que plusieurs morceaux étaient accumulés sur le pupitre.

« Est-ce que vous chantiez? dit-il d'un ton d'indifférence en s'adressant à sa femme.

— Point du tout. Je regardais cette musique, mais des yeux seulement, sans chanter.

— Songez à la défense du médecin.

— Je ne l'ai point oubliée, et si jamais je chantais à l'avenir, ce serait si bas, si bas, qu'à moins d'avoir l'oreille contre mon piano, personne ne pourrait m'entendre. »

M. de G... avait quelques affaires à terminer; il revenait de visiter une terre considérable qu'il avait dans la Brie, du moins tel fut le prétexte qu'il donna à sa femme pour s'absenter; mais, au lieu de sortir, il se retira dans son cabinet et prêta de nouveau l'oreille.

Au bout de quelques instants, l'air de *Casta diva* recommença de plus belle, puis le beau finale du premier acte : *Ah! se tu sei la vittima,* puis le duo entre Norma et Adalgisa. Après *Norma* vint *Parisina,* puis *Semiramide,* puis *Maria di Rohan;* tout le répertoire de Mlle Grisi y passa.

M. de G... sortit de son cabinet, enchanté de voir si bien réussir l'idée que lui avait suggérée son médecin.

Il descendit dans la cour et donna l'ordre de seller un cheval, ayant l'habitude de faire tous les jours une promenade d'une heure ou deux avant le dîner.

Il alla rejoindre la comtesse et feignit d'avoir employé à conférer avec son notaire et des hommes d'affaires les trois heures qu'il venait de passer dans son cabinet, applaudissant mentalement les sons de sa charmante voix.

« Vous sortez? lui dit-elle dès qu'elle le vit.

— Oui, ma chère Juliette; j'essaye aujourd'hui le cheval que m'a vendu sir John A... Je vais au Bois, mais avec ennui, avec tristesse; l'idée d'être seul à la promenade gâte d'avance tout le plaisir que je pourrais avoir.

— Si je vous accompagnais ?

— Y pensez-vous ? Et le médecin ?

— Il n'en saura rien ; il visite ses malades en ce moment, et nous ne le rencontrerons certainement pas au bois de Boulogne.

— Non ! ce serait compromettre votre santé ; je ne consentirai jamais...

— Vous voulez donc que je meure de tristesse et de dépit. Autant vaut, ce me semble, mourir en me divertissant ; d'ailleurs le docteur m'a défendu de galoper, et je vous promets d'aller si doucement, si doucement, que je ne serai certainement pas plus fatiguée que si je restais dans mon fauteuil. »

M. de G... se laissa vaincre et fit seller la jument Thecla, que la comtesse montait ordinairement. A peine avait-elle fait quelques pas, que sa figure, depuis longtemps froide et attristée, rayonnait de plaisir. Son mari lui avait recommandé de n'aller qu'au petit pas ; mais dès qu'elle fut dans l'avenue de Neuilly, elle se mit à galoper si bien que le comte avait peine à la suivre.

En rentrant, elle était animée, joyeuse ; son front était couvert de ces teintes de la santé qu'un exercice salutaire ramène sur les visages les plus pâles.

« Que dirait le docteur s'il vous voyait dans cet état ? dit M. de G... en rentrant.

— Il dirait, répondit-elle, que j'ai un peu enfreint son ordonnance ; mais que nous importe ! nous ne le verrons pas ; ne partons-nous pas demain pour la campagne ? »

On était alors au commencement du printemps, et le comte de G... avait l'habitude à cette époque-là d'aller s'établir dans un magnifique château qu'il possédait dans les environs de Compiègne.

Madame de G… parut plus heureuse encore que de coutume de quitter Paris; mais elle était installée au château depuis deux jours à peine, qu'elle avait déjà pris l'habitude de ne descendre de sa chambre que vers deux heures de l'après-midi. Chaque matin, le jardinier lui montait en cachette un bouquet de fleurs les plus belles et les plus variées; le comte ne tarda pas à découvrir que sa femme employait toutes ses matinées à peindre. Il rendit des actions de grâces au docteur.

La fête de M. de G… se trouvait être à la fin du mois de juillet. La veille de cet anniversaire il vit paraître devant lui Mme de G…, qui lui offrit d'un air embarrassé un magnifique album qu'elle venait d'achever. M. de G… se mit aussitôt à le parcourir, et quel fut son bonheur en remarquant qu'il était rempli de fleurs peintes avec un goût charmant!

« Vous allez me gronder, dit-elle; j'ai voulu remplir cet album malgré les ordres du médecin.

— Non, ma chère Juliette, s'écria M. de G… en l'embrassant au front, car vous saurez que cette prétendue défense de mon ami L… n'était qu'une ruse de sa part destinée à vous rendre à vos anciens passe-temps. Il a pensé que vous y reviendriez de vous-même du jour où on vous les interdirait. Pardonnez-moi de grâce en faveur de cette vérité, qui s'applique si bien aux goûts des jeunes femmes et souvent aussi, hélas! à la position des vieux maris :

RIEN N'EST BON COMME LE FRUIT DÉFENDU.

Il n'y a pas de sot métier.

IL N'Y A PAS

DE SOT MÉTIER

Il n'y a que de sottes gens, ajoute le proverbe qu'il eût été bon de citer avec cette addition ; car elle convient parfaitement à la manière dont il est mis en action, et elle présente, en outre, la réponse la plus naturelle que puisse faire le boueur qui se croit offensé dans l'exercice de ses fonctions publiques par le geste d'apitoiement du laquais en riche livrée pataugeant dans le gâchis à la suite de sa vieille maîtresse dont il porte le chien favori. Voyez comme le fier boueur se carre au milieu du margouillis,

les mains appuyées sur son balai et les yeux fixés avec une
affectation dédaigneuse sur l'estafier à l'habit galonné, aux
épaulettes dorées et au chapeau empanaché ! L'importance
que chacun d'eux semble vouloir s'attribuer dans la comparaison tacite qu'il fait de sa position avec celle de l'autre
est mise en relief avec tout ce qu'elle a de risible par le
contraste de leurs prétentions et de leurs actes, et le proverbe si comiquement interprété ne peut paraître bon
qu'autant qu'il est ironique.

Cependant cela ne saurait faire oublier que ce proverbe
a un sens très-sérieux et très-raisonnable. C'est qu'aucun
métier, si sot qu'on le suppose, ne doit être méprisé,
attendu que tout métier a quelque utilité sociale, qui com-
pense avantageusement ce qu'on peut y voir de vil.

Les Turcs disent à ce sujet : « Il n'y a pas de métiers
ignobles, dès qu'ils peuvent servir à la société. Et d'ailleurs quel est l'homme à qui Dieu a envoyé un ange pour
l'assurer qu'un accident ne le réduira pas à une extrême
indigence, où il sera obligé, pour vivre, d'avoir recours à
toute espèce de travail ? »

Un métier ne met pas seulement à l'abri du besoin ; il
met encore à l'abri du vice. C'est pour cela que plusieurs
philosophes ont pensé que les parents, quels que soient
leur rang et leur fortune, devraient faire apprendre à leurs
enfants une industrie manuelle, comme le recommandait
l'école pharisienne des Juifs par cette maxime rapportée
dans le Talmud : « Qui ne donne pas une profession à ses
enfants les prépare à une mauvaise vie. »

Mahomet a recommandé aussi à tous les musulmans,
même aux fils des rois, d'apprendre un métier et d'y travailler quelques heures, chaque jour.

LA OU SONT LES POUSSINS

LA POULE A LES YEUX

Il y avait, non pas autrefois, mais l'année dernière, à
Grenade, deux orphelines très-belles et très-riches ; l'une

s'appelait Soledad, l'autre Miranda. Elles étaient sous la
garde d'une tante qui les aimait comme ses propres
enfants; de leur côté, les jeunes filles voyaient en elle une
mère véritable. La famille demeurait dans une maison de
noble apparence, vis-à-vis l'hôtel de *El Rey Boabdil,* situé
rue du Saint-Sacrement.

Le hasard avait conduit à Grenade deux Français,
jeunes et beaux comme tous ceux que la littérature fait
voyager en Espagne. Ernest et Eugène habitaient l'hôtel
de *El Rey Boabdil.* Tous les jours, à l'heure où le vent qui
vient des Alpuxaras rafraîchit l'atmosphère, ils se mettaient
à leur fenêtre; c'était aussi le moment que Miranda et
Soledad choisissaient pour paraître à leur balcon. Passons
du côté de la fenêtre pour entendre ce que disent les deux
jeunes gens.

« Mon cher Ernest, tu as grand tort de soutenir la
prééminence des femmes de Paris.

— Mais c'est toi, au contraire, qui prétends que le
royaume des jolies femmes est borné au nord par le Café
de Paris, et au sud par la rue Montmartre.

— Je n'ai jamais prétendu cela, reprit Eugène avec
humeur.

— Je ne me suis jamais fait, ajouta Ernest avec une
certaine vivacité, le champion exclusif de nos compatriotes.

— Les Espagnoles ont tant de lumière dans le regard !
Examine plutôt Soledad.

— Et tant de finesse dans le pied ! Regarde plutôt
Miranda.

— Ah çà ! qui t'a dit qu'elle s'appelait Miranda ?

— Qui t'a appris qu'elle se nommait Soledad? »

Les deux jeunes gens rougirent légèrement, puis ils
échangèrent un sourire.

« Avoue, Eugène, que tu es amoureux.

— Conviens, Ernest, que ton cœur est pris.

— Cela est vrai, j'adore Soledad.

— Je le confesse, je meurs d'amour pour Miranda. »

Plaçons-nous maintenant sous le balcon ; les deux jeunes filles jettent de temps en temps, en causant, un coup d'œil furtif vers la fenêtre.

« Sais-tu, Miranda, ce que j'ai rêvé cette nuit ?

— Et moi ?

— J'ai rêvé que j'étais à Paris.

— C'est justement ce que j'ai rêvé aussi.

— J'étais au bal, et je dansais avec un jeune homme qui ressemble...

— A qui ?

— A l'un de ces jeunes gens, reprit Soledad en hésitant, que nous apercevons là-bas à la fenêtre.

— J'étais aussi au bal, continua Miranda ; je dansais comme toi avec...

— Avec qui ?

— Avec un de ces voyageurs, répondit-elle avec autant d'hésitation que sa sœur, que nous voyons d'ici à la fenêtre.

— Si nous l'aimions toutes les deux ! s'écria Miranda incapable de se contenir. Quel est son nom ? »

Soledad tira un petit billet de son sein, et elle en montra la signature à Miranda, qui lut : Eugène.

Miranda montra à Soledad un poulet soigneusement plié, et signé : Ernest.

Se regarder, s'aimer, s'écrire, il est impossible de mieux faire l'amour à l'espagnole. Voilà, nous direz-vous aussi, une tante par trop tutrice ; elle laisse ses nièces recevoir des billets doux sous son nez ; l'amour se glisse au logis sans qu'elle s'en aperçoive. Vous allez nous montrer quelque vieille femme au chef tremblant, au nez crochu, aux lunettes vertes, une duègne exhumée de Lesage, qui ne voit rien, n'entend rien, à demi aveugle, complétement sourde, aux trois quarts perclue. Eh bien, vous vous trompez. Tous ceux qui connaissent la señora Montès vous diront que son œil est brillant, son oreille fine, sa jambe solide ; on ajoutera qu'elle est fort bien élevée, fort instruite, fort spirituelle.

Du reste, si vous tenez à faire connaissance avec la señora Montès, elle passe la soirée chez le gouverneur. Entrez dans le salon, vous y verrez trôner la tante de nos héroïnes ; on l'écoute, on fait cercle autour d'elle. Quel est l'objet de la conversation ? l'éducation des jeunes filles. La señora Montès soutient qu'il ne faut pas s'effrayer de l'amour, que c'est un sentiment naturel plus ou moins éprouvé par tout le monde, qu'il est toujours victorieux quand on l'attaque en face, et que la meilleure manière d'en venir à bout est de paraître l'ignorer ; si de cette façon l'on ne réussit pas à l'éteindre, on parvient à le diriger ; et que peut-on souhaiter de plus ?

Quelques jours après les divers entretiens que nous venons de rapporter, Eugène entra dans la chambre d'Ernest.

« Salue en moi, lui dit-il, le plus fortuné des hommes.

— Reconnais en ma personne, répondit son ami, le plus heureux des mortels.

— Elle m'accorde un rendez-vous.

— Elle consent à m'entendre.

— Où ?

— Dans les ruines, derrière l'Alhambra.

— A quelle heure?

— Après la bénédiction.

. — Eh bien, partons, car moi aussi je suis attendu derrière les ruines de l'Alhambra, après la bénédiction. Les deux sœurs n'ont pas voulu se séparer : nous ferons partie carrée. »

On n'attend pas de nous la description d'un rendez-vous espagnol à l'Alhambra ; nous renvoyons le lecteur aux nombreux romans et aux non moins nombreuses nouvelles publiées sur l'Espagne. Qu'on se figure une nuit étoilée, des arbres agités par la brise, des soupirs, des serments, des mots entrecoupés, des baisers.... Je me trompe, au moment où les deux couples allaient se sceller par un baiser, suivant l'usage antique et solennel, l'inviolable promesse d'un amour éternel, une vieille femme sortit tout à coup des ruines, et s'assit sans façon sur une pierre à côté des amoureux.

« C'est sans doute une manière de demander l'aumône », pensa Ernest, et il jeta quelques réaux dans le tablier de la vieille.

Celle-ci remercia, mais sans bouger de place.

« Elle ne part pas ! murmura Ernest; allons ailleurs reprendre cet entretien. »

Ils se levèrent, la vieille en fit autant ; ils s'éloignèrent, mais elle les suivit en les accablant d'actions de grâces. Ce fut un déluge de « Dieu vous protége et vous accorde d'heureux jours ! » le tout accompagné de révérences à n'en plus finir. L'heure de rentrer étant arrivée, la vieille ne quitta les amoureux qu'aux portes de la ville.

« Maudits soient les mendiants et leur reconnaissance ! s'écrièrent les deux jeunes gens, quand

ils eurent quitté, bien malgré eux; leurs maîtresses;
cette femme nous a fait perdre le bénéfice de notre rendez-
vous. »

Les amours vont vite en Espagne ; une fois l'habitude
prise de se voir, on ne renonce pas facilement à ce plaisir.
Miranda, Soledad, Ernest et Eugène multipliaient les ren-
contres préméditées; la señora Montès paraissait ne se
douter de rien ; aucun obstacle ne traversait le bonheur
des amants, si ce n'est le hasard. Ordinairement le hasard
se range du côté de l'amour ; il n'en fut rien cette fois :
pas un rendez-vous qui ne fût troublé par la présence
inattendue de quelque témoin importun. S'ils choisissaient une chapelle écartée, tout de suite une vieille
dévote, la tête embéguinée, venait s'agenouiller à leur
côté; s'ils allaient à la campagne, une paysanne s'asseyait
sur l'herbe à quelques pas d'eux et se mettait à tresser
des espadrilles : pas moyen d'être seuls pendant cinq
minutes.

Cependant toute la ville causait de la liaison des deux
couples. « Voyez, disaient les Grenadines, à quoi sert
l'esprit ? La señora Montès ne se doute pas seulement que
ses nièces ont des amoureux ; elle ne l'apprendra que le
jour où les Français les lui auront enlevées.»

A cette époque on donna à Grenade un bal masqué
pour célébrer une victoire remportée sur les factieux; la
señora Montès avait promis à ses nièces de les conduire à
cette fête. Je vous laisse à penser si Eugène et Ernest en
furent instruits. On convint d'un signal de ralliement;
Soledad et Miranda mettront une rose rouge dans leurs
cheveux; Ernest et Eugène arboreront un brin de bruyère
blanche à leur domino.

Les deux jeunes filles sont charmantes, la rose ressort

gracieusement au milieu de leurs cheveux noirs ; elles mon-
tent en voiture ; elles entrent dans la salle du bal ; je ne
sais comment cela se fait, mais un flot de spectateurs
les sépare de leur tante. N'avaient-elles pas compté
là-dessus ? Ne mirent-elles pas un peu de bonne volonté
dans cette séparation ? C'est à ceux qui connaissent
mieux que nous le cœur des femmes qu'il appartient de
décider.

Ernest et Eugène attendaient les roses rouges, adossés
contre un pilier ; ils sentirent tous les deux au même
instant une main qui froissait leur domino ; mais ils ne
cherchèrent pas à deviner d'où venait cette pression. Que
faisaient pendant ce temps-là les deux roses rouges ?
Elles cherchaient la bruyère blanche. Mais pas la moindre
bruyère qui fleurît à l'horizon. « Où sont donc nos deux
chères roses ? se demandaient les deux bruyères. —
Ernest, ne vois-tu rien venir ? — Eugène, aperçois-tu
quelque chose ? »

Le bal touchait à sa fin ; les deux fleurs ne s'étaient
pas rencontrées.

« Ce sont des infidèles, disait Soledad à sa sœur.

— Ce sont des coquettes, murmurait Eugène à
Ernest.

La señora Montès avait rejoint ses deux nièces.
« Malheureux coiffeur ! dit-elle quand elles furent en voiture, vos roses ne sont plus dans vos cheveux ; il les a
si mal attachées qu'elles sont tombées, je parie, avant votre
entrée au bal. »

Soledad et Miranda ne répondirent rien. — Pauvres
amis ! pensèrent-elles, que vont-ils s'imaginer ?

En quittant leurs dominos, Eugène et Ernest s'aperçurent que la bruyère n'y était plus. « Que vont-elles

croire? se dirent-ils; attendons à demain pour nous excuser. »

Chaque jour cependant l'amour s'accroissait de toutes ces contrariétés; les amants avaient résolu de s'appartenir. Soledad et Miranda avaient l'imagination exaltée, Eugène et Ernest étaient jeunes et non moins ardents; que devait-il résulter de tout cela ? un enlèvement.

L'ombre enveloppait Grenade, d'épais nuages couvraient le ciel; c'était une nuit propice aux entreprises amoureuses. A minuit, deux jeunes filles, enveloppées dans leur mante, arrivèrent en un lieu écarté où les attendaient les deux jeunes gens et une chaise de poste.

Elles allaient monter en voiture, lorsqu'une vieille femme les tira par la robe.

« La charité, mes nobles demoiselles, s'il vous plaît !

— La mendiante de l'Alhambra ! s'écria Eugène avec emportement. Postillon, en avant ! route de France ! »

Les chevaux s'élancèrent; mais la vieille sauta dans la voiture avec une légèreté qui n'était pas de son âge. Les jeunes filles poussèrent un cri d'effroi.

« Cette femme ici ! dit Ernest avec un geste de colère.

— N'est-ce point ma place ? répondit la señora Montès en reprenant sa voix naturelle; ne suis-je pas la mère de ces deux enfants ? Il est bien juste que je voyage avec mes gendres futurs; le mariage aura lieu à Paris, j'en suis charmée. »

Soledad et Miranda se jetèrent au cou de leur tante; Ernest et Eugène restaient interdits.

« Messieurs, reprit la tante, je vous connais et je vous

donne mes nièces avec plaisir; je ne vous ai pas perdus
de vue un seul instant, sans que vous vous en doutiez. Je
lisais vos lettres, elles m'instruisaient de tout. Je vous rends
l'argent que vous avez donné à la vieille de l'Alhambra ;
mes nièces, voici les roses que je vous ai adroitement enlevées ; et vous, mes neveux, tâchez une autre fois de mieux
veiller sur les bruyères, surtout quand elles doivent servir
à vous faire reconnaître. Vous voyez que j'ai assez bien
rempli mon rôle ; on peut tromper une duègne, mais une
mère jamais, car, vous le savez :

LA OU SONT LES POUSSINS LA POULE A LES YEUX

Mieux vaut tard que jamais.

MIEUX · VAUT TARD

QUE JAMAIS

Proverbe littéralement traduit du latin *præstat sero quam nunquam.*

On en fait l'application tantôt sérieuse et tantôt ironique aux gens qui ne se décident à faire une bonne chose qu'après l'avoir longtemps différée.

Il s'employait autrefois, le plus souvent, dans un sens religieux, pour signifier qu'une résipiscence tardive vaut mieux qu'une impénitence finale, et, en ce cas, il était ordinairement accompagné d'un autre proverbe qui s'y joignait comme une partie intégrante de la manière que voici : *Mieux vaut tard que jamais; mais qui bien fait tard est reprenable.* On pensait qu'en bonne justice morale il fallait plutôt signaler le démérite du retard que le mérite de l'amendement, afin de se mettre en garde contre les dangers de ce retard qui, lors même qu'il ne résulte que d'une tiédeur de la bonne volonté, est presque toujours l'occasion prochaine du mal.

Grandville, habitué à saisir dans les proverbes tout ce qui lui paraît susceptible de donner prise à la critique ou à l'ironie, sans tenir compte de leur partie morale, s'est amusé à traduire en ridicule la maxime *Mieux vaut tard que jamais,* en montrant à quels fâcheux inconvénients s'expose quelquefois celui qui la pratique. Son dessin représente fort plaisamment un retardataire aviné qui vient d'arriver, à une heure indue, auprès d'une femme impatientée de l'avoir attendu. A peine a-t-il franchi le seuil de la chambre, qu'il est appréhendé au corps ainsi qu'un criminel par cette femme dont le fougueux ressentiment éclate en invectives et en gourmades. Ardente à se venger du délai qu'il a mis à venir, elle n'en met aucun dans la correction qu'elle lui inflige, et c'est un vacarme à réveiller les sept dormants. En vain le pauvre diable, qui paraît avoir le vin tendre, demande grâce par son air soumis et piteux, par le geste suppliant de ses bras étendus et semble lui dire : Embrassons-nous et que cela finisse ! elle ne veut rien écouter. Oh! quelle enragée! est-elle donc folle de ne pas comprendre que la guerre ne doit jamais être faite que pour la paix, et que la colère ne doit avoir d'autre but que le raccommodement? Mais toutes les femmes savent cela. Ces habiles tacticiennes ne querellent bien souvent que pour amener un si doux résultat, et l'on peut affirmer que les dépits et les emportements auxquels elles se livrent ne sont ordinairement que des moyens calculés de stimuler l'amour trop engourdi des maris.

Un proverbe passé des Grecs chez les Romains et des Romains chez nous dit que *l'Amour après la colère est plus agréable.* Ce que Plutarque a expliqué de cette manière : « De même que le soleil est plus ardent au sortir des nuages, ainsi l'amour sorti de la colère et du soupçon, lorsque la paix est faite et que les esprits sont apaisés, est plus agréable et plus vif. »

Qui casse les verres les paye.

QUI CASSE LES VERRES

LES PAYE

Lorsqu'on a fait quelque dégât, on est obligé de le réparer, et, par extension, lorsqu'on a commis quelque faute, on doit en porter la peine.

Grandville a traduit le proverbe en une scène de cabaret, où il nous montre un viveur avec sa compagne de plaisirs qui font leur carnaval, déguisés en débardeurs. La jeune femme, fortement électrisée, croit se distinguer en jouant le rôle de casseur d'assiettes. Après avoir jonché de débris la salle à manger, elle monte sur un tabouret, met un pied sur la table, s'adosse à une glace qui vole en éclats, élève triomphalement au-dessus de sa tête sa main droite

munie d'un verre ébréché, et tient sa main gauche abaissée,
comme pour chercher un point d'appui contre la chute
dont elle se sent menacée par son défaut d'équilibre. Pendant ce temps, son cavalier, assis devant la table dégarnie,
la regarde avec une stupéfaction si profonde qu'il oublie
de fumer son cigare, qui s'éteint entre ses doigts. Il est
peut-être préoccupé du moment critique où il faudra payer
les verres cassés, et désire que la jeune folle mette fin à
un désordre trop dispendieux; mais le désordre n'est pas
près de cesser, et voilà que le garçon apporte, pour l'entretenir, une quadruple dose de folie en bouteille.

Cette scène est retracée avec beaucoup de verve, et
les détails en sont si bien caractérisés, qu'il me paraît
inutile de chercher à les faire ressortir par des apprécia-
tions particulières. On aimera mieux, je crois, puisqu'il
est question des suites de l'ivresse, que je cite un autre
proverbe dont le commentaire me permettra d'indiquer ces
diverses suites. Voici donc ce proverbe :

LE VIN ENTRE ET LA RAISON SORT.

Un apologue hébreu, où les effets du vin sont expri-
més à la manière orientale, nous apprend que le patriarche
Noé s'étant éloigné un moment du premier pied de vigne
qu'il venait de planter, Satan, transporté de joie, s'en approcha en s'écriant : « Chère plante, je veux t'arroser! »
et aussitôt il courut chercher quatre animaux différents, un
agneau, un singe, un lion et un pourceau, qu'il égorgea
tour à tour sur le cep, afin que la vertu de leur sang passât dans la séve et se propageât dans les rejetons.

Cette opération du diable fut très-heureuse et son influence s'étendit à tous les vignobles du monde ainsi qu'à

leurs produits. Depuis lors; si l'homme boit une coupe de vin, il devient caressant, aimable; il a la douceur de l'agneau. Deux coupes le rendent vif, folâtre; il va sautant et gambadant comme le singe. Trois lui communiquent le naturel du lion; il se montre fier, intraitable; il veut que tout lui cède, il se croit une puissance, il se dit en lui-même : « Qui peut m'égaler? » Boit-il davantage, il perd le bon sens, il est incapable de se conduire, il se roule dans la fange, il n'est plus qu'un immonde pourceau. De là ce proverbe des sages : *Le vin entre et la raison sort.*

De là aussi ces expressions : *vin d'agneau,* — *vin de singe,* — *vin de lion,* — *vin de pourceau,* dont on se sert pour qualifier les divers effets de la boisson.

On dit encore : *vin d'âne,* qui assoupit et rend hébété; — *vin de pie,* qui rend jaseur et bavard; — *vin de cerf,* qui rend triste et larmoyant; — *vin de renard,* qui rend malin et cauteleux. Enfin il y a peu de variétés bestiales qu'on n'ait découvertes dans l'ivrogne, et il semble qu'on ait voulu reconnaître en lui seul les nombreux sujets d'une ménagerie.

Le sens du proverbe *le vin entre et la raison sort* est exprimé très-poétiquement dans cette maxime du *Hava-Mal* des Scandinaves : « L'oiseau de l'oubli chante devant ceux qui s'enivrent et leur dérobe leur âme. »

L'homme est de feu, la femme d'étoupe,
le diable vient qui souffle.

L'HOMME EST DE FEU, LA FEMME D'ÉTOUPE

LE DIABLE VIENT QUI SOUFFLE

Et sous le souffle du diable le feu de l'homme se communique à la femme, d'autant plus vite que la matière dont on la dit formée est plus inflammable. Les voyez-vous tous deux qui brûlent à l'unisson, s'accrochant des mains l'un à l'autre, afin de se prêter une mutuelle assistance et d'étouffer le feu fatal dans leurs étreintes! Mais, hélas! en se rapprochant, ils ne font que l'irriter, et le diable continue à le souffler de toute sa force. Ne craignez pas pourtant qu'ils soient réduits en cendre :

Il n'est, à l'époque présente,
Aucun amant, aucune amante
Dont l'amour cause le trépas;
Ils ont tous un cœur d'amiante
Que le feu ne consume pas.

Et puis le diable est obligé d'exercer son métier de souffleur sur tant de millions de couples, qu'il ne peut s'arrêter longtemps sur le même. Encore un moment, et celui sur lequel vous vous apitoyez va sortir de l'incendie, aussi frais que s'il venait de prendre un bain froid.

Ainsi le veut la nature qui, toujours soigneuse d'entretenir la durée par la modération, ne souffre pas que rien de violent soit durable, et ramène de l'excès qui détruit à la retenue qui conserve.

Qu'ils sont nombreux ces incendiés qui ont été rejetés tout à coup de l'enfer de feu dans l'enfer de glace !

PEU DE LEVAIN

Quiconque a été en Autriche sait que les auberges de
Vienne ne valent pas grand'chose; encore doit-on supposer
qu'elles sont supérieures aux tavernes de cette même ville
en l'année du Christ 1193. A cette époque, et dans un des
plus humbles caravansérails qu'eût alors la capitale de l'Autriche, trois voyageurs arrivèrent un jour.

Tous les trois étaient pauvrement vêtus; mais la noblesse de leur démarche, leur ton bref et résolu, leurs
commandements brusques et hautains laissaient soupçonner
en eux des hommes accoutumés à l'autorité. L'un d'eux
surtout parlait à ses compagnons avec une impérieuse fa-
miliarité, dans une langue que ne comprenait point le
hofmeister, déjà inquiet. Voyant toutefois qu'il avait affaire
à des soldats fort habitués à se faire comprendre par

gestes, il déploya pour les servir une activité remarquable.

Nonobstant ce bon vouloir forcé, les préparatifs du dîner qu'avaient commandé ses hôtes les effrayèrent quelque peu. L'impéritie culinaire du brave homme se révélait de reste à chacun de ses mouvements, et la propreté fort équivoque de ses mains ajoutait aux anxiétés des voyageurs.

« Par le ciel! sir Foulk, — s'écria celui d'entre eux qui donnait le plus librement son avis, — le drôle que voici, avec ses doigts gras et sa rustique façon d'apprêter cette oie, va me faire prendre en grand respect, non pas la cuisine, mais la *Diète* allemande. »

Sir Foulk salua d'un grand éclat de rire cette plaisanterie, qui avait une portée politique. Se tournant alors vers son autre compagnon : .

« Sir Thomas, — reprit le joyeux voyageur, — vous qui savez l'allemand, ne pourriez-vous donner quelques conseils à notre hôte? sa volaille ne sera pas mangeable. »

Sir Thomas s'excusa de son mieux sur son ignorance profonde en ces matières.

« Par la sainte croix! — reprit alors le compagnon de sir Foulk et de sir Thomas, — je vais donc moi-même lui donner une leçon, et le manant sera bien surpris si jamais il sait quelles mains ont touché sa lardoire. »

Sur quoi, sans plus tarder, l'inconnu s'approcha du foyer, repoussa du coude l'inexpérimenté cuisinier, et avec une dextérité remarquable remania son travail incomplet. Sir Foulk, sir Thomas et l'hôte lui-même contemplaient cette scène avec un étonnement qui la rendait encore plus piquante.

Au plus vif de sa besogne, ce manipulateur impromptu fut dérangé par l'arrivée d'un nouveau témoin. Ce n'était rien moins qu'une Bohémienne errante, une *Zingara*, de quinze à seize ans au plus. Si jeune qu'elle fût, on voyait à son teint bruni, et surtout à son costume oriental, qu'elle n'avait pas quitté depuis longtemps la région brûlante où les rayons du soleil avaient doré son cou, ses épaules et ses mains.

« Au diable l'Égyptienne! — s'écria le maître queux en fonctions, vous voilà tous à la regarder comme une merveille, et ma leçon sera perdue si elle reste. »

Il croyait sans doute que ces dures paroles ne seraient pas entendues de la jeune fille; mais elle s'avança vers lui d'un air moins intimidé qu'on ne l'eût pu croire, et dans la même langue dont il s'était servi :

« Un brave d'Angleterre, — lui dit-elle, — n'empêchera pas sans doute une pauvre fille de gagner sa vie. »

A ces mots, le voyageur parut plus contrarié que jamais.

« Qui es-tu? — demanda-t-il rudement à l'Égyptienne; — d'où es-tu? que nous veux-tu? Va-t'en! »

Ces interpellations furent faites d'une voix terrible et avec un regard qui eût fait pâlir les plus braves. La jeune fille pâlit en effet, mais l'assurance de son regard ne se démentit point; il demeura fixé sur la figure de l'homme brutal qui la chassait ainsi. On eût dit, ou qu'elle cherchait à le reconnaître, ou qu'en véritable sorcière elle lui jetait le mauvais œil.

« Je viens, — lui dit-elle, — de la Terre sainte; je viens de Saint-Jean-d'Acre et d'Ascalon, mon hardi soldat; mais, vous qui parlez, ne fûtes-vous jamais en Palestine?

— Que t'importe? — répondit plus irrité que jamais le voyageur inconnu; — me crois-tu fait pour deviser avec

toi ou avec tes pareilles? Hors d'ici, maudite païenne ! —
Et vous Thomas, — et vous, Foulk, — reprit-il, s'adressant à ses compagnons, — à quoi songez-vous de laisser
ici cette mendiante? Jetez-lui quelque argent, et qu'elle
parte ! »

L'ordre ainsi donné fut exécuté sur-le-champ ; mais la
Bohémienne repoussa l'aumône qu'on lui faisait avec tant
de dédain, et, sans attendre les violences dont elle était
menacée, elle sortit, l'œil fixé sur le discourtois soudard
qui l'avait si mal accueillie.

Deux heures après, tandis que les trois voyageurs sa-
vouraient avec un appétit remarquable le dîner préparé par
l'un d'eux, cinquante hallebardiers vinrent investir l'auberge où ils tenaient table. Le secrétaire du duc d'Autriche
et un capitaine des gardes avaient pris le commandement
de cette escouade. Quand ils entrèrent dans la salle, les
trois convives, par un seul et même mouvement, se levèrent pour saisir leurs armes accrochées à la muraille ; mais
le secrétaire, ôtant sa barette et s'inclinant avec un respect
profond :

« Sire, dit-il, — vous êtes reconnu. Messeigneurs, ne
tentez point une défense inutile ; nos ordres sont précis.
Morts ou vifs, le duc mon maître vous veut avoir. »

Un coup d'œil aux fenêtres convainquit en effet les
voyageurs que toute résistance serait superflue. Sir Foulk
d'Oyley, sir Thomas Multon et Richard Cœur-de-Lion rendirent en frémissant leurs épées.

En sortant de l'auberge ils virent, derrière la triple
rangée de soldats qui allait les envelopper, la petite Égyptienne aux yeux méchants, dont leur capture était l'ou-

vrage. Cœur-de-Lion, toujours violent, étendit vers elle sa
main gantée de fer; mais la Zingara, conservant sur ses
lèvres un sourire vindicatif :

« Souviens-toi, — lui cria-t-elle en anglais, — du
drapeau de Saint-Jean-d'Acre ! »

Elle faisait allusion à l'ordre insolent donné par Richard de jeter dans un égout la bannière allemande, plantée
sur une tour dont le duc Léopold s'était emparé.

Pour ces deux insultes, — toutes deux d'assez peu
d'importance, — Richard passa quatorze mois dans la forteresse de Worms. Il fut cité devant la Diète germanique,
et obligé de répondre à des accusations de meurtre. Son
royaume tout entier s'épuisa pour fournir les cent mille
marcs de la rançon exigée. Enfin la couronne d'Angleterre
fut doublement humiliée devant le sceptre impérial et de-

vant Philippe-Auguste; Cœur-de-Lion d'une part, et Jean
sans Terre de l'autre, s'étant soumis à une déclaration de
vasselage[1].

N'est-ce pas le cas de reconnaître que :

PEU DE LEVAIN AIGRIT GRAND'PATE.

1. Pierre d'Elrilo et Otto de Saint-Blaize, ainsi que presque tous les mé-
nestrels du xiiᵉ et du xiiiᵉ siècle, font allusion à l'anecdote que nous venons de
nous approprier. Aucun historien n'a paru la regarder comme authentique.

CHEVAUCHET

Le bossu ne voit pas sa bosse; mais il voit celle
de son confrère.

LE BOSSU NE VOIT PAS SA BOSSE

MAIS IL VOIT CELLE DE SON CONFRÈRE

En général les bossus sont goguenards, ont de l'esprit et ne manquent pas d'amour-propre; trois choses qui souvent les empêchent de vivre en bonne intelligence et les portent à se gausser les uns des autres.

Rien de plus désopilant que ces gausseries d'où les saillies vives et piquantes s'échappent à jet continu. Tous se font honneur de leur bosse, cherchant à démontrer avec une verve intarissable qu'elle est la mieux tournée de toutes et défiant d'en trouver une plus belle.

L'un d'eux, irrité contre ses antagonistes, s'écriait :

« Insensés ! vous prétendez être bossus, et vous n'êtes que contrefaits ! »

Un autre, se comparant à ses semblables, disait : « La nature nous a coulés tous dans le moule des bossus ; mais ils sont très-mal réussis », tour de phrase original où, par un simple changement de pronom, son ingénieux amour-propre esquivait l'application personnelle de la critique, en se réservant le bénéfice de l'éloge.

C'est une prétention du même genre que Grandville a mise en relief dans son joli dessin. Regardez ce grand bossu en face de ce petit bossu, attaché au bras de cette dame longue et mince ! Comme ils rient l'un de l'autre ! leur hilarité est telle qu'on ne peut se défendre de la partager. Elle se communiquerait à un Anglais attaqué du spleen.

Il n'est pas nécessaire d'expliquer la moralité du proverbe ; et nous nous bornerons à dire qu'elle est absolument la même que celle qui se trouve dans les vers suivants, par lesquels La Fontaine termine sa fable intitulée la *Besace :*

> On se voit d'un autre œil qu'on ne voit son prochain.
> Le fabricateur souverain
> Nous créa besaciers tous de même manière,
> Tant ceux du temps passé que du temps d'aujourd'hui :
> Il fit pour nos défauts la poche de derrière,
> Et celle de devant pour les défauts d'autrui.
>
> (*Fab.* vii, liv. I.)

UN BARBIER RASE L'AUTRE

(Le théâtre représente une rue de Séville; une boutique peinte en bleu, — vitrage en plomb, — trois palettes en l'air, — l'œil dans la main. — Sur l'enseigne ces mots : *Consilio manuque*. FIGARO, *barbier*.)

FIGARO, continuant un monologue commencé... Le grand jour est venu, mon enfant. Si tu réussis, tu plantes là ta trousse et ton cuir anglais ; tu deviens le valet d'un grand d'Espagne, son valet favori, autant vaut dire son maître. Si tu échoues, tu n'es qu'un pauvre sot, et tu restes barbier comme devant. Le caprice d'un amoureux, la fantaisie d'une petite fille prisonnière, la surveillance plus ou moins active de son

vieux geôlier, toutes choses auxquelles tu ne peux rien,
décideront aujourd'hui de ton sort... J'oubliais le bon vouloir de la police, qui, nonobstant sa paresse ordinaire, ne
laisse pas quelquefois d'être gênante... Récapitulons ! Il
me faut, ce soir, un homme dévoué pour tenir l'échelle, un
alcade aveugle et des *serenos* [1] discrets... Il me faut encore
un asile sûr, où, près d'une femme de bon renom, Rosine
puisse attendre le notaire et le prêtre, si par hasard ceux-
ci ne se trouvaient pas sous la main. La moindre de ces
choses demanderait trois jours de recherches, et j'ai à peine
trois heures devant moi ! Je le donne en vingt au plus ma-
tois des ambassadeurs... Eh ! mais, qu'est-ce donc que
j'aperçois entassé contre la borne ?... Ce manteau brun, ce
bâton, cette plaque... Jour de Dieu ! c'est Barcino, le plus
adroit *corchete* [2] de la place San-Francisco... Eh ! Barcino,
dors-tu, veilles-tu, maraud ?

BARCINO, se réveillant à demi :

> Où va Juanica, la brune,
> Lorsqu'elle sort du couvent ?
> Elle ne craint pas le vent,
> Mais si fait le clair de lune...
> Elle ne craint pas le vent,
> Mais... si... fait...

(Il se rendort.)

FIGARO. — Le drôle est plus ivre qu'un frère de la
Capacha... Lève-toi, bête brute !

(Il le pousse du pied.)

1. *Sereno*, crieur de nuit.
2. *Corchete*, officier de police, inférieur aux alguazils.

Barcino. — *Jifero*[1], je te méprise... va chercher tes puces ailleurs.

(Il se rendort.)

Figaro. — Je ne le réveillerai jamais, et le pauvre diable me fait pitié. Bien qu'il ne soit pas mon père, jetons, comme la fille de Loth, un voile sur sa faiblesse.

(Il l'emporte dans son arrière-boutique.)

L'alcade, arrivant à grands pas. — Barcino! Barcino!... Où diable se cache ce maudit sereno?... Huit heures du matin, et pas de rapport encore!... Le corrégidor, que va-t-il dire? à qui demander?... Justement voici mon affaire. Seigneur Figaro! seigneur Figaro! je cherche le sereno du quartier; ne l'auriez-vous point vu, par hasard?

Figaro. — Nullement. Mais, toute la nuit durant, je l'ai bien assez entendu pour mes péchés. (Parodiant la voix de Barcino.) « Le temps est beau!... la nuit est belle!... » Pensez que j'avais un mal de dents, et que je donnais de bon cœur au diable votre importun crieur de nuit!

L'alcade. — Ainsi donc, après tout, le drôle n'a pas manqué à ses devoirs... Mais ce matin, ce matin, seigneur Figaro, où diable pensez-vous qu'il soit?

Figaro. — Je l'ignore, illustre alcade; mais je gagerais fort qu'il s'occupe de la sécurité publique. Quel brave corchete vous avez là! Personne ne s'entend comme lui à dépister nos drôlesses, et je l'ai vu un jour, à la porte de Xerez, désarmer à lui seul six fameux rufians, dont les épées passaient la longueur voulue par les ordonnances. Je restai stupéfait devant son audace, sa résolution et sa dex-

---

1. *Jifero*, nom de mépris donné aux bouchers.

térité. C'était merveille que les coups qu'il portait d'estoc et de taille, ses revers, ses parades et son œil toujours au guet pour qu'on ne le prît point par derrière. Bref, ce nouveau Rodomont mena ses ennemis tambour battant, depuis la porte en question jusques au collége de maître Rodrigo, à plus de cent pas de là. Quel homme! seigneur, quel homme!

L'ALCADE, avec orgueil. — Maître Figaro, tous mes algua-zils sont de la même trempe; je me flatte d'avoir l'escouade la plus aguerrie de tout Séville. Si vous voyez Barcino, dé-pêchez-le moi, je vous en prie.

FIGARO. — Comptez sur moi, noble magistrat.

(L'alcade sort.)

BARCINO, passant la tête à travers la porte entre-bâillée de l'arrière-boutique. — Est-il parti?

FIGARO. — Sans doute, gros animal. Sa voix t'a dé-grisé, ce me semble?

BARCINO. — Quelle peur j'ai eue! et quel cierge ne vous dois-je pas? Disposez de moi, seigneur Figaro; la nuit comme le jour, et le jour comme la nuit, je suis à vos ordres.

FIGARO. — J'y compte bien, et je t'attends ce soir au coin de la Costanilla, près de la maison du docteur Bar-tholo. Ne demande ni pour qui, ni pour quoi tu y dois être; sois-y seulement, et je te tiens quitte. J'entends quelqu'un : sauve-toi.

BARCINO, s'enfuyant. — J'y serai, n'en doutez pas.

(Entre la Colindrès.)

LA COLINDRÈS. — Vous voyez une femme au déses-poir.

FIGARO. — Qui peut donc, gracieuse dame, vous troubler à ce point?

LA COLINDRÈS. — Mon mari est un monstre, seigneur Figaro.

FIGARO. — Qui cela? l'honorable alcade?

LA COLINDRÈS. — L'honorable alcade a passé la nuit hors de chez lui. Il trompe sa pauvre femme; cela est certain.

FIGARO. — Vraiment!... Une pauvre femme si fidèle!

LA COLINDRÈS. — Vous pouvez bien le dire. Et pour qui!... sans doute pour quelqu'une de ces nymphes qui vont étaler leurs grâces à la Sauceda, quelqu'une de ces loueuses de lit qu'il est chargé de surveiller.

FIGARO. — Mais êtes-vous sûre, au moins, de ce que vous dites là?

LA COLINDRÈS. — Comment voulez-vous que j'en doute? Qui aurait pu le retenir toute la nuit hors de chez nous?

FIGARO. — Étrange jalousie des femmes!... Et si je vous disais que nous avons passé la nuit ensemble, non pas, comme vous le soupçonnez, chez quelque nymphe ou quelque loueuse en garni, mais chez le corrégidor de Séville, où nous servions l'un et l'autre de témoins?

LA COLINDRÈS. — De témoins? à quoi?

FIGARO, gravement. — Ceci, Madame, est un secret d'État;... et je me repens déjà d'en avoir trop dit. Mais croyez-moi, votre mari n'est pas coupable... Qu'avez-vous donc à pâlir et à regarder ainsi du côté de la rue?

LA COLINDRÈS. — Seigneur Figaro, défendez-moi... cachez-moi, seigneur Figaro! Je suis une femme morte.

(Elle se jette dans l'arrière-boutique.)

63

(Entre Chicharona.)

LA CHICHARONA. — Elle est ici; on m'a dit qu'elle était ici. Par le ciel, ne m'arrêtez pas! Je veux lui arracher les yeux, lui déchirer le visage; de ce couteau, je veux la marquer au front.

FIGARO. — Malepeste, quelle fureur! Charmante gitana, qui donc cherchez-vous ainsi?

LA CHICHARONA. — Tu le sais bien, maudit barbier; c'est madame l'alcade, c'est cette Colindrès de malheur. Où se cache-t-elle? Je la veux anéantir!

FIGARO. — Tout doux, tout doux, ma belle amazone; prenez garde à mes carreaux, et ne gesticulez point de la sorte. Je n'ai jamais, que je sache, logé madame Colindrès. Mais, pour Dieu, que vous a-t-elle fait?

LA CHICHARONA. — Ce qu'elle m'a fait! elle veut me prendre ce que j'ai de plus cher. Elle écrit des billets doux à mon brave toréador. Jour de Dieu! Don Ramon n'est pas pour elle. Mais c'est assez qu'elle y ait songé; je l'arrangerai de la belle sorte! Encore une fois, où est cette femme?

FIGARO. — Je n'en sais, ma foi, rien... Cependant vous m'étonnez fort, Chicharona, et j'aurais soupçonné quelque autre belle d'en conter à Don Ramon.

LA CHICHARONA. — Une autre! dites-vous. Et qui cela, s'il vous plaît?

FIGARO. — J'ai là-dessus mes petites idées... (Feignant de se raviser.) Ce billet dont vous parlez, l'avez-vous encore?

LA CHICHARONA. — Sans doute. Je l'ai gardé pour le faire avaler à celle qui l'a écrit.

FIGARO. — Voyons-le, par grâce. (Elle le lui donne. — Après l'avoir parcouru:) Justement... Je ne m'étais pas trompé.

LA CHICHARONA, étonnée. — Quoi? comment?... Cette femme... ce n'est pas?...

FIGARO. — Au contraire : c'est celle que je pensais... Prenez garde, Chicharona, la colère vous aveugle, ma bonne amie.

LA CHICHARONA, indécise. — Mais Don Ramon lui-même avait l'air de dire...

FIGARO. — Ah! Don Ramon avait cet air-là... Je vous plains, Chicharona. Don Ramon trame quelque perfidie : il cherche à détourner vos soupçons.

LA CHICHARONA. — Vraiment! si je le croyais!... Au surplus, je le saurai bientôt.

(Elle sort en courant.)

FIGARO, riant aux éclats. — Gare à toi, Don Ramon! et pare cette botte. (A la Colindrès :) Vous pouvez sortir, Madame, la tempête est déjà loin.

LA COLINDRÈS, encore toute émue. — Seigneur Figaro, je vous dois l'honneur, et peut-être la vie... Un esclandre public... une marque ignominieuse... Oh! dites-moi, ne puis-je rien pour m'acquitter?

FIGARO. — Si fait, certes. (A voix basse :) Cette nuit chez vous...

LA COLINDRÈS, offensée. — Que signifie...?

FIGARO, souriant. — Non, vous vous trompez; je sais fort bien que je ne suis pas Don Ramon... Cette nuit, chez vous, disais-je, il faudra donner asile, pour quelques heures seulement, et dans le plus grand secret, à une jeune fugitive que je protége.

LA COLINDRÈS, étonnée. — Mais vraiment, Figaro, j'ignore... si...

FIGARO. — Vous oubliez que sans moi, tout à l'heure...

La Colindrès, vivement. — Non, non... Je veux, je dois me montrer reconnaissante... A cette nuit donc.

Figaro. — Jusque-là, motus!

(Elle sort. — Après un instant l'alcade paraît au bout de la rue.)

Figaro. — Et de deux! Maintenant faisons savoir à l'alcade... Oh! justement, voici ce majestueux personnage... Seigneur alcade, deux mots.

L'alcade. — Que me voulez-vous, seigneur barbier?

Figaro. — Où passâtes-vous la nuit dernière?

L'alcade. — Plaisante question! Et de quel droit?...

Figaro. — Vous avez raison, et peu m'importe. Que ce soit chez Dolorès ou chez Loaïsa, chez Mari-Alonzo ou chez Léonor, cela ne me regarde en rien; mais ce qui m'importe, et à vous aussi, c'est de n'être pas démenti dans un petit conte que je viens de faire à madame votre épouse.

L'alcade, troublé. — Ma femme!...

Figaro. — Elle vous cherchait tout à l'heure. Votre absence nocturne lui avait mis la puce à l'oreille, et sans le soin que j'ai pris de la rassurer...

L'alcade. — Ah! seigneur Figaro, quel signalé service!

Figaro. — Comment donc, seigneur alcade, il se faut bien entr'aider quelque peu. Sachez, pour votre gouverne, que nous avons passé la nuit entière chez le corrégidor. Nos motifs doivent rester secrets. Tenez-vous-en à cette explication, que j'ai donnée sous la foi du serment. Maintenant, seigneur, si cette nuit, à l'heure des sérénades, vous aperceviez votre dévoué serviteur en bonne fortune... si vous le trouviez, par exemple, sous les fenêtres du docteur Bartholo, prêt à monter chez... chez la duègne Marceline... j'espère...

L'ALCADE, souriant. — Il suffit. Nous nous comprenons à merveille. *Vous m'avez fait la barbe...*

FIGARO. — *Et vous me ferez le toupet.* C'est exacte-ment cela. Il est entendu dans ce bas monde que qui se sent en faute, trouve intérêt à excuser les péchés de son voisin, et que, suivant le proverbe,

UN BARBIER RASE L'AUTRE.

La faim chasse le loup du bois.

LA FAIM

CHASSE LE LOUP DU BOIS

Le loup est un animal solitaire habitué à se recéler dans la profondeur des forêts, d'où il ne sort guère, pendant le jour, que sous l'impulsion de la faim.

De là ce proverbe, dont la signification ordinaire est que le besoin de vivre est un énergique stimulant, qui tire l'individu le plus paresseux de son inertie et l'oblige à travailler et à s'ingénier pour se procurer la subsistance nécessaire.

Il signifie aussi que ce besoin impérieux est peu compatible avec le respect du bien d'autrui. La faim, en effet, ne permet pas de raisonner ; il lui faut des aliments avant tout et elle les prend où elle les trouve, quoi qu'il en puisse résulter.

C'est avec raison qu'elle est nommée *une mauvaise conseillère*, d'après le mot de Virgile, *malesuada fames* (*Æneid.*, vi, 276). Les conseils qu'elle donne vont souvent plus loin que le vol, ils poussent à une foule d'entreprises criminelles. Le Diable Légion se loge toujours dans les ventres vides, et en fait tellement crier les boyaux que la voix de la conscience ne peut être entendue.

Les Grecs disaient : *Ne te trouve jamais devant un homme qui meurt de faim.*

Le proverbe s'emploie encore dans une acception purement politique pour avertir les chefs des États qu'ils doivent veiller avec le plus grand soin à l'approvisionnement des vivres destinés aux populations ; car, dans les temps de disette, les populations ressemblent aux loups affamés qui courent au pourchas de leur proie jusque dans les villages. Elles envahissent les hôtels des riches, et les livrent au pillage sans qu'elles puissent être contenues par aucune crainte, suivant l'expression de Lucain :

Nescit plebes jejuna timere.
(*Phars.*, iii, 58.)

Terrible réaction de la misère contre la loi et de l'état naturel contre l'état social !

A L'AMOUR ET AU FEU

ON S'HABITUE

« Je n'oserai jamais !

 . — Fais comme moi, imbécile !

 — J'ai trop peur.

 — Peur d'une fillette de seize ans ! Je rougis d'être ton cousin, Alain.

— Mais, mon cher Léveillé... »

Habit de futaine grise et cœur sensible, bas chinés et vingt ans, guêtres nankin, chapeau rond placé en arrière, yeux bleus, cheveux blonds ; au-dessus de la lèvre supérieure un petit signe qui indique qu'il est amoureux de mademoiselle Annette : voilà Alain.

Rappelez-vous les pièces de Favart, si vous tenez à vous faire une idée de Léveillé, de mons Léveillé, comme on disait au xviiie siècle. Voix sonore, gestes gracieux, visage empourpré, œil émérillonné, jarret solide ; vous le reconnaîtriez entre mille. Saluez en sa personne le gars, le bon drille, le coq de village. Quel Don Juan que ce Léveillé ! N'est-ce pas de lui que M. le bailli disait l'autre jour : « Comment voulez-vous qu'il y ait des rosières dans le canton ? il cueille toutes mes roses ! » Cependant M. le bailli tiendrait beaucoup à couronner des rosières ; c'est le faible de tous les baillis.

Alain est amoureux fou de mademoiselle Annette ; il n'a plus le cœur à rien, ni à servir la messe à M. le curé, ni à chanter au lutrin, ni à écouter les contes du soir à la veillée ; il passe et repasse sans cesse devant la fenêtre d'Annette ; en levant la tête, il rougit ; si elle est sur sa porte, il s'enfuit.

L'autre jour il l'a rencontrée comme elle entrait dans l'église ; c'est à peine s'il a eu la force de lui dire : « Bonjour, mademoiselle Annette. » Elle, pourtant, lui a répondu d'un ton fort encourageant : « Bonjour, monsieur Alain. »

— « Ah ! si l'on vendait des philtres pour se faire aimer ! A quels moyens ont-ils eu recours ceux qui jouissent de ce bonheur ? Parbleu ! il faut que je le demande à mon cousin Léveillé. »

Ce matin même, Alain est allé trouver Léveillé, et ils

ont eu ensemble une conversation dont nous venons d'entendre les dernières phrases. Léveillé a développé devant son cousin tout son système de séduction. Quand on veut faire la cour à une femme, on commence par la regarder bien tendrement, puis on essaye de lui parler; si elle répond, on lui serre la main, et on soupire. Si le lendemain est un dimanche, on lui présente des fleurs et on l'invite à la danse. Le matin, quand elle conduit ses moutons au pâturage, on se trouve comme par hasard dans la prairie, on entame l'entretien par quelque flatterie adroite; on s'assoit auprès d'elle, on lui dit : « Je vous aime », et on lui prend un baiser.

C'est à cet endroit de la leçon qu'Alain s'est écrié : « Je n'oserai jamais ! »

Ne jamais oser ! Charmante conviction de la jeunesse, naïveté, candeur, timidité de l'adolescence, les premiers feux de l'aurore ont moins de grâce que vous ! Léveillé, lui aussi, a cru qu'il n'oserait jamais ; il a eu peur, il a reculé devant un premier baiser ; mais depuis... Pourquoi Alain ne serait-il pas comme lui ? pourquoi ne s'habituerait-il pas à l'amour ? Il n'en sait rien lui-même. Le fait est qu'Annette vient de passer tenant son fuseau à la main ; ses brebis la suivent ; elle se dirige vers le petit bois qui borde la rivière. L'occasion est belle, Léveillé ne manquerait pas d'en profiter ; mais Alain se souvient que c'est l'heure où M. le curé l'attend ; il s'enfuit, il plante là son professeur. Essayez après cela d'apprendre l'amour aux jeunes gens !

M. le bailli s'est rendu de grand matin chez la mère d'Annette ; il roule une grande pensée sous sa perruque à marteaux ; sa figure est soucieuse, sa démarche solennelle ; il se drape majestueusement dans son manteau de serge

noire ; il médite deux choses importantes : une rosière et
un discours pour l'arrivée du seigneur. Le discours aura
son tour ; il a bien trouvé la rosière.

« Bonjour, mère Simonne, dit-il en entrant.

— Dieu vous garde ! monsieur le bailli.

— Je viens vous apporter une bonne nouvelle. Le seigneur arrive dans un mois ; il nous faut à tout prix une
rosière : j'ai choisi votre fille.

— C'est beaucoup d'honneur pour nous, monsieur le
bailli.

— Dites-moi, mère Simonne, n'avez-vous jamais vu
personne rôder autour de votre fille? c'est que, voyez-vous,
je suis très-sévère en fait de rosières, et si... »

La mère Simonne allait répondre, lorsque tout à coup
un bruit de tambour se fait entendre : Plan, ran, plan,
plan, ran, plan. C'est le sergent Latulipe qui arrive à la
tête de son escouade; de beaux grenadiers, ma foi! habits
et pantalons blancs, revers bleus, le tricorne fièrement

posé, la queue bien faite et les cheveux soigneusement poudrés. Tout le village s'est levé pour les voir passer.

Latulipe donne le mot d'ordre au bailli ; il vient dans
le pays pour le recrutement. Le roi a besoin de beaucoup
de grenadiers ; on se bat dans le Palatinat ; qui ne brûle-
rait de partager les dangers des défenseurs de la patrie ?
Latulipe compte sur la bonne volonté de la jeunesse et sur
l'assistance des cavaliers de la maréchaussée.

Le bailli a remis des billets de logement à la troupe ;
Latulipe tiendra garnison pour le moment chez la mère
Simonne. Imprudent bailli, qui va loger le plus galant des
sergents chez la plus jolie des rosières ! Qui ne connaît le
fameux Latulipe? L'histoire est pleine de ses exploits militaires et galants; une chanson les a transmis à la postérité, chanson touchante dont le dernier couplet arrache des
armes. Latulipe s'adresse à son amante :

> Tiens, serre ma pipe,
> Garde mon briquet ;
> Et si Latulipe
> Fait le noir trajet,
> Tu seras la seule
> Dans le régiment
> Qu'ait le brûle-gueule
> De son tendre amant.

A cette époque Latulipe ne songeait nullement à faire le
noir trajet, et tout porte à croire qu'il ne connaissait pas
encore cette Manon qui lui inspira plus tard de si éloquents
adieux.

Le sergent n'a que trois jours à passer dans le village;
mais aussi comme il les emploie ! Ce sont sans cesse de
nouveaux compliments, de nouvelles galanteries à Annette;

il lui donne le bras, il l'accompagne aux champs, il danse
avec elle. Pauvre Alain! il souffre, il est jaloux! On dirait
qu'Annette prend plaisir à se montrer à ses yeux en compagnie du sergent. Alain souffre tant, qu'il oublie qu'il est
forcé de partir, que la loi l'oblige, sous peine des galères,
à devenir un héros.

« Puisque tu pars, lui disait Léveillé, c'est le moment
de te déclarer. »

Alain répondait par son refrain ordinaire : Je n'oserai
jamais.

Cependant le jour du départ est venu. Les grenadiers
sont rangés en bataille sur la grande place ; derrière eux
se tiennent les recrues. Les mères, les sœurs, les fiancées,
se désolent : encore un baiser, un dernier serrement de
main ; le signal est donné, le tambour bat ; en avant, marche ! Latulipe, en passant devant la maison d'Annette, lui
porte les armes. La jeune fille pleure, le sergent croit que
ces pleurs sont pour lui ; mais elle a regardé Alain. En ce
moment celui-ci se serait senti le courage de risquer un
aveu ; mais il est trop tard, le clocher du village disparaît,
les conscrits lui disent un dernier adieu du haut de la colline. Qui sait s'ils reviendront ? Voilà la triste réflexion
qu'ils font tous en ce moment. Quant au sergent Latulipe,
il n'a qu'un seul regret, c'est de quitter si tôt Annette ;
mais bah ! n'aurait-il pas été obligé de la respecter? le
bailli ne l'avait-il pas averti qu'en sa qualité de rosière la
jeune fille était propriété du gouvernement ?

Quelques mois après le départ d'Alain, Léveillé reçut
de lui une lettre ainsi conçue :

CHER COUSIN,

Depuis mon arrivée au régiment, je n'ai pas trop à me
plaindre ; nous sommes en Alsace ; le pays est bon, et les femmes

jolies; nous avons des livres et de l'amour à discrétion : je serais presque heureux si je pouvais oublier Annette. Après elle une chose m'inquiète, c'est de savoir l'effet que fera sur moi la première grande bataille. J'ai vu le feu une fois, et je n'étais pas très-rassuré. Le sergent Latulipe, qui me protége, prétend que je m'y habituerai et que je finirai par obtenir les galons comme lui. C'est égal, si mon oncle voulait me faire remplacer, j'en serais charmé. Adieu, mon cher cousin, donne-moi de tes nouvelles et de celles d'Annette; il me semble que maintenant j'oserais lui prendre un baiser,

Ton cousin pour la vie,

ALAIN.

Chantons ! dansons ! la paix est signée; c'est fête au village; le seigneur va arriver. Le bailli a terminé sa harangue, la rosière est prête. Ne vous étonnez pas qu'Annette soit restée sage si longtemps; grâce à Léveillé, elle a connu l'amour d'Alain, elle lui a fait écrire qu'elle l'attendrait, qu'elle ne serait jamais qu'à lui. Quelle joie, pensait Annette, s'il pouvait assister à la cérémonie! O surprise! ô bonheur! le voilà, c'est lui! son oncle lui a acheté un homme. Comme l'habit militaire lui va bien! Il tombe aux genoux d'Annette, il veut l'embrasser; heureusement le bailli survient : « Attendez au moins, lui dit-il, qu'elle ne soit plus rosière. »

Un nuage de poussière s'élève sur la route; on entend le galop d'un cheval : « C'est monseigneur! » s'écrie le bailli, et il s'élance pour le recevoir.

C'était un courrier qui venait annoncer que, monseigneur ayant été mis à la Bastille pour avoir fait un calembour contre madame de Pompadour, ses vassaux seraient privés de sa présence.

Le lendemain Annette épousa Alain. Le pauvre bailli

se trouva sans rosière : heureusement monseigneur était en prison.

La chaumière d'Alain devint la maison à la mode ; c'est chez lui que les notables allaient passer les longues soirées d'hiver; son esprit s'était singulièrement développé au régiment. Il racontait à merveille les histoires de garnison; il aimait aussi à revenir sur la timidité de ses premières années; alors il faisait jeter une bourrée de plus dans l'âtre, et serré contre sa femme, les mains tendues vers la flamme, il répétait en jouant un peu sur les mots : Léveillé et le sergent avaient raison,

A L'AMOUR ET AU FEU ON S'HABITUE.

Ce que fait la louve plaît au loup.

CE QUE FAIT LA LOUVE

PLAIT AU LOUP

On lit dans plusieurs *Traités de vénerie* que le loup a
beaucoup d'affection pour ses petits ; qu'il va chasser afin
de pourvoir à leur pâture et leur apporte à manger le produit de sa chasse ; qu'il leur prodigue ses caresses en présence de leur mère, comme s'il voulait l'assurer de son
zèle à remplir envers eux les devoirs de la paternité, et
même que, si cette mère vient à leur manquer, il met tous
ses soins à la remplacer.

C'est probablement sur cette opinion des chasseurs

qu'est fondé ce proverbe, bien plus connu en Espagne qu'en France, car il n'est mentionné dans aucun de nos recueils.

Je crois qu'il s'emploie, en général, pour signifier que, lorsqu'on aime réellement une femme, on prend ses goûts, ses habitudes, on sent, on pense, on agit d'après elle, et, en particulier, pour faire entendre qu'un mari approuve et partage les vues et les actes de sa femme, en tel ou tel sujet, et qu'il est d'accord ou de connivence avec elle.

Du reste, l'application qu'on en peut faire dans l'un et l'autre cas a toujours une acception plus ou moins hostile contre les personnes qui en sont l'objet, et elle doit être réservée pour des gens qui ont quelque chose de grossier et de reprochable dans leurs manières ou dans leurs mœurs.

Ce serait blesser toute bienséance que donner à une femme tant soit peu respectable le nom de *louve* qui, en français comme en latin, est tout à fait injurieux.

On sait qu'on dit de celle à qui l'on veut reprocher une conduite déréglée qu'*elle a vu le loup:* ce qui n'est que la dénomination de *louve* traduite en périphrase.

COMME ON FAIT SON LIT

ON SE COUCHE

Cette maxime ne tend à rien moins qu'à nous faire en-
visager l'humanité comme un vaste dortoir en désordre.
Pour une couchette bien entendue, dont les oreillers sont à
leur place, dont la couverture est chaude et moelleuse, dont
les rideaux, artistement fermés, arrêtent l'éclat du jour,
sans gêner la circulation de l'air, combien de coussins disposés à contre-sens, et mettant le corps à la gêne ! Com-

bien de matelas inégaux et qui semblent rembourrés d'é-
pines ! Combien de lits mal faits, en un mot, et combien de
gens dorment fort mal !

Damis — brave et digne garçon d'ailleurs — est remarquable par son excessive paresse. Le sort l'avait doué
d'un patrimoine borné, mais suffisant aux besoins d'une
existence comme la sienne, aux exigences d'une imagination tranquille et inerte. Damis pouvait vivre heureux en
province, entre un carré de tulipes et une volière, raclant
à loisir quelques mélodies sur la guitare, et rimant des madrigaux pour les Cydalises de l'endroit. Mais point du tout.
Damis est venu à Paris; il a voulu s'assurer les moyens d'y
vivre sans profession ; il s'est jeté à l'étourdie dans la carrière des spéculations industrielles, celle-là même qui réclame les soins les plus assidus, et où son indolente nature
aux prises avec des luttes quotidiennes devait lui valoir
des revers quotidiens. Qu'est-il arrivé? Sa modique fortune
s'est perdue. Le petit avoir qu'il devait, avant tout, s'appliquer à conserver, il l'a détruit en voulant l'accroître. Ce
qu'il a fait dans l'intérêt de sa paresse a tourné contre
elle. Aujourd'hui Damis est soldat. Il se lève bien avant le
soleil, travaille plus que l'ouvrier le plus laborieux, et pour
quel salaire, et avec quelle espérance ! Damis reconnaît
trop tard aujourd'hui qu'il s'est trompé sur son aptitude
et sa vocation. Cette erreur lui coûtera le bonheur de toute
sa vie ; — il a mal fait son lit; il est mal couché.

Voyez au contraire l'impétueux Cléon. A celui-là convenait l'air parisien. Cléon ne dort jamais; son imagination,
fiévreuse et créatrice, enfante chaque jour de nouveaux pro ·
jets. Rien qu'à voir son regard si vif, rien qu'à suivre sa parole si animée, vous reconnaissez l'homme énergique,
fait pour vivre à son aise au sein des plus terribles agita-

tions. Cléon serait à sa place sur le tillac d'un navire, commandant la manœuvre par un gros temps. Cléon serait encore à sa place dans la tribune parlementaire, un jour de crise politique. Jetez Cléon sur la voie des grandes spéculations; il n'en est pas une dont la conception lui échappe, ou qui, par la multiplicité des travaux qu'elle exige, dépasse les forces de ce courageux athlète. Mais Cléon, mal inspiré certain jour, s'est persuadé qu'il pouvait vivre heureux dans un pauvre bourg du Finistère. Il s'y est laissé clouer par un sot mariage et par l'achat d'une misérable étude. Le sort en est jeté; à moins de prendre une de ces résolutions héroïques, dont la responsabilité glace les plus entreprenants, il faudra que Cléon dévore jusqu'au bout sa noble ardeur, qu'il ronge son frein en silence, et qu'il restreigne son génie aux proportions mesquines de quelques menus procès, de quelques transactions vulgaires. Il se sent déplacé dans cette sphère étroite; il s'y désole, il s'y tourmente; il dépense en caprices et en accès d'humeur le superflu de sa force; il fatigue les autres et lui-même de sa vitalité surabondante. Il faudrait raccourcir ce géant pour qu'il tînt à l'aise dans son lit de Procuste.

Un lit mal fait, c'est encore celui où notre grand Molière étend l'infortuné Georges Dandin. Qu'avait besoin ce brave bourgeois de prendre pour femme une Sotenville? La famille des Dandin — cette honnête famille — méritait-elle une pareille disgrâce? Mais tu l'as voulu, pauvre sot! Dans une folle envie de blasonner ton lignage et d'anoblir — par le ventre — ta postérité, ta cervelle s'est fourvoyée. Ce qui s'ensuit, vous le savez tous : les dédains du beau-père, les sottes prétentions de la belle-mère — une La Prudoterie, — et le tendre penchant de la belle Angélique pour monsieur le vicomte de Clitandre. Bref, tous les détails de cette farce immortelle sont encore présents à votre esprit. Or, vous le savez aussi, Dandin, tout malheureux qu'il est, ne fait grand'peine à personne. Personne, il est vrai, ne voudrait de son lit... Mais, après tout, pourquoi l'a-t-il si mal fait? c'est-à-dire si mal meublé? Georges Dandin, tu l'as voulu, ne t'en prends à d'autres qu'à toi-même.

Or n'avons-nous pas de nos jours quelques Georges Dandin femelles? En cherchant bien, ne trouverions-nous pas quelque fille de banquier dont l'immense dot ait servi à fumer les terres obérées d'un patricien déconfit? Demandez-lui, à celle-là, dans quels beaux draps elle s'est mise? Peut-être la surprendrez-vous dans un de ces rares moments où débordent les cœurs abreuvés d'outrage, et vous verrez alors par quelles humiliations elle expie le droit de se montrer au Bois, dans une calèche armoriée. Elle vous racontera de quel air on lui fait place dans les salons exclusifs où elle a voulu pénétrer; elle vous dira les froides impertinences des vieilles douairières et des jeunes marquises, les grands airs de son noble époux, et jusqu'aux mépris de ces gens, très-forts sur les distinctions héraldiques. Elle vous les dira, et vous ne trouverez pas en vous plus de compassion pour cette frêle victime que pour les gros Dandin de Molière : « Cela fait pitié », dit-on quelquefois de la vanité punie ; mais ne vous y trompez pas, et ne prenez jamais au pied de la lettre cette locution méprisante.

Revenons à notre proverbe qui parfois change aussi d'acception. Faire son lit s'entend aussi bien de « veiller à ses intérêts » que « d'arranger sa vie. »

Si votre nom a du crédit, et si vous en décorez les prospectus séduisants d'une commandite, vous faites votre lit en vous assurant un bon nombre d'actions à bas prix ; vous vous coucherez ensuite sur des bénéfices, plus ou moins douillets, suivant qu'ils sont plus ou moins gros.

De même encore, cinquième auteur d'un vaudeville productif, vous en ferez un lit excellent si, par quelque ingénieux stratagème, vous savez évincer de leurs droits vos quatre collaborateurs moins bien avisés que vous. Comptez en pareil cas sur leur rancune ; mais comptez aussi sur leur estime : — Il sait son pain manger, dira l'un ; — C'est un fin compère, ajoutera l'autre ; il a toujours la part du lion ; — Personne ne tire mieux la couverture à soi, reprendra le troisième. Et, tout en se promettant d'ê- tre mieux sur ses gardes à l'avenir, le dernier déduira de sa mésaventure quelque morale proverbiale dans le goût de celle-ci :

COMME ON FAIT SON LIT, ON SE COUCHE.

Un homme riche n'est jamais laid pour une fille.

UN HOMME RICHE

N'EST JAMAIS VIEUX OU LAID POUR UNE FILLE

S'il n'a pas assez de jeunesse ou de beauté pour plaire, il a assez d'or pour se faire épouser; et ce que sa figure offre de disgracieux s'efface et s'embellit même sous les reflets du plus précieux des métaux : car, ainsi que l'a dit Boileau très-élégamment, dans sa satire VIII,

L'or, même à la laideur, donne un teint de beauté.

66

Par conséquent, il ne faut pas s'étonner qu'un vieux ou
un laid qui se présente comme épouseur sous les auspices
de la Vénus dorée, soit favorablement accueilli par une
jeune et jolie fille. Celle-ci pense moins aux inconvénients
de son union avec lui qu'aux avantages qu'elle espère en
retirer.

Elle va être affranchie de la sujétion où ses parents la
tiennent et devenir maîtresse de maison ; elle disposera
d'une grande fortune ; elle aura de superbes équipages, des
écrins garnis de perles et de diamants, des cachemires et
des robes magnifiques, enfin tout le splendide attirail de
toilette que les anciens appelaient le *monde féminin,* —
mundus muliebris, — en raison de la quantité et de l'importance des objets qu'il comprend.

L'idée qu'elle se fait de sa nouvelle position l'enivre et
l'éblouit ; elle se voit déjà la reine de la mode et se flatte
de trouver dans l'homme cousu d'or de qui elle est adorée,
un trésorier inépuisable toujours disposé à payer les frais
du luxe royal de ses atours.

Est-il possible qu'elle refuse un mariage qui lui ouvre
un avenir si merveilleux ? Quelque innocente se rencontre-
rait peut-être capable de résister aux séductions de l'opu-
lence et de rester fidèle à un amant pauvre que ses parents
veulent la forcer d'oublier ; mais elle qui n'aspire qu'à
briller dans le monde, elle se gardera bien de cette magna-
nimité de roman. Elle a étudié la question sous toutes ses
faces. L'affaire lui paraît excellente, et elle n'a rien de plus
pressé que de la conclure. Peu lui importe qu'on la blâme
de sacrifier les intérêts du cœur à ceux de la vanité en
épousant un homme qu'elle ne saurait aimer. Elle tient ce
reproche pour une niaiserie sentimentale dont elle rit. Elle
sait que *le mariage n'empêche pas d'aimer ailleurs,* comme

le dit un proverbe tiré du premier article du Code d'a-
mour[1], et elle n'est pas éloignée d'imiter, le plus décemment possible, la conduite de ces belles dames qui se prê-
tent à un mari et se donnent à un amant.

C'est là ce qui se passe dans le monde, à quelques
exceptions près, et il semble qu'il ne puisse guère en être
autrement. Il est tout naturel qu'une jolie fille unie à un
vilain magot désire se dédommager des ennuis de cette
union, et qu'elle soit sensible aux soins empressés d'une
foule d'adorateurs qui pensent que, si elle se laisse aimer
par celui-là, elle se laissera aimer par bien d'autres.

Grandville a mis en scène le mariage d'argent sans
prêter aucune arrière-pensée à la demande qui le contracte;
et son dessin, tracé avec un art exquis dans l'ensemble et
dans les détails, est un des plus charmants et des mieux
réussis qui soient sortis de son crayon. On ne saurait trop
admirer le contraste harmonieux de ces trois figures dont
chacun dit si bien tout ce que l'artiste a voulu lui faire dire.

---

1. Voici l'article : *Conjugii causa ab amore non est excusatio recta.* « Le
mariage n'est pas une excuse légitime contre l'amour. » C'est l'expression des
mœurs qui régnaient à l'époque des troubadours. Ces poëtes avaient érigé
l'amour en devoir; ils le regardaient comme plus obligatoire que le mariage et
comme ne pouvant exister que hors du mariage. Cet amour était purement pla-
tonique, il faut le croire, bien que de nombreux exemples puissent en faire
douter.

Quand on a des filles, on est toujours berger.

QUAND ON A DES FILLES

ON EST TOUJOURS BERGER

C'est-à-dire toujours tenu de veiller sur elles comme un berger sur ses brebis.

Il est à remarquer pourtant que la garde des brebis n'est pas aussi importante et n'exige pas autant de soins que celle des filles, car celles-ci sont bien plus exposées à être prises par les séducteurs que les autres par les loups. Tout est piége pour elles, jusqu'à leur innocence même. Et puis, il faut le dire, elles aiment mieux croire les séducteurs que leurs parents, et, pour plaire aux premiers, elles s'ingénient bien souvent à tromper la surveillance des seconds.

C'est un fait que Granville a mis en relief dans son dessin. Voyez la donzelle qui marche en avant de son

père et de sa mère, et se dirige, en cachant son jeu, du
côté du jeune loup qui l'attend. Elle va toujours, sans
remarquer l'hésitation de sa sœur qui se retourne vers ses
parents, ni l'avertissement du chien qui la regarde comme
étonné de la voir agir ainsi.

Les Provençaux disent pour marquer combien il est
difficile d'empêcher les jeunes filles de suivre le penchant
qui les entraîne vers les galants : *Vourië mai tënir un
panier dë garis qu'uno fillo dë vingt ans,* — « Il vaudrait
mieux tenir un panier de souris qu'une fille de vingt
ans. »

LA PELLE

NE DOIT PAS SE MOQUER DU FOURGON

Je sentais que cette mission était délicate ; mais enfin je l'avais acceptée, et il fallait m'exécuter de bonne grâce. Je fis donc atteler, l'autre matin, et je commençai mon voyage dans le domaine de la critique.

Le début de ce voyage fut marqué par un accès d'impatience, lorsque, tiré tout à coup d'une distraction profonde, je m'aperçus que nous faisions fausse route. Mon cocher, que je dirigeais vers la rue de la Victoire, n'avait pas voulu paraître ignorer le gisement topographique de cette rue, et. du quartier de la Madeleine, m'avait déjà égaré jusqu'à la place de la Bourse.

Une explication s'ensuivit, que ma brusquerie rendit sans doute fort désagréable pour mon vieux Thibaut; car il se renferma aussitôt dans cette stupidité obstinée qui est la dernière ressource des domestiques poussés à bout, l'*ultima ratio* de la servitude humiliée.

« Comment pouvais-je savoir, me demanda-t-il en ouvrant de grands yeux, que Monsieur voulait aller rue Chantereine?

— Vous l'auriez su, nigaud, si vous saviez... »

— J'allais ajouter : l'histoire de France, — pensant à Napoléon, à son retour d'Égypte et au 18 brumaire; mais je me repris à temps pour ne pas lâcher' la bévue qui, déjà commise dans mon esprit, errait au bord de mes lèvres :

« Si vous saviez, repris-je... tout ce que vous devez savoir. »

Thibaut ne répliqua rien, tourna bride, et nous arrêtâmes bientôt devant la porte que j'avais désignée. Une fois là, au lieu d'ouvrir la portière de droite qui donnait sur le trottoir, j'ouvris celle de gauche, donnant sur la rue, et le résultat de cette fausse manœuvre fut assez déplorable.

Un cabriolet, qui arrivait au grand trot derrière nous, vint donner en plein dans le battant poussé si mal à propos, et, du choc, le mit en capilotade.

Fort heureusement pour moi, je n'étais point encore sorti du coupé, ce qui m'épargna une assez triste aventure. En revanche, il fallut subir une bordée de reproches et d'injures que m'envoya le conducteur du cabriolet en question, pour prévenir sans doute les plaintes qu'il redoutait de ma part. Il attestait les dieux et les hommes qu'il n'avait en rien violé les règles de son art, et démontrait aux passants, à grand renfort d'explications techniques, mon insigne et inqualifiable maladresse.

La destinée a ses retours. Lorsque cet automédon malencontreux, la discussion épuisée, voulut reprendre sa route du même train qu'auparavant, son cheval vint à manquer des pieds de devant, et s'agenouilla brusquement sur le pavé. Le cocher fut lancé, comme une bombe, pardessus sa bête, et s'il n'avait rencontré fort heureusement, à l'extrémité de sa périlleuse parabole, deux ou trois bottes de paille, placées là par une divinité favorable, il se fût infailliblement brisé les membres.

En le relevant, je ne résistai pas à la tentation de lui restituer la semonce qu'il m'adressait trois minutes auparavant, et je pérorai fort longuement sur l'imprudence qu'on met à ne pas fermer les crochets qui retiennent le tablier d'un cabriolet, quand on n'est pas sûr du cheval qui le mène.

Tandis que je développais ce texte avec une remarquable éloquence, je crus surprendre un sourire sur les lèvres de mon cocher, lequel, en ce moment, se livrait, je le soupçonne, à des rapprochements satiriques. Il lui semblait plaisant que j'eusse commis une grave étourderie, immédiatement après l'avoir si vertement tancé sur son ignorance, et qu'à mon tour, vivement repris par un orgueilleux censeur, j'eusse pu rendre à ce dernier, séance tenante, son aigre homélie.

Si je devinai juste en interprétant ainsi le sourire narquois de mon vieux Thibaut, c'est ce que mes lecteurs décideront dans leur sagesse. Quant à moi, sans m'en in-

67

former autrement, je montai chez le magistrat littéraire à qui j'allais rendre visite.

En attendant qu'il congédiât un visiteur matinal qui, me dit-on, m'avait prévenu, son valet de chambre me remit un faix de journaux dont machinalement je rompis les bandes. L'un d'eux renfermait une critique des plus excessives, justement dirigée contre l'aristarque dont j'attendais le loisir.

A propos d'un roman qu'il venait de mettre au jour, certain auteur rancunier, jadis fustigé par lui, s'évertuait à démontrer — la critique de nos jours est passablement envahissante — que mon ami n'avait ni invention, ni style, ni esprit, ni bon sens, ni cœur, ni conscience.

Bref, l'attaque était de telle nature que je me promis bien de ne l'avoir jamais lue, et, par un sentiment de charité irréfléchie, je la glissai lestement dans la poche de mon paletot.

Au même instant, l'aristarque apparut, dans toute la sérénité de sa puissance :

« Ah! vous voilà, très-cher! Je devine ce qui vous amène. Vous venez m'implorer pour vos Trois Têtes et pour leurs Proverbes..... A merveille ; vous savez que je suis bon prince.., Mais, entre nous, convenez que c'est là une plaisante idée... Des proverbes ;... qui se soucie maintenant de proverbes?..... Cent Proverbes... pourquoi cent Proverbes ? Cent et un, je ne dis pas... Et ces Trois Têtes... on dira qu'elles n'ont pas de l'esprit comme quatre..... Quant à Grandville, à la bonne heure... Encore nos Athéniens se lassent-ils de ses succès, comme cet autre se lassait de la probité d'Aristide... Allons, soyons francs... Nous n'en dirons rien :... mais le livre est manqué..... Les auteurs, gens d'esprit, prendront leur revanche... Embrassons-nous et qu'il n'en soit plus question... si ce n'est pour les accabler d'éloges... »

Ce flux de paroles dédaigneuses ne m'avait pas laissé le temps de placer un seul mot. Tout à coup, vers la fin de la désobligeante apostrophe, il me vint une idée lumineuse : je tirai de ma poche la critique dont j'ai parlé ; puis, sans autre explication, je la plaçai sous les yeux de l'aristarque.

Dès les premières lignes son visage changea d'expression : sa bouche souriait encore, il est vrai; mais son regard démentait ce sourire sardonique, et, bien que décochés par une main malveillante, tous les traits de cette boutade injuste arrivaient droit à leur but. Il avait commencé par saluer d'un *bravo* désintéressé les épigrammes les plus mordantes, les plus amères attaques : mais peu à peu ce faux sang-froid disparut, et fut remplacé par un dépit plus sincère. Mon homme balbutia quelques plaintes inintelligibles contre l'injustice des hommes, la malveillance de parti pris, etc... mais s'apercevant qu'il frisait le ridicule :

« N'en parlons plus, s'écria-t-il, et revenons à vos Proverbes. Je vous promets de les lire...

— Vous ne les avez donc pas lus?

— Non vraiment. Cela vous étonne?

— Votre opinion si bien arrêtée me faisait croire...

— Ah bah!... Propos en l'air. Pures fadaises. N'y faites pas attention. »

Bref, l'aristarque se montra tout à coup plus modeste et plus consolant. Je le quittai, très-certain qu'il apporterait à sa besogne beaucoup plus de modération et d'équité qu'il ne l'aurait fait sans la mortification imméritée qu'on lui avait infligée.

Le soir même, au théâtre de ***, on jouait un vaudeville de l'écrivain rancunier. Je le rencontrai sur le boulevard, tout rayonnant encore de sa malice du matin. Il
jouissait de son triomphe, il chantait son article aux échos,
il dansait en idée sur le corps de sa victime, avec une férocité de cannibale. On aurait perdu sa peine à lui prêcher
en ce moment la concorde et la charité chrétienne :
aussi me gardai-je bien de lui adresser le plus léger
reproche.

Mais deux heures après, sur ce même boulevard, ce
cannibale était devenu la plus douce brebis de l'univers.
Il était tout oreilles à mes conseils, tout humilité devant
mes reproches. Si je l'eusse exigé de lui, j'aurais obtenu
telle amende honorable qu'il m'eût plu de prescrire.....
Le vaudeville nouveau venait d'être sifflé à plate cou-
ure.

Je me contentai d'un petit sermon, aussi indulgent que
possible, dans lequel je m'efforçai de faire comprendre à
l'auteur sifflé combien, dans ce monde où chacun tombe
à son tour, la morale évangélique est salutaire et bonne.
A ce sujet je lui racontai les divers incidents de ma course
du matin, tels à peu près qu'on vient de les lire.

Il sourit autant que son malheur lui permettait de
sourire, et avec sa sagacité de littérateur à l'affût :

« Ne pensez-vous pas, me dit-il, que notre journée a
pour moralité un de ces Proverbes dont vous parlez?

— Bah ! m'écriai-je; en ce cas, vous le ferez, n'est-il
pas vrai?

— Merci, répondit-il. Faites-le vous-même, donnez-
lui pour titre :

« LA PELLE NE DOIT PAS SE MOQUER DU FOURGON. »

« Et puissent tous vos lecteurs tenir compte de cette recommandation bénigne. »

Son conseil me parut bon ; il a été mis à profit.

Avis à toutes les pelles de l'empire.

Vérité est la massue
Qui chacun assomme et tue.

VÉRITE EST LA MASSUE

QUI CHACUN ASSOMME ET TUE

Proverbe fort ancien dans notre langue, car il se trouve dans le *Roman des Sept Sages*, publié au XIIIe siècle. Le seul changement qu'on y ait fait a été de substituer le mot *assomme* au mot *occit*, que porte le texte primitif; ce qui n'a produit aucune différence dans le sens, car le verbe *occire* était autrefois synonyme du verbe *assommer*.

Ce proverbe s'emploie pour signifier, aujourd'hui comme jadis, que rien ne peut résister à la vérité; qu'il y a en elle une force qui triomphe de tous les obstacles qu'on lui oppose, et une lumière qui dissipe les ombres sous lesquelles on cherche à la faire disparaître.

C'est la double idée que Grandville a voulu exprimer dans son dessin, en représentant la vérité armée d'une massue dans laquelle est enchâssé un miroir.

Le règne de cette vierge céleste est arrivé, et tous ses ennemis terrassés à ses pieds ne peuvent plus rien contre elle.

Il est inutile d'entrer dans l'explication de cette allégorie mythologique bien connue depuis longtemps.

Nous nous bornerons à dire que l'artiste, en reproduisant un sujet si vieux, a très-bien su le rajeunir par des accessoires pleins de verve et d'originalité et par une foule de détails ingénieux et piquants qui n'échapperont à l'attention de personne.

LA FIN COURONNE L'ŒUVRE

Après avoir fraternellement vécu pendant un an sous le même bonnet, les Trois Têtes que le crayon de Grandville a représentées sur le frontispice de ce volume et que nous reproduisons de nouveau à la page suivante, se dirent l'une à l'autre :

« Le moment est venu d'abandonner le logis commun et de reprendre chacune notre chapeau. Nous allons nous séparer ; mais avant de nous dire adieu, il convient de méditer ensemble le couplet final que nous adresserons au public. Il nous faut quelque chose de neuf, d'éblouissant,

68

enfin un bouquet digne de ce feu d'artifice d'esprit en
soixante livraisons que nous venons de tirer pour le plus
grand amusement des lecteurs. Que pensez-vous d'un compliment en vers?

— C'est bien usé, répondit la seconde Tête; d'ailleurs
les compliments en vers ne se font que pour les inaugura-
tions.

— Si nous écrivions une post-face! « Ce livre que vous
« venez de lire, Messieurs et Mesdames, est l'histoire abré-
« gée de l'humanité. Qu'est-ce que le proverbe, sinon l'ex-
« pression la plus élevée de la philosophie? La philosophie
« elle-même n'est-elle pas la connaissance de l'homme?
« Or, le proverbe c'est l'humanité. Remarquez en effet
« comme dans ce volume tout prend une voix, une forme,
« un sens: financiers, bourgeois, oiseaux, quadrupèdes,

« Chinois, Français, Italiens, Grecs, Allemands, gens de
« tous les pays, de toutes les nations, de toutes les époques,
« tout le monde vit à la fois de la même vie et parle la
« même langue, celle du bon sens. Ce livre manquait à
« l'univers, l'univers ne manquera pas à ce livre; mais
« qu'on nous permette de développer notre pensée..... »

— Assez de développements comme cela, dit à son tour
la troisième Tête; je ne connais rien de plus ennuyeux
qu'une préface, si ce n'est une post-face : personne ne la lit.

— Bornons-nous alors à solliciter l'indulgence du public....

— Daignez excuser les fautes de l'auteur? c'est trop
rococo. Paix aux vieilles formules, ne faisons pas la pa-
lingénésie des théâtres forains.

— Il me vient une idée, s'écria la première Tête.

— Voyons, dirent les deux autres.

— Il y a une lacune dans notre livre.

— Laquelle?

— Récapitulez tous les proverbes ; ne voyez-vous pas
ce qui leur manque?

— Quoi donc?

— Un proverbe sanscrit.

— Parbleu! vous avez raison; mais vous n'apercevez
pas une lacune bien plus importante encore?

— Ma foi, non.

— Relisez la liste des proverbes. Outre le proverbe
sanscrit, que leur manque-t-il?

— Je l'ignore.

— Un proverbe persan.

— Le proverbe sanscrit est bien plus important ; regardez comme celui-ci est joli : « La simplicité plaît à la
« grandeur ; la paille attire le diamant. »

— Pour la grâce et la fraîcheur rien ne vaut le proverbe persan ; tenez, que pensez-vous de celui-ci : « Pour « chaque rose, une abeille et un frelon? »

— Il faut consacrer les dernières pages qui nous restent au proverbe sanscrit ; cela donnera du poids à notre livre.

— Présentons au lecteur en finissant l'odorant bouquet de la sagesse persane ; elle laissera son parfum dans tous les esprits.

— Je tiens pour le sanscrit.

— Je ne démordrai pas du persan.

— Messieurs, reprit la Tête qui avait parlé la troisième, il me semble, sauf meilleur avis, que votre prétention est complétement inadmissible. Je suis loin de mépriser les proverbes sanscrits, j'accorde aux proverbes persans toute l'estime qu'ils méritent ; mais avec votre système nous n'en finirions pas, à moins d'un gros volume de plus ; car enfin le proverbe japonais a bien aussi son charme ; le proverbe malais ne le cède en rien à celui-ci, et le proverbe arabe les vaut bien tous deux. Le Lapon assis devant son feu de tourbe invente des proverbes délicieux ; le Huron charme les ennuis du wigwam en résumant la sagesse dans des proverbes spirituels ; le Hottentot lui-même et le Yolof apprennent dès leur bas âge à se bien conduire, grâce à des proverbes qui, pour être faits à l'usage des enfants, n'en sont pas moins goûtés des grandes personnes. Tous les proverbes sont égaux devant le bon sens :

« Ce n'est point la naissance,
« Mais la seule vertu qui fait leur différence. »

Chaque proverbe est prophète en son pays. Vous parlez de lacunes, mais à quoi bon chausser les bottes de sept lieues pour en trouver ? ne prenez pas la peine de franchir l'Océan ; restez chez vous; jetez les yeux sur ces feuilles éparses ; votre collection est-elle complète? aucune gerbe ne manque-t-elle à votre moisson? Je ne vous parle ni de la Perse, ni de l'Indoustan, ni de l'Afrique, ni de l'Amérique, mais de' la France seulement. Pensez-vous avoir épuisé toutes les maximes de la sagesse populaire? Que de recoins inexplorés! que de proverbes oubliés!

« Couche-toi sans souper, tu te lèveras sans dettes: » précepte d'Harpagon prêchant l'économie.

« Vie sans amis, mort sans témoins: » condamnation de l'égoïsme.

« Qui mange la vache du roi maigre, la paye grasse: » raillerie hardie de Jacques Bonhomme contre les exactions seigneuriales.

« L'ami par intérêt est une hirondelle sur les toits: » charmant symbole des relations du monde.

« Vin maudit vaut mieux qu'eau bénite : « aphorisme rabelaisien.

« Fais-moi la barbe, et je te ferai le toupet : » devise qui pourrait servir à la littérature contemporaine.

« Qui trébuche et ne tombe pas, ajoute à son pas : » adage prudent qui a dû prendre naissance au temps de Louis XI.

« La gouttière creuse la pierre. » Aujourd'hui l'on dit: « La patience c'est le génie: traduction qui ne vaut pas le texte.

« Qui répond ne parle pas: » qu'on pourrait appliquer à bien des ministres.

« Le hareng qui saute de la poële tombe sur le char-« bon; » —« au gueux la besace : » témoignages de la fatalité qui pèse sur le faible.

« Eau répandue ne se ramasse pas toute : » amer

regret de la stérilité du repentir après certaines fautes.

« Au fer la rouille, à l'homme l'ennui : » métaphore qu'on dirait sortie du cerveau de René ou d'Obermann ; antithèse qui prouve que le désenchantement, que nous croyons avoir inventé, est vieux comme le monde.

« A l'ennemi mort, un coup de lance : » le courage du fanfaron ; coup de patte à l'homme du lendemain.

« Qui bien aime, tard oublie : » attestation touchante donnée à l'amour par un cœur malheureux.

« Là où le fleuve est plus profond, il fait moins de bruit : » symbole des grands desseins et des grandes passions.

« Loin des yeux, loin du cœur : » vérité contre laquelle on proteste quand on aime.

« De poltron à poltron, qui attaque bat. » — « Donne-
« moi pour m'asseoir, et je prendrai bien pour me coucher. »
— « Qui mesure l'huile, se graisse les mains. » — « La
« femme est comme la botte, la meilleure est celle qui se
« tait. » — « Qui se garde de l'occasion, Dieu le garde du
« péché. » — « Si ta femme est mauvaise, méfie-toi d'elle ;
« si elle est bonne, ne lui confie rien. » — « Chaque cheveu
« fait son ombre. » — « Il n'y a pas de mauvaise route
« quand elle finit. » — « Si Dieu ne veut, les saints ne
« peuvent. » — « Celui qui glane ne choisit pas. » — « A
« main dévote ongles de chat. » — « La gloire vaine ne porte
« graine. » — « Mauvais serment sur pierre tombe. » —
« Mieux vaut ployer que rompre. » Et mille autres que je
« pourrais citer.

« Où sont-ils tous ces proverbes qui remuent tant de sentiments, tant d'idées ? vous les avez dédaignés ; ils manquent à votre répertoire. Baissez la tête, soyez humbles, et avant de songer au sanscrit et au persan, rougissez d'avoir oublié les proverbes fondamentaux de la sagesse des nations, ceux que j'appellerai les pères nobles des proverbes, les adages dans le genre de ceux-ci :

« Aide-toi, Dieu t'aidera. »

« Trop parler nuit, trop gratter cuit. »

« Moins vaut rage que courage. »

« Il faut battre le fer pendant qu'il est chaud. »

« Qui a bu boira. »

« L'oiseau ne doit point salir son nid. »

« Bien commencé est à moitié fait. »

« Petite pluie abat grand vent. »

« Bon chien chasse de race. »

« Ventre affamé n'a point d'oreilles. »

« Qui refuse muse. »

« A bon vin point d'enseigne. »

« Qui tient le fil tient le peloton. »

« Comment s'étonner après cela que vous ayez passé sous silence cette élégie en cinq mots : « Pour un plaisir mille « douleurs; » ces pensées profondes ou ingénieuses : « La « faute est grande comme celui qui la commet; » — « la « même fleur fait le miel de l'abeille et le venin du frelon? »

« Il y avait là cependant matière à des histoires piquantes. à des rapprochements spirituels, enfin à de véritables enseignements. Venez encore me parler du persan et du sanscrit, vous qui avez tiré si bon parti du français ! »

Ce discours était trop vrai pour soulever des objections de la part des deux autres Têtes; elles se baissèrent; puis, après quelques minutes de silence, l'une d'elles prit la parole :

« Mais tout cela ne nous apprend pas comment nous allons finir notre volume.

— Le finir ? reprit l'autre; il s'agit bien de cela. Rentrons bien vite sous notre bonnet, et continuons la besogne; réparons les omissions que vient de signaler notre confrère;

ce livre sera augmenté du double, mais il sera parfait.

— Rien n'est parfait en ce monde, reprit un quatrième interlocuteur arrivé à la fin du débat ; mes commères les plumes, ne comptez plus sur le crayon ; la sagesse lui a appris qu'il ne fallait abuser de rien, pas même des proverbes. Vous cherchez un moyen de finir ; le voici. Vous n'aurez qu'à faire précéder du dessin suivant le mot sacramentel :

« LA FIN COURONNE L'ŒUVRE. »

CLASSEMENT

DES

GRAVURES HORS TEXTE

PARIS. — J. CLAYE, IMPRIMEUR, 7, RUE SAINT-BENOIT. — [887]

TABLE DES MATIÈRES

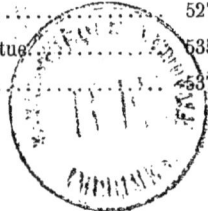

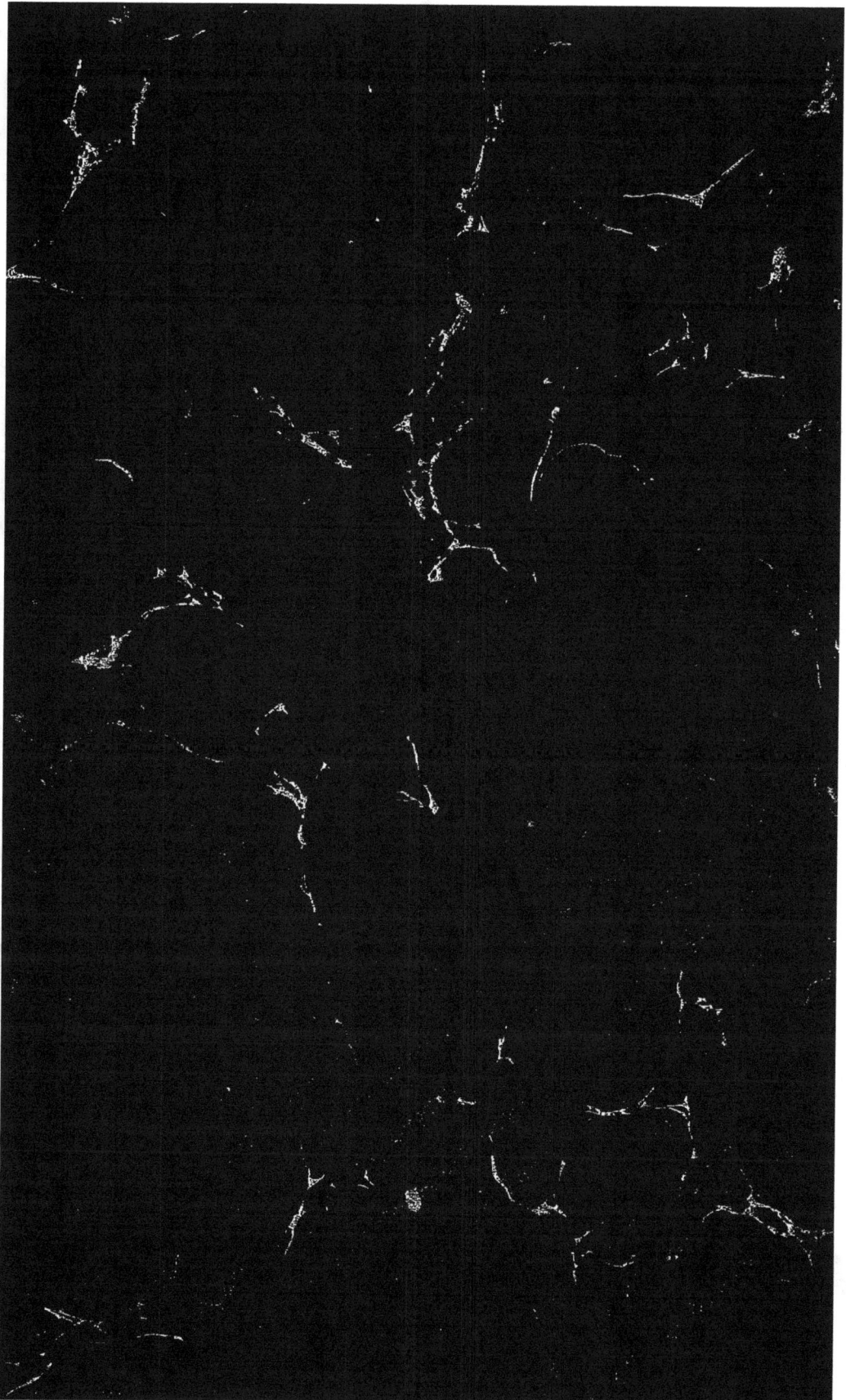

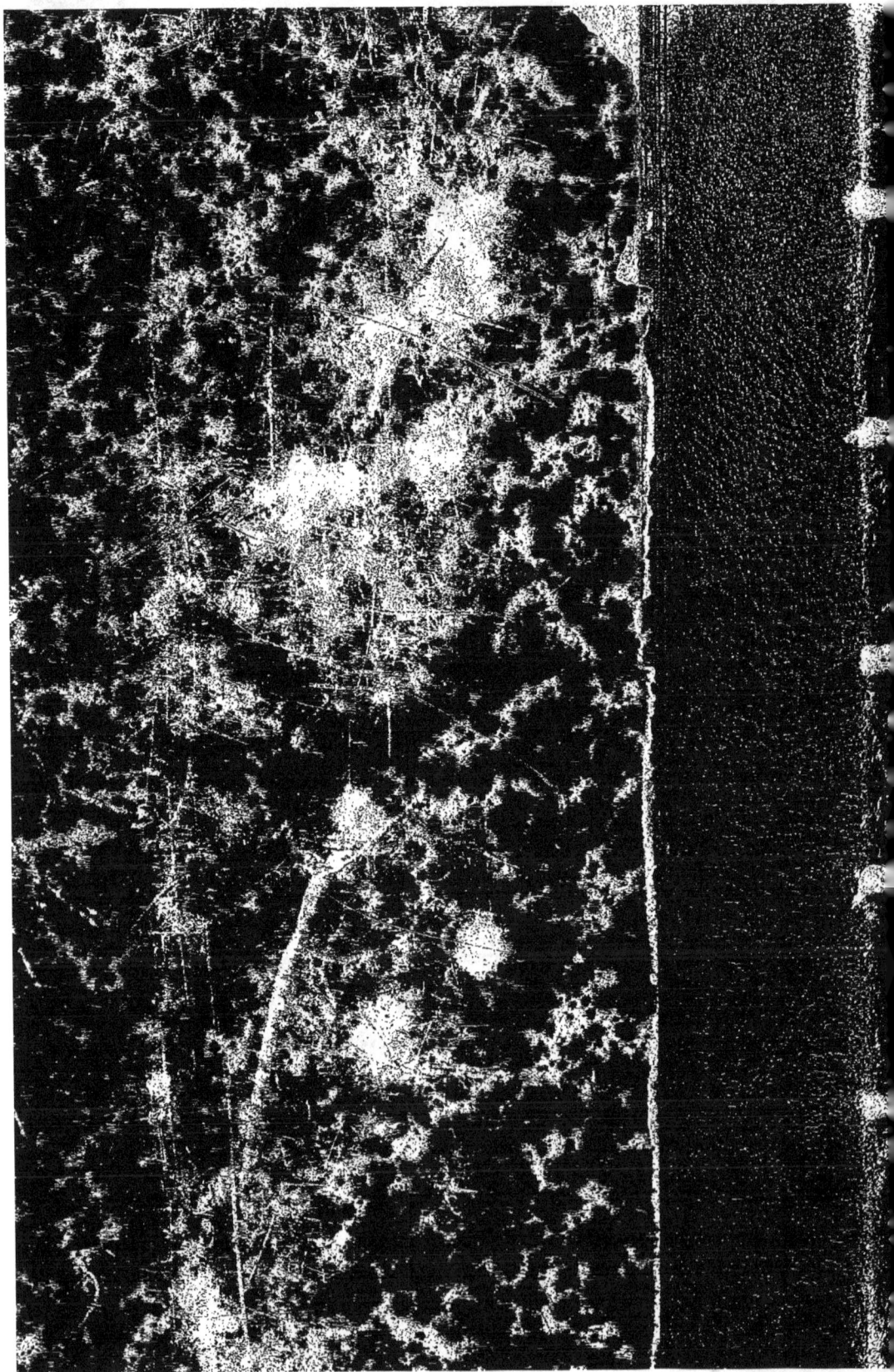

www.ingramcontent.com/pod-product-compliance
Lightning Source LLC
Chambersburg PA
CBHW071133270326
41929CB00012B/1739